朱小蔓——著

第七卷 情感德育论

朱小蔓文集

北京师范大学出版集团
BEIJING NORMAL UNIVERSITY PUBLISHING GROUP
北京师范大学出版社

图书在版编目（CIP）数据

情感德育论 / 朱小蔓著. —北京：北京师范大学出版社，2025.1
（朱小蔓文集；第七卷）
ISBN 978-7-303-29421-3

Ⅰ.①情… Ⅱ.①朱… Ⅲ.①德育－文集 Ⅳ.①G41-53

中国国家版本馆 CIP 数据核字（2023）第 213023 号

出版发行：北京师范大学出版社 https：//www.bnupg.com
　　　　　北京市西城区新街口外大街 12-3 号
　　　　　邮政编码：100088
印　　刷：北京虎彩文化传播有限公司
经　　销：全国新华书店
开　　本：787 mm×1092 mm　1/16
印　　张：19.75
字　　数：225 千字
版　　次：2025 年 1 月第 1 版
印　　次：2025 年 1 月第 1 次印刷
定　　价：68.00 元

策划编辑：冯谦益　　　　　　　责任编辑：孟　浩
美术编辑：焦　丽　　　　　　　装帧设计：焦　丽
责任校对：陈　荟　　　　　　　责任印制：马　洁

版权所有　侵权必究

读者服务电话：010-58806806
如发现印装质量问题，影响阅读，请联系印制管理部：010-58806364

《朱小蔓文集》
顾问、编委会与工作组成员名单

（按姓氏拼音排序）

顾问：
顾明远 王湛

编委会主任：
朱旭东

编委会成员：
黄　斌　李　琼　刘贵华　缪建东
宋　萑　吴　姗　朱小棣

工作组成员：
戴联荣　丁锦宏　侯晶晶　李亚娟
廖　伟　刘次林　刘　慧　刘正伟
马多秀　裴　淼　王　慧　王　坤
王　平　王善峰　袁　丽　张华军
钟晓琳　朱　曦

总序一

朱小蔓同志是一位燃烧自己生命谱写教育诗篇的优秀教育家。她一生经历多个教育岗位，在每个岗位上都为教育事业做出了卓越的贡献。

小蔓同志是一位杰出的教师。她先后在安徽师范大学、南京铁道医学院（已并入东南大学）、南京师范大学、北京师范大学执教，40余年的职业生涯从来没有离开她挚爱的教书育人岗位。她在担任行政领导工作的30多年间，始终坚持"双肩挑"；她在生命的最后岁月，重病在床，仍念念不忘为前来探视的学生指导学业，帮助他们联系就业。她以深厚的学养传道、授业、解惑；更以博大的爱心、高尚的师德和富有魅力的人格为许许多多学生树立了人生的榜样。

小蔓同志是一位优秀的教育工作领导干部。她先后担任过南京师范大学副校长、中央教育科学研究所所长兼党委书记、联合国教科文组织国际农村教育研究与培训中心主任、中国陶行知研究会会长等职。她担任南京师范大学副校长期间，正值全国高校大扩招。在学校扩招、基础建设轰轰烈烈、学校办学规模急剧扩张之际，小蔓同志分管学校教学科研工作，以"咬定青山不放松"的执着精神，潜心抓内涵建设，为南京师范大学这所百年名校巩固提高教学科研水平贡献甚大。2002年，她奉调进京，出任中央教育科学研究所所长兼党委书记。任职5年间，她团结带领全所同志，凝心聚力，坚持为教育部决策服务、为基层学校教育教学改革服务的宗旨，强化科研工作的中心地位，创建中国教育科学论坛、校长发展学校等新的工作平台，成立博士后科研工作站，壮大专业队伍，使中央教育科学研究所的工作领域有了新的拓展，服务效能得到空前提升。她提出的"求真、笃行、弘道、创新"的所训，成为全所同志的共同追求和践行、恪守的工作精神。小蔓同志 2005 年起担任中国陶行知研究会会长，长达 15 年。此间她身患重病屡次住院手术治疗，但她仍一如既往地全身心投入工作。丰富多彩的学陶研陶活动的开展，推动广大基层学校传承行知思想，弘扬行知精神，把学陶研陶与深化教育教学改革、发展素质教育生动结合起来。她领导的中国陶行知研究会的工作，在教育社团参与改革发展中堪称典范。小蔓同志当领导干部，极具亲和力。她以身作则，勇于担当；她平等待人，从无倨傲之色；她乐于倾听，善于集众人智慧；她急人之所急，乐于助人；她一尘不染，清风正气浩然。她令人亲近，更令人敬重。

小蔓同志是一位学养深厚、成就卓著的学者。她在东南大学完成硕士研究生学业期间，师从著名伦理学家王育殊先生与著名哲学家萧焜焘先生；她的博士生导师是著名的教育学家鲁洁先生。20 世纪 90 年代，她曾赴莫斯科大学做访问学者，得到国际知名学者阿·依·吉塔连柯教授等的指导。她的专业基础宽厚扎实。1986 年，小蔓同志立足自己从事的教育事业，融汇自己对教育学、哲学、伦理学等多个学科学习钻研的所得，确定将情感教育作为自己的研究方向。这是一个全新的领域。她在这个领域里跋涉攀登 30 余年，全方位地建构了情感教育体系，并将情感教育与道德教育、教师教育有机结合，开展了广泛的实验推广工作。小蔓同志是学界公认的我国情感教育研究的开拓者和引领者。

汇集小蔓同志学术成果的《朱小蔓文集》，经小蔓同志女儿吴姗、女婿黄斌和多位一直追随小蔓的弟子们辛勤收集整理，后期将由北京师范大学出版社出版。这部文集的出版寄托了小蔓同志亲人和弟子对她的深切怀念，也向我们集中展示了小蔓同志卓越的学术成就。

《朱小蔓文集》共七卷。 前三卷①收集的学术论文是从她 200 多篇论文中遴选出来的，是她在道德教育、情感教育、教师教育三个领域的主要研究成果。 第四卷是她的博士学位论文《情感教育论纲》②，这是她的代表作。 这篇论纲对情感教育做了系统研究，尤其对情感的发生机制、情感教育的内在过程做了开创性的研究，确立了她在这个领域的开拓者的学术地位。 第五卷《教育的问题与挑战》③，是她和自己的研究生们通过对话的方式开展教学形成的一本对话体著作，用海内外前沿的教育理论探讨我国教育领域的问题。 这本书的单行本多次印刷，深受读者喜爱。 第六卷《与世界著名教育学者对话》④，记录了小蔓同志与世界多位知名学者的专业性对话，话题丰富，观点多元。 学者们话语风格多样，他们对教育问题的思考判断启发我们深思。 第七卷《情感德育论》⑤是小蔓同志从情感的视角对德育做出的系统论述。 她从情感理解道德和用情感涵育道德的思想，是她教育研究重要而且富有光彩的成果。

《朱小蔓文集》丰富厚重的成果不仅让我们领略到小蔓同志卓越的学术造诣，还让我们感受到她勤奋刻苦的治学精神。 小蔓同志进入学术研究领域的时间是比较晚的。 她 41 岁硕士毕业，45 岁博士毕

---

①②③④⑤ 《朱小蔓文集》第一、二、三卷是在北京师范大学出版社于 2012 年出版的《关注心灵成长的教育：道德与情感教育的哲思》基础上进行的修订与充实；第四卷是在《情感教育论纲》第三版基础上进行的修订，该书第一版由南京出版社于 1993 年出版，第二版由人民出版社于 2007 年出版，第三版由南京师范大学出版社于 2019 年出版；第五卷是在《教育的问题与挑战——思想的回应》基础上进行的修订，该书由南京师范大学出版社于 2000 年出版；第六卷是在《与世界著名教育学者对话（第一辑）》基础上进行的修订，该书由教育科学出版社于 2014 年出版；第七卷是在《情感德育论》基础上进行的修订，该书由人民教育出版社于 2005 年出版。

业，20 世纪 90 年代初开始发表学术论文，到 2020 年去世，学术生涯大致 30 年。而在这 30 年里，她绝大多数时间是"双肩挑"的，肩负着行政领导工作。她一肩挑着的行政工作担子之重，平常人全力以赴亦难承受。而她另一肩挑着教学科研的担子，其中教学的分量同样不轻。她的教学风格是常与学生在一起，互相讨论，有问必答，答必周详，费时定然不少。而在近 20 年间，她还主编或参与编写过几套中小学德育教材。对于现在正在全国统一使用的初中道德与法治教材，她是总主编。当然，她的这些工作与她的研究是有联系的，但是忙完这些工作，留下给她做研究、撰写学术论著的时间就不多了。与专业科研工作者相比，她做科研的时间可以说是很少的。但是，小蔓同志却进行了如此深入广泛的研究，留下如此丰厚的学术成果。这背后必定有超常的辛勤工作、超常的夙兴夜寐。小蔓同志治学的刻苦与坚强令人感动。

《朱小蔓文集》荟萃了小蔓同志 30 余年丰硕的研究成果，展示了她可贵的学术品格和学术特征。

以情感之眼看教育，形成了小蔓同志学术思想的鲜明标识。她的研究涉猎的教育领域很广，不散杂，放得开，收得拢，其中情感是统摄。有学者评价她是以情感之眼看教育，我是很赞同的。小蔓同志追溯情感思维学说在中国传统文化中的源流，从脑科学、心理科学角度探究情感发生的机理机制，从教育的实践活动角度剖析情感的育人功能和育人特征。她在总结自己的学术道路时说她自己一直把情感教育看成一个辐射教育活动全域、全程的理论和实践问题。于是，她透过情感之眼对教育的全域、全程进行观察、思考和阐释。这种观察、思考和阐释是广泛的、深刻的；是理性的、睿智的，又是满怀深情的。小蔓同志的情感之眼聚焦学生成长和发展的全域、全程；她的情感之眼中满含着期盼学生健康成长的真挚情感。这种情感是小蔓同志学术研究的动力、学术思想的灵魂。以情感之眼看教育也成为小蔓同志学术思想的光彩夺目的标识。

学术研究与育人实践紧密结合，赋予了小蔓同志学术事业蓬勃的生命力。小蔓同志从来就不是埋头书斋的学究，她是一位在教育改革发展大潮中奋力搏击、锐意进取的教育家。她的学术研究立身风起云涌的时代，扎根在世纪之交中国大地生机盎然的教育实践之中。小蔓同志一直强调她情感教育研究的灵感来自她从事的教育工作实践，情感教育的理论与模式与她总结提炼江苏和华东地区素质教育的典型经验密切关联。世纪之交开启的我国第八次基础教育课程改革是我国基础教育领域一项意义重大、影响深远的变革。这次课程改革将培育学生正确的情感、态度和价值观，同让学生获得基础知识与基本技能、形成正确的学习过程与方法作为课程的三维目标。这让小蔓同志获得了情感教育研究新的灵感，明确了研究的新任务，更加坚定了研究的信心。她积极参与基础教育新课程方案及有关学科课程标准的研制和新教材的编写工作，指导新课程的实施。她把指导新课程实施和开展情感教育实验结合起来，在南通田家炳中学、北京中学、海安市实验小学等学校开展"教师情感表达与师生关系建构""情感交往课堂"等教学实验。小蔓同志经常深入这些学校，走进校园，走进教室，和校长、教师研究讨论，和学生交流互动。这些实验推动了学校新课程的实施，推动了学校育人方式的变革。小蔓同志的情感教育理论在这些富有创造性的生机勃勃的教育实验中发挥了重要的指导作用，也得到了新的拓展和升华。

视野开阔，包容汇通，显示了小蔓同志学术研究的宽广胸怀。情感教育涉及多个学科，涵盖教育全程。小蔓同志谦虚好学，思想开放。 她学术基础宽厚，融合多学科思想构建情感教育的理论框架；她汲取基层学校丰富生动的典型经验，探索情感教育实施的路径。 她在与国内同行深入的交流研讨以及与一届又一届学生的教学互动中，锤炼提升自己的学术思想。 她与多个国家的学者开展合作交流，借鉴国际教育经验，讲述中国教育故事，赢得了国际声誉。 小蔓同志转益多师，开放包容，善于传承借鉴。 有此宽广胸怀，方能守正创新，开辟新路径，攀登新高度。

为人与为学的高度统一造就了小蔓同志学术生涯的崇高境界。 小蔓同志对教育事业充满爱心，满怀激情。 与她相处过的人，无论是她的同事、学生，还是她深入基层学校指导过的校长、教师和学生，都对她的认真务实、谦虚热情、坦诚善良深表敬佩。 小蔓同志的高尚人品在她的学术研究中得到充分的体现。 她全身心地教诲指导学生，她无保留地与同行学者坦诚交流，她不辞辛劳奔走各地倾心倾力指导基层学校的改革实验。 她数十年执着坚持以情感之眼观察教育、思考教育、研究教育，创建情感教育理论，实践情感教育思想，促进青少年学生健康成长、全面发展。 她满怀大爱之心，春蚕吐丝尽，蜡炬泪滴干，将自己的一生奉献给了教育事业。 2014 年 5 月，小蔓同志化疗期间抱病到一所小学做情感教育的学术报告。 她深情地说，近代实业家、教育家张謇对学者提出的要求就是"道德优美，学术纯粹"，这是何等美好的一种希冀！ "道德优美、学术纯粹"，这是小蔓同志崇尚的学者为人与为学的至高境界，也是她自己追求的境界。 她在自己几十年的学术生涯中，坚持为人与为学的高度统一，一身正气做人，锲而不舍治学，将自己铸造成道德优美、学术纯粹的学者，登临了为人治学的至高境界。

《朱小蔓文集》在小蔓同志逝世三周年之际编辑出版，是对她最好的纪念。 我和小蔓同志在 30 多年前就有工作上的联系和合作，当时我们都在江苏工作。 2002 年她到中央教育科学研究所工作时，我在教育部任副部长，分管中央教育科学研究所工作。 这样我们的联系和合作就更多了。 她是一位优秀的同事，也是一位令我敬重的教育家。应小蔓同志女儿吴姗、女婿黄斌之约，我为《朱小蔓文集》作序，借此表达对小蔓同志的怀念和敬意。

小蔓同志燃烧生命谱写的教育诗篇，写在她多个工作岗位的不平凡业绩之中，也写在她丰厚的学术著作之中。 《朱小蔓文集》是她留给我们的美丽的教育诗篇。 读文集中的著作，怀念她的亲人、同事、学生和教育界的许多友人仿佛又听到她优美的声音，听她吟诵充满情感、给人智慧、给人力量的教育诗篇。

王湛

2022 年 6 月

总序二 🖋

　　我很高兴能有机会为《朱小蔓文集》的出版撰写序言。

　　朱小蔓先生是我国杰出的教育学家、教育家，她对我国当代情感教育研究具有开创之功。 她的专著《情感教育论纲》构建了情感教育基本理论框架，为我国情感教育学做出了奠基性贡献。 不仅如此，她在德育理论、教师教育理论、课程与教学理论、教育管理理论等多个研究领域突出情感维度，彰显教育理论的终极关怀，为建构有哲学之眼、人文性突出的理论话语做出了突出贡献。 朱小蔓先生的教育思想超越于技术的兴趣，偏好于哲学深处探究教育的根基性与终极性问题，注重唯物辩证法在教育研究中的运用，具有鲜明永久的历史生命力。 熟悉朱小蔓先生的人都知道，她具有深厚的公共情怀，始终关心现代化进程中人的生存与成长状态，关心学校环境与公共品质，注重与世界优秀教育思想对话，学术思维守正鼎新。 此外，在她的学术人生道路上，朱小蔓先生有大半的时间在一线学校，为探索具有中国特色的教育实践改进范式而辛劳，积累了丰硕且有深远影响的实践性成果。 《朱小蔓文集》的出版既是对朱小蔓先生的怀念与纪念，也希望通过梳理先生的学术人生进程，整理她的代表性成果，为丰富并深化我国的情感教育研究提供一种系统、全面的学术资源。

　　《朱小蔓文集》（以下简称《文集》）共七卷，第一、二、三卷是朱小蔓先生的论文集，是在她 2012 年出版的专著《关注心灵成长的教育：道德与情感教育的哲思》基础上的整理与丰富。 《关注心灵成长的教育：道德与情感教育的哲思》囊括了她在 2012 年之前撰写的 69 篇论文。《文集》选编了她已发表和未发表的论文、硕士学位论文等代表性论文，形成了《道德与价值观教育》《情感发展与素质教育》《教师人文素养与教师教育》三卷。 第四卷收录的是她的博士学位论文《情感教育论纲》。 《情感教育论纲》第一版于 1993 年出版，在国内外引起广泛关注，是学术界公认的开启当代中国情感教育研究的奠基之作。 朱小蔓先生注重对话育人，亦是当代较早开辟教育学术研究的对话探究范式的学者。 《文集》第五、六卷是教育对话集，分别为《教育的问题与挑战》《与世界著名教育学者对话》。 朱小蔓先生的学术研究起步并专攻于道德情感，情感性德育是她的德育思想的标志性理论。 《文集》第七卷是《情感德育论》，作为她的学术思想的重要支撑，系统呈现其情感德育理论。

朱小蔓先生一生著述颇丰。 《文集》虽没有呈现她的全部作品，但集中代表了她的教育思想与理论风骨，也集中代表了她在教育思想风格、教育研究范式、教育理论话语三个方面的突出特征与重要贡献。

第一，朱小蔓先生教育思想的核心命题是情感教育，但情感教育思想不是建基于抽象的概念，而是建基于生命情感和人的发展，是一种兼具生命激情与理性沉思的人文主义、人道主义思想。 具有如此思想特点源于两个方面：一方面因为她出生于革命的红色家庭；另一方面因为她自大学教育起依次专攻于文学、自然辩证法和教育基本理论专业领域，跨学科、跨领域的专业学科训练使得她既富有感觉敏感性，又兼具知觉辨识性与历史综合性的辩证思维风格。 她的情感教育思想发端于她的道德情感哲学研究。 她以美德伦理学为论述底色，对情感教育形态做人类学历史建构，探究情感与人的发展的本体性、价值性问题，在此基础上探索适宜的情感教育操作模式。 因此，她在教育思想领域的主要贡献在于以一套全面、系统的情感教育理论开启了中国情感教育的学术话语实践，推动情感教育成为中国教育改革中的主要思想形态，开辟了自 20 世纪 90 年代至今以情感审美和以情育人为思想标识、以唯物辩证法为思维逻辑、对教育实践葆有终极关怀的中国情感教育思想流派。该思想流派与教育的情感心理学、情感社会学等学术思想相互补充，构筑为中国情感教育思想的整体脉络，也为世界理解中国教育贡献了情感性思想示例。

第二，朱小蔓先生充分认识到中国现代教育研究在走向科学化、理性化的同时，也会带来过于技术化的倾向，从而引发教育研究的亲和性、真实性和深刻性的流失问题。如何对中国教育发问并切实解答中国教育问题，不仅是摆在当前中国教育学术、学科体系前的紧迫问题，也一直是她从事教育研究工作的问题来源。她对教育现象葆有足够的敏感，也总是能从哲学的视角审视个人困惑，在恰当的历史格局中提出适切的教育公共问题与教育命题，如情感德育、教师情感人文素质、教育的情感文明等。这一系列原创的教育概念、命题代表了一位有深度教育情怀的老一辈教育研究工作者对中国教育的忧虑、追问与期待。她对待教育理论、现象与实践所具有的天然的价值情感促使她为教育正义而研究，她以批判性包容的立场游走于教育理论与实践之中提出研究问题、回应教育理论、追问教育良知、再生产教育理论。因此，她的教育理论研究指向实践性教育理论，她的教育实践研究指向理论性教育实践，她的教育研究为教育理论界与一线教育实践结为有效、负责的探究共同体搭建了桥梁。

第三，不同于建基于心理学、工程学、经营导向话语的教育理论，从文学、哲学背景中成长起来的朱小蔓先生的教育理论话语脱胎于对人的关切，像一双眼睛，能帮助读者从可见的现象看向可知的世界，从中看见良知。这体现的是教育理论话语的亲和性特征。教育理论建设不仅是一种理性探究过程，也是一种健全的他心想象过程。她总是在做为他者着想、为学科负责、为实践改进的理论建设，而非贡献出某种理论的理论建设。因此，她的教育理论话语亲和性强，能被广为接受。朱小蔓先生秉持以人的发展为核心的原则，自觉维护教育理论的真实性。正因如此，她的教育理论话语自然对技术旨趣与理论神秘性祛魅，是富有价值情感的真实发问以及负责任的深刻回应。

朱小蔓先生于2011年加入教育部普通高校人文社会科学重点研究基地北京师范大学教师教育研究中心并担任特聘教授。在长期的生活、研究与求索过程中，朱小蔓先生养成了有理想、有担当、有作为的现代中国知识分子的优秀品质。她纯真赤诚、与人为善、平易近人、心胸宽广、充满人格魅力，深得朋友、同事、学生的敬仰和爱戴。与她共事期间，我深深地敬佩她的学术成就和教书育人的精神。

《文集》的出版不仅是对她学术成果的一次总结，还是对她在教育领域所做出的贡献的肯定。我们整理、结集出版她的代表作，希望这种中国化的情感人文主义教育学术研究范式与理论学说能很好地传承下去，也相信这些作品在教育研究与实践领域会结出更璀璨的成果。

最后，我要特别感谢《文集》编委会成员和工作小组成员，感谢北京师范大学出版社。他们的付出和努力使《文集》得以顺利出版，同时也为朱小蔓先生的学术成就和教育贡献做出了最好的诠释。我相信，《文集》的出版将为学术界和广大教育工作者提供有益的参考和借鉴。

是为序。

朱旭东

2023年5月

自　序

情感德育：研究经历与心得

　　本书是在我主持的"九五"全国教育科学规划重点课题"青少年儿童道德情感教育的理论与实践"成果的基础上，将《情感教育论纲》正式出版以来我自己关于情感德育的研究所得集辑而成的。

　　我是1985年开始对道德情感的研究产生兴趣的，主要基于两方面的原因：一是实际生活、工作中的经验刺激；二是理论文献阅读的偶然性。从实际生活、工作中的经验刺激来说，1973年年初至1985年，我在大学担任校团委书记、党委宣传部部长等职，负责学生思想工作。我发现，学校德育中存在情感的缺失现象。而那种概念化、浅表化、教条化的德育由于不重视人的生命的内在情感，主要靠外部的知识灌输和行为规约，其实效果很有限。这促使我开始思考道德及道德教育中更为内在的东西。从理论文献阅读的偶然性来说，1986年我读到莫斯科大学哲学系伦理学教研室主任、苏联伦理学教学委员会主席吉塔连柯教授的文章《马克思主义感觉论原则在伦理学中的地位和作用》，有久旱逢甘霖之感。我不仅反复阅读，而且与他用俄文进行了通信交流。在那以后，我便走上了研究道德情感之路。那时，我的研究主要限定在伦理学及道德哲学的学科范围内，讨论道德情感的性质、发展、功能等问题，主要在本体论的思想框架下进行阐发；或用认识论的方法，以历史唯物主义的思维框架思考和谈论道德情感。1985年至1987年的研究心得，这次是作为本书第一编呈现出来的。

1989 年至 1992 年，我把对道德情感的关注延伸到对教育全域中的情感缺失的关注上。因为情感是人的生命态度的重要表征，情感的存在、表达方式及质量反映着人的精神面貌，情感教育说到底关乎教育中人的生命质量和生活质量，所以教育的全程都应当关注人的情绪、情感。我把对道德情感的研究拓展到情感教育，既有学科视角与方法的转换，也有对情感关注范围的扩大。并且我一直在思考如何从教育思想与教育机理上将教育、情感教育与道德教育的关系说得更深入、更清楚。

情感教育是如何与道德教育乃至整个教育相关的呢？由于人的情绪、情感活动及其变化是有价值方向的，因此学生在受教育过程中孕育和表达的情感体现出教育活动内在的价值性、目的性。从这个意义上说，教育所包含的道德目标、道德使命的实现，即教育的道德性的体现，与在特定教育情境中关注和发展人的情感状态、方向及情感品质相关。基于这种认识，我们才不能把德育仅看作学校诸育中单独的一种，而应将学生在其全部学习生涯中的经历和感受看作其思想道德教养的基础。

1994 年至 1998 年，我在指导几位研究生的论文选题时，尝试突破对道德情感的原有界定。以往教育学和伦理学教科书对道德情感的解释存在一种分割性思维，过分强调道德认识、道德情感、道德意志、道德行为的所谓"四分说"，把道德情感定义为人对道德原则的一种肯定性情感。我认为这种界定存有弊端。其一，这种分割式的界定容易切断道德认识、道德情感、道德意志、道德行为四者的内在联系。其二，它对道德情感的理解过于理性化，容易将道德情感变为道德认知的衍生物。其三，它割断了道德情感与其他情感的联系，使道德情感失去了来自情绪、情感系统本身的发育基础。也就是说，它脱离了来自人的生命的情绪、情感系统本身，而被封闭、割裂在道德和理性的范畴内，使道德情感变得高不可攀，变得与一般的社会性情感、日常生活情感及原始自然情感没有什么关系。恰恰相反，我认为道德情感与社会性情感、日常生活情感，以及与人与生俱来的原始自然情感密切相关，可以并且往往需要从情绪、情感系统中产生，而不只从道德认识、道德理性活动中而来。

于是，我设想从更宽广的视域来思考情感和道德的关系，并且在生活中找到贴近人的情感实际的教育引导方式。我感到人类的很多种情感都和道德有关系，包括非常丰富的情感品种和样式，如幼儿的兴趣、好奇心、冒险精神、格局感、秩序感、节奏感等。它们看似与道德无涉，其实都可能与道德有关系。我认为，人的情感发展有一个链条，与其将道德情感和其他情感相区分，不如调整为重视和关注与人的道德发展、德性相关的情感。这样的思维方式和命题方式更有助于找到恰当的教育方式。也就是说，我们不仅要追问什么是道德情感，还要追问什么情感可能与道德相关，与个体的德性发展相关，与道德教育相关。

研究与道德相关的情绪、情感，首先从关注情绪基调开始。我把那种比较积极、比较和谐的情绪基调，如快乐、兴趣、好奇、专注的情绪等，都归于与道德有关的健康的情绪基调。情绪心理学明确指出，快乐和兴趣是人类重要的、正向的情绪基调。因此，教育者需要去注意、保护、爱护它们，而不是去压抑、泯灭它们。其次是关注情绪、情感能力。我在《情感教育论纲》中尝试提炼五种能力，如情绪、情感的自我愿望能力，移情能力，体验感受能力，情绪沟通交往能力以及调控能力等。现在我仍然坚持认为这几种能力与道德有关系。最后是关注情感品种。哪些情感品种与道德有关系呢？这些情感品种应包括依恋感、安全感、快乐、自我悦纳感和由此产生的自尊、自爱、同情、怜悯、利他心、荣誉心、责任心及崇高感等。

正是在这种直觉的驱使下，我指导一位研究生关注秩序感的研究。我们通过理论假设和验证研究提出，儿童表现出的各种秩序感形态蕴含着人类生命日后发展审美感、理智感和道德感的萌芽。对秩序的追求是人的天性。秩序感在人的生命早期出现，然后分化，之后再度整合，循环往复，伴随一生。在不同人身上，其分化的优势水平不同。例如，艺术特长者的审美感比一般人更强些，自然科学特长者的科学理性感比一般人更强些。秩序感发育到比较高的层次，总是三种情感都有，只不过程度、侧重的成分不同而呈现为不同的情感品质及表现形态。我当时就是抱着去发现、去挖掘、去解释的信念，让研究生参与这些工作的。后来，我又建议另一位研究生关注敬畏感的研究。因为无论是从文化人类学的考察中，还是从生活的直觉经验中，都可以发现敬畏与道德的关系。包括恭敬、谦卑在内的敬畏心，是因为人意识到有比自己更高、更好、更强的他人或他物，从而怀抱一种敬畏。相反，当一个人不以为有什么值得敬畏时，他可能会无所顾忌，缺少自我约束。

我一直不认为道德是区别于人类其他精神活动的一个独立领域。人的道德性应看作人类精神性发展的核心标志，它在精神系统里起统摄、支架的作用。因此，德育在现行学校五育中并不是相互并列的诸育中的一育，而是处于统摄地位的。马克思指出，情感是一个精神饱满为自己目标而奋斗的人的本质力量。诺尔曼·丹森在《情感论》中也指出，一个真正意义上的人应该是一个有情感的人。我认为情感和道德一样，都是从人的精神系统的内部弥散性地起制约作用的。普拉切克说过，如果把人格特质确定在人的关系范围内，那么人格特质与复合情绪应该说没有什么不同。伊扎德提出，在人格系统中，情绪处于核心位置。我在《情感教育论纲》中把人格化作为情感发展的最高阶段，人的精神发展的较高阶段是价值观及态度内化为的比较稳定的人格。如此看来，情感既是人产生的用来支持其道德性的内部动机系统，又是人的精神发育情况的外部表征。情感可以体现一个人的整体精神面貌。

1996年，我主持课题"青少年儿童道德情感教育的理论与实践"的研究，希望继续探索人的生命的不同时期有哪些情感与人的道德发展相关。教育学者不能只用哲学思辨的方式研究，还需要去发现教育的机制是什么，要回到教育现象中，回到真实的教育过程中，去发现人的情感发展变化与道德的关系。当时正值江苏省中小学素质教育实践兴起，于是我们在研究过程中找了10多所学校作为实验基地。在与江苏一些教师的合作研究中，我开始探索中国传统文化中积淀的关于情感素质与教育的思路与模式。1999年，我们提炼和概括的几种教育模式，如情境教育、乐学教育、小主人教育、审美教育、和谐教育等，都是以情感为切入口来实践素质教育理念的。

现代心理学的研究发现，现代人最重要的一种心理需求是在人与人交往的激情中定向。人出生后，甚至是在母腹中，就已经形成了亲子之间的应答关系。这被证实是人在生命早期产生安全感、依恋感、联系感等所需要的基本条件。我们在研究中不断地积累和强化着这种认识和信念。我的研究合作者梅仲荪老师在研究儿童依恋感时有不少新的、有价值的实证发现，都可以证明只有在安全、依恋、同感共受的基础上，人才可能有自我悦纳和起码的自尊；而有了自尊，人才有了道德生长的起点。加登纳对道德智能的研究认为，道德最重要的范畴是人对生命的尊重，尊重自己的生命和尊重他人的生命。在人与人的交往关系中，如果一个人没有感受到被尊重，他就无从产生自尊，也不可能去尊重他人，包括自爱。帕特丽夏·怀特指出，自爱与人的生命中与生俱来的优势潜能相关。每个生命都有自己的优势，对自己的优势钟爱的情感就是自爱。

进而我们还需要关注同情、怜悯、移情、分享、利他等情感。虽说道德的起点是自尊、自爱，但只有这些是不够的，因为人不是孤独生活的，需要对别人的关爱与尊重做出反馈。如果一个人永远不能从对方那里得到关爱，他就不会回馈；同时，如果一个人不会关心、尊重别人，也就无法得到对方给予的回馈。所以，自爱与爱人、自尊与利他两类相辅相成的情感需要不断相互刺激、反馈。20世纪初，索洛维约夫对原始部落进行文化人类学考察，发现原始人有羞耻、怜悯、敬畏三种基本情感，并称它们为道德的原始材料。关于现代人的这些情感怎样形成，表现为更为高级的责任使命感、道德信念、信仰与基础性社会情感、道德情感是什么关系等，我们已有的研究工作还相当不足。

青少年道德情感教育研究旨在寻找教育的机制、途径、方法，而且是针对不同年龄的人。我们的研究不是从定义入手，就道德情感研究道德情感，而是意在发现哪些情感与道德有关，从理论上去认识它们、证明它们，在教育活动中去爱护、培植它们。借助亚里士多德的"质料与形式"范畴，除了寻找支持道德的情感质料，我们还需要发现它们的表现形式，即寻找情绪、情感的表征和表达方式。虽然情感是由内而发的，许多细微的情感是隐秘的，但它们还是会通过这样或那样的方式表现出来。若想找到合适的教育方法，我们必须把握住情绪、情感的表征和表达方式，否则便无从引导和利用。我们认为处理情绪、情感的表征和表达方式既有"外在化"的道路，又有"内在化"的道路。所谓"外在化"的道路是允许和鼓励人们表露、表达情绪、情感。对于其中不合时宜的,可以帮助人们掌握宣泄、转移和调整的方法;对于正当的,尤其是那些宝贵的情感发展性资源,则要扶持、强化和放大。所谓"内在化"的道路是指重视感受、体验的积累性和孕育性。教育者有意识地使情绪、情感定向稳固为价值趣味、习惯性行为方式及人格倾向等。

鉴于上述想法,我们明确提出情感体验性道德教育模式。它有两个特征:一是以重视人的情感发展为道德教育的目标;二是利用人的情绪、情感的特殊机制,提高道德教育的影响力和有效性。通过情绪感染、同感共受、情感场共鸣、情绪放大机制、情绪强化机制、情绪沟通分享机制等,我们在实践中有意识地开展实验研究。例如,训练孩子的情绪、情感辨认能力;从面孔识别到内心识别,训练他们的感受性、敏感性;通过语文教学、语词学习,提高他们的情绪、情感的分化程度;等等。我们也研究如何通过积累,通过不断的强化而走向情感的内化。我认为教育中有些东西肯定是需要定向强化的。通过早期的定向强化,脑神经元相互吸引、刺激而产生的突触能结成有一定方向的、组织化程度较好的网络结构,为人的道德发展奠定基础。有人断言,21 世纪的教育在一定意义上是脑培育。所以我们应当不断探明脑活动的这些机理,使脑神经活动与情绪、情感活动朝某些方向强化、积累,成为较稳定的身心品质。

现在道德教育存在的问题是对人的思想根基重视不够、聚合不够。比如,自我尊重、尊重他人、同感共受、承担责任、彼此分担等是人际相处所需的基本品质。人的所处关系无论多么复杂,都是从一个基本的一对一的关系开始延伸的。它始发于关系的胚胎——亲子关系。如果亲子关系没有搞好,就会影响以后与他人的关系。所以，我们主张道德教育回归到亲子关系中，回归到儿童时期学校教育的师生关系、生生关系中。亲子关系将许多东西聚合成一个强有力的、牢不可破的关系存在，很多东西都是在此基础上延伸的。我一直在呼吁，道德教育需要回归到人的最初、最近的关系中去考察、立根、扶根，根本的东西一旦建立起来就牢不可破。

从情感性道德教育思路和模式看，对情绪、情感不断的感悟、体验、积累，可以逐渐变成人的性格的一部分。杜威认为，学校教育要培养人的性格。性格包括品格和影响行为的动机系统。它们对行为有活力和动力作用，使人的行为变得更开明、更连贯、更富有生气。泰勒在她关于价值观教育的文章中指出，价值观教育就是通过核心价值观的教育使美德成为人的性格的一部分。成为性格的这部分就是品格。只有成为性格的才叫品格，不成为性格的就不叫品格。美国学者也指出，品格教育的内涵是要把社会需要的那些美德变为人的性格的一部分，变成人的比较稳定的习惯、态度。我认为性格是可以不受制于什么东西而自由投射出来的。如果重视人的情绪、情感系统的发育，重视与道德相关的情感的发育、培植、强化与提升，那么人就一定会朝着美德的方向积累、体验、感悟，最后这些情感变得人格化、性格化，就可以自然投射、自由表达。我们在实验基地做实验，旨在发现用什么方式可以引发上述这些心理活动，通过引发这些心理活动不断地改变每个个体。我有一个教育预设：一旦引发了一些情感，或者说维护、强化了某些或某一类情感，就会慢慢改变个体的品性、品质。相反，如果我们不关心学生在学习过程中出现的负性的情绪，比如说过度的焦虑、过度的自卑、过度的自恋、过分的自我中心、过分的犯罪感、压抑感等，这些负性的情绪会对道德发展起破坏作用。我认为不要把道德教育的范围弄得过于狭窄，其实心理健康教育中有道德教育，课程教学中也有很多道德教育。我们保护和强化那些有助于道德发展的情感以及调整或防范那些负性情感本身就导向了道德发展的目标，也就使学校的教育体现了道德教育的目的。

对于人文社会科学研究而言，与自然科学一样，方法问题也是很重要的。一种新的方法所提供给我们的是一种全新的思维方式，而一旦新的思维方式得以确立，旧的问题就会消失；实际上人们会很难再意识到这些旧的问题。这犹如库恩所说的"范式革命"。一种新的研究范式的确立就意味着一场社会科学革命的发生。正因为如此，方法问题也是在短时期内最难有所突破的。我们一直没有放弃对研究设计思想和方法的探索和思考。回首看，我在这些年的情感教育研究中所倾向或倾心的大约可称为"准现象学"的方法。

现象学理论对我的研究旨趣、研究想象力有很大影响。1994年至1996年，我曾给三届研究生开设教育哲学课，除主要讲述古典哲学外，在现当代哲学部分还要讲现象哲学。当时还没有接触到马克斯·范梅南的教育现象学，但从黑格尔的精神现象学到胡塞尔的现象哲学，再到海德格尔的情感现象哲学，其中有一条理论线索，即关注人的精神现象的发生，并且留意其在生命的生活过程中如何发生，被我把捉出来，心动不已。现代现象哲学主张回到事实本身，我们也坚持回到教育事实本身研究教育。因为只有回到教育现场，才能看到究竟是哪些情感的出现与孩子的发展有关，有经验的教师是怎样解决这些问题的。所以，我主张回到教育现场去发现和挖掘、提炼和概括、解释和阐发，这也是我们发展和紧密联系一些实验学校的动机。在彼此对话的过程中，我们和一线教师共同成为理论和实践的中介人，共同穿行在理论和实践之间。我们把思想的力量、思维的作用赋予行动，使其成为行动过程的中介。教师实践中的经验资源滋养我们，同时又把我们所传递并达成共识的思想与方法传播和运用到新的实践中去。不过，我们是两种不同类型的中介者，我们各自的思想来源和致思线索不尽相同。这样一个理论与实践往复的循环、不断的对话，寻找教育理论与教育实践的对话，是我一直十分关注的。通过这个项目和小学素质教育模式理论的研究，两群人、两种不同的经验和思维相互穿行、反复对话，其结果是不断生成实践性理论或理论性实践。什么叫实践性理论或理论性实践？就我个人体会而言，对生活经验、教育经验中某类现象的积累、感受多了，便有一种强烈的愿望想要描述它、表达它，需要找到某个概念、命题去框定、对应它。在研究中，我们可以先用一个概念或命题去尝试归纳某一现象，然后再去寻找实证材料，反复验证并推理，支持这一概念、命题和思想的成立。在这其中，生活积累和感受很重要，不接触教育问题、教育情境便创生不出来。反过来，不多读文献、接受理论刺激，思想便得不到激发；没有交接点，没有结构的形成和框架，对现象的表述无法凝练成有一定概括性和迁移力的思想。多年来我偏爱使用这一方法，我把它称为实践性理论研究法或理论性实践研究法。我从一线教师中发现并结交了一些这样的志趣相投者。

从 20 世纪 80 年代末到 20 世纪 90 年代中期，由于受教育学界，尤其是我本人研究视野和方法的局限，我们的研究方式显然比较粗糙。当时，叙事研究法、质的研究方法，我们几乎知道得很少，更谈不上自觉使用；在研究中虽使用观察、访谈和描述的方法，但其使用十分初步和表浅，很多结论还停留在思想假设和思辨形态上。虽然这些工作对于提出某些思想是必要的，但以更加具体、细致和确凿的事实来支撑我们观点的研究非常不够。所喜的是，现在适合教育学研究的方法、手段已经越来越多地为年青一代学者所掌握，教育学的表达方式也日渐丰富多样。如今，我们将一个不太成熟的、粗糙的却充满一定想象力和感受力，并由教育信念所支撑的对某种教育目标的追求、奋斗的研究历程展现给大家，或许对后人有一点鼓励、参考和借鉴的作用。

最后，需要再进一步谈谈情感教育和道德教育的联系。我认为这两者的关系非常密切，可以说是密不可分。2005年4月下旬，我到英国访问，他们的学者在和我讨论问题时，也常常把情感教育和道德教育联系起来。它们之间既相互联系，也相互区别。我认为情感教育与道德教育相互联系的主要原因在于，道德教育若要真正成为一种抵达心灵、发育精神的教育，一定要诉诸情感。如果不诉诸情感、改善情感，就不可能变成精神发育的活动、生命内在的精神活动。因为精神发育是内在的，是生命内部的过程，而不是外在的知识输入，也不是外部的行为强加和控制。既然精神发育是一个内在的过程，就一定会影响人的情绪、情感系统。也就是说，情感教育是从生命的内在性上支持道德教育的。

2004年11月，我与苏霍姆林斯基的女儿苏霍姆林斯·卡娅对话，也专门谈到情感教育问题。她使用"情感文明"的概念来表达。苏霍姆林斯基的教育思想中有很多关于情感教育的论述。在我的理解中，智育活动中有情感的教育，体育活动中也有情感的教育。情感教育的主旨是发展学生的情感，所以不受时空的限制，也不应当限于某一学科的教育环境。卡娅使用"情感文明"这个概念很有价值，概括力很强。这个概括使情感跨出了心理学、社会学的范畴，进入人类学的视野。毕竟一切人类文明最终都要以情绪来表征，并被情感体验。

"情感文明"这一概念从这种高度捕捉和把握住了情感对于人和人类生存与发展的意义，并且提高了情感教育在教育体系中的作用。我认为她所使用的"情感文明"与我们所使用的情感品质，都共同关注人的一些重要的基础性、社会性情感，如关爱、同情、善良、责任感、认真等，并且我们都意识到它们对人的德行、品格的作用。

当我在整理、出版这本书时，是党和政府十分重视未成年人思想道德成长的时期。未成年人的思想道德成长包含要加强对青少年德性品格的教育。这与情感教育相关，与人的情感系统的发育相关。从某种意义上说，情感教育是道德教育的一个具有生命内在性的支持，而美德教育与道德教育又互为基础和支持。所以在整理这批研究成果时，回顾和重新思考我们研究的轨迹，可以欣慰地看到，这样的追求方向没有错，研究的思维方式没有错。这一思维方式就是强调人的发展是具有整体性的，人的发展说到底是人的内在的精神发育，教育的最终目的是培养完整的人。什么样的人是完整的呢？我认为就是有内在的、饱满的精神发育的人。我们欣喜地看到，尽管新课程改革的推进是艰难的，但它朝向培养完整的人，培养学生的学习兴趣，培养热爱学习的人，这是十分正确的。因为在当下，一个热爱学习的人与有道德的人是可以统一的。一个不热爱学习的人或将学习视为"敲门砖"和应试工具的人，他的道德发育是有限的，因为他没有生命扩展的内在动力。相反，一个把学习看作快乐的事情，把学习当作生命活动的方式，在学习的过程中体验情感、模塑品格、丰富个性的人则有望成为有道德的人。所以，我们盼望一个完整的教育，而不是德、智、体、美、劳分离的教育。我们希望回归整体教育思想——整体的培养人的思想。尽管我们的教育在体制、制度上还存在一些问题，使我们很难在实际中完全实现整体性教育，但是我们不可以没有整体性思维和思想。我国提出以人为本的社会治理思路，以人为本说到底是以人的生命为本，而生命中最核心的东西是情感。如果对表征生命价值方向和面貌的情感都不关注的话，何谈以人为本。所以，从这个意义上说，我认为以人为本就是以关注人的情感发展为本，关注人的情感发展，使之有助于道德的形成，有助于培养精神和谐发展的人，有助于和谐社会的构建。

巴利辛柯夫认为，现在学校教育还未能掌握学生的情感资源；如果能实现这一点的话，学校教育的质量会大大提高。我赞成他的看法，欣赏他所提出的艺术是培养学生文化联想力的重要手段的观点。我们应当运用艺术这一具有情感表达力的方式去营造学校的精神氛围，从而让学生在理性与感性交融的状态下去认识和理解生活。我一直认为人的情感发展在物质极大丰富、科技日益强大的社会中越来越显得重要。它不仅从生命的根基上支持个人的理智和道德健康的生活，而且以自然而强大的力量支持社会中人们的合作与共处，支持个体与社会的无限想象、愿望与创造活力。所以，我愿将自己的学术生命永远与情感教育研究及实践联结在一起。如果把这份研究成果看作思想的解放和探索，看作初步的教育经验提炼的话，我希望日后将更多的时间和精力投入更专门和细致的研究，我认为可以做得更好。

目

录

第一编

情感性德育的本体思考

第一章 道德情感简论

道德情感问题是千百年来哲学等众多领域关注的问题。马克思主义的创立为探寻道德情感提供了科学的原则和方法，现代心理学不断提供新的实证根据。下文从辩证法的角度探讨道德情感的生成结构、内在发展及本质显现。

一、道德情感的生成结构

道德情感是人类独有的高级情感，它既不是脱离人的情绪、情感系统的神秘情感，又不是自发产生的自在情感。它是人在社会生活实践中通过不断内化、深化和提升而形成的，是行为人所特有的情感形式。道德情感的生成包含三个运动过程，即脑神经生理的活动过程、个性心理基质的建构过程及社会道德生活的实践过程，这些过程相互联系、相互作用。

（一）物质本体——脑神经生理的活动过程

自然以几亿年的时间孕育、创造了人的生命，人的生命以自然物为物质本体。马克思说："人直接地是自然存在物。"列宁也指出："摈弃了关于灵魂的哲学理论，径直研究心理现象的物质本体……"人的道德情感正是以脑神经系统的生理活动过程为其物质本体的。

人的情感的具体生成过程包含情绪激活、认知评估和情绪体验三个相互关联、过渡的环节。情绪激活主要与丘脑、下丘脑、网状结构和边缘系统(统称皮层下部位)的神经活动有关。其中,下丘脑是控制自主神经系统的中枢。自主神经系统分为交感神经系统和副交感神经系统,它们共同控制内脏器官(心脏、血管、胃肠、肾等)、外部腺体(唾腺、泪腺、汗腺)及内分泌腺(肾上腺、甲状腺、胰腺等)的活动。[①]

内分泌腺在身体反应的整合中起关键作用,它分泌的激素随血液流动传到整个躯体。因此,神经兴奋到达皮层下的部位时,就会在人体中引起种种生理反应,对人有较大的影响。认知评估主要与大脑皮质后部,包括枕叶、额叶和顶叶及其相应的皮下组织有关。它们各自有选择地对来自内外环境的刺激做出反应,通过将对现实情境的知觉分析和基于经验进行的认知加工加以比较,将获得的有关客观事物与人的需要的关系的信息作为评估结果,最后将评估结果与机体的生理变化相结合,产生肯定或否定的主观体验。近几十年来,神经生理学和神经心理学的发展更加突飞猛进,认为大脑额叶前部的神经联系是人产生道德理性与道德情感的一个更加重要的生理依据。正是这一神经联系的活动才使人可能领悟应该照顾别人的需要。但是,额叶前部的进化时间最晚,根浅力薄,不经过后天严格的训练和教育与自我教育,便不能发育成熟,也无法构成活跃的神经联系。

上述神经心理活动过程证明,对于个体来说,生物组织是其道德情感生成的培养基。年龄、性别、高级神经活动类型、气质及天赋等生物特性都不会丧失意义,都会影响道德情感的生成。

---

① 曹日昌:《普通心理学》上册,27 页,北京,人民教育出版社,1980。

(二)心理导体——个性心理基质的建构过程

生理健全的人的大脑和神经系统是道德情感生成的前提,本质上是无个性的。它只能解释人与动物的区别,不能解释人与人的区别以及人的情感世界的无限性。正是依助于神经系统活动的具有个性的心理基质,人的生物、生理性差异才大大扩展了。一方面,个性心理基质以神经生理为内在根据,同时反过来控制、调适神经生理过程;另一方面,个性心理基质以一定的"预成图式"为反映社会伦理关系的内在根据,同时受到不断变动的社会伦理的控制和调适。可以说,个性心理基质是脑神经生理活动与社会伦理变动之间进行双向互动的导体。

一般生物体依靠感受系统接受外部刺激,依靠效应系统对外部刺激做出反应。人类在劳动中形成的符号系统介于感受系统和效应系统之间,使人类不仅本能地对待感觉、知觉、表象,而且能动地选择、把握它们,有目的地安排它们。语言符号系统这一新的获得物改变了整个人类生活。从格式塔心理学建立以来,现代心理学的不同流派有一个共同的趋势,即强调人的创造方面,认为人不是外部世界刺激的被动接受者,而是在非常具体的意义上创造自己的天地的。皮亚杰和维纳开创的发展心理学、形形色色的新弗洛伊德学派、自我心理学、知觉"新论"、认知心理学、存在心理学、马斯洛的人格理论,都强调由人的这一主动能力导致的个体差异性,以及这一差异性在认识、情感、行为中的重要意义。虽然个体具体的文化背景、生活经验并不能改变感觉经验的潜力,然而它们会改变个体的统觉、经验实在的特征可能会被集中、被强调,也可能被冲洗。① 所以,看到什么,依赖于个体的统觉、兴趣所在和注意的方向。在符号系统参与感知觉的基础

---

① [奥]路德维希·冯·贝塔朗菲:《一般系统论〈基础·发展·应用〉》,秋同、袁嘉新译,10页,北京,社会科学文献出版社,1987。

上，不同的人对生活有着不同的记忆、理解以及用价值观念对当下刺激做出不同的价值评估。马斯洛曾用同型动力说强调这一差异性在情感体验中的重要性。他认为，有某种同型的动力在起作用，有某种相互平行的反馈和回响存在于感知者的特征和被感知者的特征之间，因而人和外界往往互相影响；一个善良、真诚、美好的人比其他人更能体会到存在于外界中的真、善、美；同样，如果我们自己具有统一和谐的心理状态，那我们就能比较容易地觉察到外在世界的统一性。①因此，我们把个体感受外部伦理道德关系的心理准备状态看作一个"预成图形"。它不同于遗传学的"心理资质"概念，也不是康德的普遍先验形式。康德强调主体性思想，本质是深刻的，但是被抽象化了。我们说的个性心理基质是个体与一定文化背景下的社会伦理关系反复作用，或者同化，或者顺应，不断内化为一定价值准则的过程。

　　道德情感的心理基质有一定的道德认知水平和情绪感受能力。关于道德认知水平，皮亚杰、科尔伯格的道德认知阶段论充分揭示了儿童道德情感及道德行为对道德认知的依赖关系。皮亚杰和魏尔共同研究过"祖国"这一概念的发展，发现儿童直到年满 12 岁，才能对这一概念获得恰当的情感价值；在这以前，儿童很难达到这一水平。苏霍姆林斯基断言："在我们这个时代，没有良好的教养，没有牢固的知识，没有丰富的智力素养和多方面的智力兴趣，要把一个人提高到道德尊严感的高度是不可思议的。"②关于情绪感受能力，情绪心理学家认为，人的情绪并不是无组织的破坏因素。恰恰相反，病态人格或人格障碍者往往由于缺乏爱感和内疚感，会产生不关心他人，没有社会责任感，无法与他人交往，无法实现社会化的问题。情绪感受能力以情绪记忆

---

① 滕守尧：《审美心理描述》，49 页，北京，中国社会科学出版社，1985。
② 转引自傅统先、张文郁：《教育哲学》，156 页，济南，山东教育出版社，1986。

为基础。"情绪记忆在每个人的生活与活动中具有着非常重要的意义。已经体验过并保存在记忆中的情绪是作为激起动作的信号或是作为制止那些在过去曾引起反感的动作的信号而表现出来的。"①现代教育学家、心理学家都主张不仅要积极开发人的认知记忆，还要积极开发人的情感记忆，其开发时间更早，开发范围更广。并且，雅科布松指出，人的每个生长阶段对发展一定种类的情感都具有自己最好的可能性。如果不在恰当的时候给予适时的教育，可能带来终身难以弥补的损失。

道德情感的心理基质在层级上既包括理论思维形式，也包括感性知觉形式；既有明晰的道德自我意识，也有人的强大的下意识领域。由于道德生活积累起来的情感表象不像知识那样具有较大的确定性，恰恰相反，往往表现出模糊性，主体浮现的情感记忆、运用的情感判断可能是模糊的，甚至是下意识的。"在下意识里，感性知觉赋予周围人的行动以道德—肯定或者道德—否定的符号，而这些符号与形成未来心境胚芽的情绪色调直接融合在一起。"②

总之，道德情感的心理基质虽然不是具体的道德内容、道德准则，但却是在个体的道德生活中无数理性和感性情感经验凝结的结果。它虽然不是具体的、物质的，但却是非物质的、有组织的整体。它的作用在于捕捉和组织道德情感的对象，判断对象对个体的意义（时常以感性先天的形式，如希望、愤怒、羞耻、恐惧等表达出来）。一旦道德信息输入个体的感受器官时，具有心理准备状态的心理基质便立即活跃起来，按照一定的选择方向，发扬、干涉、压抑乃至改变主体某种自

---

① ［苏联］彼得罗夫斯基：《普通心理学》，朱智贤、伍棠棣、卢盛忠等译，316 页，北京，人民教育出版社，1981。

② ［苏联］A. И. 吉塔连柯：《情感在道德中的作用和感觉论原则在伦理学中的作用》，石远译，载《哲学译丛》，1986(2)。

在的需要，指挥个体的神经系统和生理活动，调节个体全部复杂的、多级的心理过程。

（三）伦理实体——社会道德生活的实践过程

个体心理基质的建构过程着重展示道德主体能动性的一面，它相对神经系统的活动过程大大具体化了。但是，相对变动不已的社会伦理，其心理基质仍然是抽象的，只提供可能性，而不具有现实性。真正使道德情感现实化的是人在其中活动着的、人所面对的社会伦理关系。道德情感在人们的共同生活中产生、发展，并由社会中实际上占统治地位的道德标准、实际流行的道德风尚所决定。由于社会关系随着社会经济、政治及人际构成的变动而变动，因此具体的道德情感总是千姿百态、变化万千的。

黑格尔曾提出"伦理实体"这一概念，认为道德的实现过程是通过伦理实体，即家庭、社会、国家体现的。这一概念从社会、国家的总体上把握道德，追寻个体道德修养与社会伦理的关系，揭示个体道德修养以社会伦理为内容，是相当深刻的。黑格尔实际上是在唯心主义的框架下对道德的根源做了唯物主义的分析。马克思主义立足于从社会存在，从全部社会关系，特别是从社会经济结构，研究道德的根源、道德的本质。其深刻性、合理性仍没有被新的学说从根基上超越。从个体实际所处的一定的社会伦理关系网来看，它具体包括三个层次的内容，即民族的伦理精神与时代的伦理趋势、"小社会"的道德氛围和直接的或冲突性道德情境。其中，民族的伦理精神与时代的伦理趋势是个体道德情感生成的文化背景。道德情感不是无控制、非调节的自然情绪，而是人用一定的价值准则控制、调节自己的情感表现和情感体验的产物。民族的伦理精神和时代的伦理趋势影响着人们的精神需要、行为方式及评价标准，从而制约着人们的情感活动。"小社会"的道德氛围是道德情感孕育的摇篮。道德氛围是指在一定空间范围内，有一定数量的人们活动于其中，由道德活动引起的人们道德同感共鸣的心理效应场，包括家庭、学校和职业环境。它以人与人之间感性的、直接经验性情绪、情感相互熏陶、感染的方式反映道德关系。道德氛围在三者中格外重要：它既是民族的伦理精神和时代的伦理趋势的折射，又比民族的伦理精神和时代伦理趋势距个体更近，更具有日常生活特征。与直接的道德情境相比较，道德氛围具有相对稳定性，对人的作用时间较长，可以不断地为人们提供道德生活经验及情感经验。它们以情绪记忆的形式积淀到人们的潜意识层，逐渐累积为人们道德思维及道德行为的文化背景。直接的或冲突性道德情境，是道德情感出现的机缘。偶然事件、冲突环境中特定的道德气氛激发出的人的道德反思，对人的道德感受、道德选择提出的要求，可能会促使人的道德心理中"潜在"的宝藏突然放射出璀璨的光辉。

作为道德主体的外部环境，伦理实体的现存状态及它的不断变动始终制约着个体心理基质的形成，并在个体所具有的一定的心理基质的基础上生成道德情感。在探究道德情感整体结构的优化时，代表社会组织的一方必须考虑作为结构要素的伦理实体的状态，把个体道德情感生成的过程看作社会伦理向个体道德的转化过程，看作有组织的道德教育的过程。

统一人的内在生理、心理运行与外部伦理运行的基础是实践。但是，对道德及道德情感的实践基础不能做简单化的理解。实践必须是个体能动的道德实践，而不是一般意义上的实践活动。道德实践活动必须是道德主体与伦理实体发生了联系，有了思维活动，甚至有了心灵冲突，才有道德态度、道德情感的生成。还有个人在一定伦理关系中所处的社会地位、充当的社会角色，也在一定程度上影响个体所生成的道德认知和道德情感。总之，个人不仅是伦理关系的受动者，而且是伦理关系的创造者。吉塔连柯指出："要对净化和完善集体中的道德风气给予更大的注意。交往风气整个说来恰恰依赖于交往者的道德共鸣。各种不同的人们追求着自己的目的,展示着自己的价值方向,同时也就共同创造出所谓的集体道德风尚。"①

由此看来,物质本体、心理导体和伦理实体三个运动过程在道德结构中的关系并不是一般的主客体统一的关系,而是主体的活动系统对外部客体进行实践、认识、改造的关系。道德情感的规定性就体现在这个动态的关系之中。

如此界定、规定道德情感,便使它获得了一个崭新的主体性内涵。道德情感并不只像以往伦理学、心理学教科书反复规定的那样——"从社会形成的道德范畴出发,用道德原则的观点感知各种现实的现象时,人所体验到的一切情感"②,还有更加广阔的意义。实际生活中的道德原则、范畴是人在道德生活中创造出来的,并且不是一成不变的。不是有了道德原则,人才有道德需要,而是道德生活方式产生了道德需要,使人的内心升腾起超越自我、建构新的道德自我、超越现状、创造新的伦理关系的渴望,让人以精神的力量建构一个理想的道德世界,用以改善贫乏的道德现实,使道德现实更加和谐、完满。这样一种生生不息、层层出新的道德心理感受,绝不只归结为道德原则、范畴的产物,更是道德实践调动起人的全部心理财富的结果。如果不如此突出道德情感的能动的道德实践意义及其主体性内涵,那么不仅会在理论上重复18世纪至20世纪上半叶伦理学中夸大道德反思作用的"唯智论"倾向,而且会在实际生活中把人的活生生的道德情感变为听命戒律的宗教体验。

---

① 〔苏〕A. И. 吉塔连柯:《情感在道德中的作用和感觉论原则在伦理学中的作用》,石远译,载《哲学译丛》,1986(2)。

② 〔苏联〕彼得罗夫斯基:《普通心理学》,朱智贤、伍棠棣、卢盛忠等译,415 页,北京,人民教育出版社,1981。

二、道德情感的内在发展

传统的心理学、伦理学笼统地将道德情感归为人的高级社会性情感，未能区分道德情感的不同发展阶段。这一知性思维的而非辩证思维的方式在理论上不能揭示不同层次的道德情感的具体内涵，在实践上也无法对人的情感做出妥帖、合理的评价。

(一)情致——伦理意识、理性的渗透

"情致"是黑格尔的美学思想中作为"艺术中心"的一个概念。他解释情致是存在于人的自我中而充塞渗透到全部心情的那种基本的理性的内容。① 这种内容为数不多，就是恋爱、名誉、光荣、英雄气质、友谊、亲子爱之类的成败所引起的哀乐。② 俄国文学评论家、民主主义思想家别林斯基特别推崇这一概念，并赋予它完整而丰满的道德含义，把它作为思想和情感的融合物和一种具有伦理美感的人类特有的心理情感。

我们借用这一概念说明人的具有一定伦理内容的心理感受，并把它作为人类道德情感的初级形态和道德情感内在发展的第一个环节。

情致是人对社会伦理的积极的、肯定的情感体验。它表现为社会客观伦理内容与个人主观需求的自在同一。具有社会伦理要求的理性内容自然地渗透于人的心情之中，如血亲关系中崇高的母性爱，纯洁的爱情，人际交往关系中的同情、怜悯、友谊、理解等。

中国儒家孟子学派把道德感的最初层次规定为"恻隐之心""羞恶之心""是非之心""辞让之心"，并有"恻隐之心，人皆有之""恻隐之心，

---

① [德]黑格尔：《美学》第一卷，朱光潜译，288页，北京，商务印书馆，1995。
② [德]黑格尔：《美学》第一卷，朱光潜译，290页，北京，商务印书馆，1995。

仁之端也"。即这种体验人际伦理要求的积极心理感受人人都有，而且只有从这一体验出发，才能实现最高的道德原则。西方以英国沙甫兹伯利为首开创了道德的心理学派，又称主情学派。他提出以"仁慈"为核心的"自然情感"。这类情感包括仁慈情感本身给人带来的快乐、对他人因幸福所产生的快乐的共鸣、由于意识到他人的热爱和尊敬而产生的愉悦。他认为，人对有道德的行为或美的事物观察总是伴随一种愉快感；反之，对恶行或丑的事物的观察又总是伴随一种厌恶感。这类情感也是道德感，并且得出道德感是借助情感的帮助来做出价值判断的这一推论。① 哈奇逊把这一理论系统化，提出人有六种感官。其中主要的是道德感，它植根于人的本性之中。它是善良、忠诚、仁爱以及对恶劣、虚伪、冷酷的斥责。这种情感是反省的机能，好像镜子一样，能公正地、客观地反映自己或他人的动机，因此比知识能让人更有效地做出价值判断，成为人与人相互联系的"秘密纽带"。后来，巴特勒的良心论、亚当·斯密的同感论、休谟的同情论都受沙甫兹伯利和哈奇逊的影响，通过展示和证明人类社会情感的自然性，以证实人的社会情感与人的心理需要之间的正常和谐是可能的。长期以来，历史上对这类从人的直觉、心理的角度分析道德可能性的思想派别缺乏具体的分析，将它们一概视作唯心主义。实际上，它们揭示的正是道德情感处于情致这一环节的心理特征。它们看到人在共同的社会生活中一些情感表现的自然性，看到某些道德需要的共同性。我们对此不能一概否定。当然不能将这一情感形态产生的客观社会根据笼统地说成是"内在感官"的作用，那样就过于简单了。

　　道德情致是初级形态的社会性情感。它反映情感客体与主体原始的、初级的社会性需要的关系。人的社会性需要都是后天在社会环境

————————

① 周辅成：《西方著名伦理学家评传》，302页，上海，上海人民出版社，1987。

中发展的，可以粗略地分为两类。一类较少受教育的影响，甚至带有某种先天性特点。存在主义心理学和人本主义心理学把它称为"缺失性社会需要"，如依恋的需要、交往的需要、求取社会认同和他人赞许的需要、自尊的需要。这类心理需要源自两条渠道：一条是弗洛伊德的学生容格揭示的"集体无意识"，即经过人类无数代人的实践而成的某种遗传性先天反应倾向；另一条是在后天人际交往过程中逐渐地、潜移默化地积累起来的感性道德经验。另一类是主要受教育影响的高级精神性需要，又称"丰富性动机"，如求知的需要、审美的需要、实现个人与社会道德理想的需要。道德情致主要与前一类社会性需要相联系，既是人类个体中发展最早的道德情感境界（儿童幼年便可能产生），又是人类个体都可能具有的最广泛的道德情感境界。情致的这一普遍性与早发性以及看似自然生物本能，实则是"人类实践总和"造成的"理性渗透"，使它成为社会伦理、人道主义最广阔的精神渊薮。肯定和爱护这样一种作为起点的基础性道德情感，对于社会人际和谐、民族凝聚和人道主义的实现以及个体的精神成长，都是至关重要的。

情致只是个体在有限的社会活动范围内的情感反应。由于原有的心理基质能适应伦理要求，人直接地稍加反省便能获得积极的心理体验，而较少有意志作用的介入。而且道德意识也是潜在的、未经现实检验的。所以在个体精神成长的过程中，在外部伦理关系的变动中，一旦原有的心理基质不能适应伦理要求，必然会引起新的情感运动。情与理从自在同一向自身分裂、自身超出演进。

(二)情愫——忧患意识、心灵的冲突

这是道德情感发展中的否定阶段。它作为内在的否定阶段是道德情感上升、发展、深化的必然阶段。没有这个阶段，道德情感虽有伦理功效，但缺乏体验深度；虽然和谐，却又肤浅、平板。

"情愫"在黑格尔的《精神现象学》中被用来形容一种悲怆、悲天悯人的情怀。我们借用它概括人们在伦理关系中，在具体的道德情境中，因心理基质与外部伦理关系不能契合、同构，或者心理基质中新质与旧质对立而出现的心灵冲突。诸如恐惧、焦虑、痛苦、疑惑、悲悯等消极情感反应都是这类心灵冲突。

　　不仅道德与人的积极情感体验密切相关，而且要重视这样一块真实地反映人性、人情并以丰腴的土壤滋孕情感之花的土地。雅科布·波墨在《物的标记》中指出："一切本质的本质只是一种统一的本质，可是它在其诞生（即自我规定）时分裂为两个原则：分裂为光明和黑暗、快乐和痛苦、恶和善、爱情和愤怒、火和光……"①黑格尔认为，一部精神发育史就是心灵产生矛盾、冲突、和解，再产生矛盾、冲突、和解的历史。有限心灵努力克服它的有限性，在无限和真实里去找它的真正的普遍性、统一和满足。② 人的情感升华就在于其本质的冲突，没有冲突便没有运动。道德情感便是心灵中灵与肉搏斗的产物，是人的个体选择与群体选择碰撞的产物，是人的道德理想与道德现状较量的产物。

　　灵与肉本来是作为人的生命统一机体存在的，不是单纯的本质，而是分裂、对立的本质。它们的矛盾、对立构成活生生的人的生命，并且可能导向两个相背的方向。对于自然人来说，道德是外来的东西。自然性的我感到惧怕、焦虑，内心挣扎，不情愿服从它，又要服从它，在观念或行为上唯恐违背它，于是感到它的存在。正如席勒所说，人在精神王国中可以收获的第一批果实就是忧虑和恐惧，它们两者都是

---

① ［德］路德维希·费尔巴哈：《费尔巴哈哲学史著作选》第一卷，涂纪亮译，146页，北京，商务印书馆，1978。
② ［德］黑格尔：《美学》第一卷，朱光潜译，119页，北京，商务印书馆，1995。

理论的结果，而不是感性的结果。① 这一情感状态既然是道德和理性潜入人心的标志，那么也就是人之可造就的标志。

个性与群性的冲突对于人类社会的个体来说，几乎是永恒存在的。即使到了理想社会，人的自主系统进一步完善，原来需要群体控制系统协调的功能由个体的自主系统的调节功能来代替，群体的调节系统仍然不会消失。群体既要通过对个体的调节让个体充分发展，以壮大人类整体，又不得不通过这种调节限制个体的无限制发展。从人类整体发展的角度来看，维护和发展群体利益应当是人类的终极目的。这样会使个体总是伴随一定程度的受限制的压抑。从一定意义上说，体验这种压抑正是人的社会化的必由之路。

具有更加深刻而复杂内涵的是人对道德理想与道德现状这对矛盾的情感反应，一般都具有促人深思的悲剧色彩。一种是，当道德主体以主观空想或客观僵化的某种理想的道德尺度衡量现存的、合理的道德要求时，容易以所谓"道德退化"来评价社会的前进，因而不满现状、愤世嫉俗，内心产生痛苦。另一种是，道德主体对于现存的某些陈旧、保守的道德观念充满忧虑，对未来的道德寄予深情、身体力行、自我牺牲，却一时得不到社会广泛的认同。特别在社会变革的新旧交替之际，社会伦理道德与社会经济政治等因素常处于不同构、不同质、不平衡发展的状态。道德意识以含义上的多样性存在于结构—功能之中。这就常常使人们的道德信念发生紊乱，使人们的道德情感出现困惑和迷茫。

道德的善本身离不开主观方面的道德意识。宇宙万物，从客观方面看，本无罪恶可言。所谓罪恶是由道德意识中道德的善映照出来的。

---

① ［德］弗里德里希·席勒：《审美教育书简》，冯至、范大灿译，13页，北京，北京大学出版社，1985。

正因为了解群体选择的社会意义，才会有屈从个体选择的焦虑；正因为有超越自我、超越现状的追求，才会产生不满现状的苦恼、忧患。这一忧患意识、心灵冲突恰恰标志着人的道德意识的觉醒，显示人的道德意志的力量。马克思认为，克服这种障碍本身，就是自由的实现。正是疑惑、探究的心理使人生的追求、人生的使命、人的自由与依赖、人的自我发展与自我约束这一人类永恒的主题在情感世界中得以展示，使人的精神从"小我"升华到"大我"，走向宽广和深邃。

（三）情操——道德意识、意志的自由

在情愫阶段所展示的心灵冲突并不是消极情绪的无限持续，也不是长期处于不健康的激情状态。它是一种求全的冲突。没有对完满的呼唤，人便不会有忧患意识；对人生痛苦的思索隐含着对价值理性的追求。痛苦正是渴求、希望找到可靠的意义支点和价值尺度的明证。这种求完满的倾向作为情感自身内在的否定力量，使道德情感从情愫阶段向情操阶段转移和过渡。

情操是道德情感发展过程中的否定之否定阶段。在这个阶段，人的道德情感从自在同一状态经过自身分裂状态进到更高层面的自为同一状态。

心理学依心理需要的层次将道德情感分为情感和情操，同时把与人的高级精神性需要相联系的社会情感称为情操。这种分类法区分了人的情感层次，但又割断了它们之间的联系。实际上，情操作为道德情感发展的高级形态，包容着情致和情愫的全部财富。

首先，情操的客体是人对自身、对他人、对社会的现实关系，但是这个客体总是置于广阔的社会背景之中，置于坎坷起伏的人生变故之中。个人的喜、怒、哀、怨牵动着"人类"的利益。例如，在战争—死亡—悲剧与母性自然基本律的严酷对立中表现人类在生存境遇中共同面临的悲哀与痛苦，在亲子、夫妻情感的大悲大痛中肯定为国捐躯的普遍责任和普遍价值。道德情操的内心体验不是单色调的，而是全色调的。道德主体既可以从道德和谐中体验自足感、愉快感，又可以从道德冲突中体验崇高感、悲剧感；既可以从道德追求中体验痛苦感、憧憬感，又可以从道德完善中体验自由感、幸福感。卢梭说过："各种内心活动和思想都有一定的继承性，它们是一贯彼此变通的，要正确地判断它们，必须了解这一点。"①康德受卢梭这一辩证思想的启发，把人的道德情感喻为奇特的情操，认为它的独特之处在于既是"肯定的"，又是"远非快乐之意"；既是"否定的"，又是"发自内心的敬意"；既是受道德约束的痛苦，又是因道德高尚的自豪。两种对立的情感相辅相成，方显出道德情操的本质特征。所以，道德情操正是包含着肯定和否定、积极的和消极的情感体验的十分丰富的情感形态。没有广阔的人际交往空间，没有丰富的人生阅历，人们便不可能把情感提升到这样的层次。

其次，从意志方面看，人在情致阶段由于情与理的自然、自在的谐和，意志的力量并不明显。情操则不同，它是人自觉进行道德修养的结果。中国儒家伦理在界定道德情操时特别重视意志、理性对情感的控制作用，认为凡道德情操皆是意志力量抑情、节情、有情但不为情所累的状态。这种将意志与情感对立的主张成为东方人情感特征的一个重要的思想源流。之所以重视意志，正是因为看到道德情感内在的矛盾冲突，看到人的道德情感的流向与人的意志集中调控的内在关系。在情愫阶段，由道德意识映照而引起的心灵冲突越激烈，意志本身的搏斗就越明显。情操是意志从自在状态经内心搏斗，由外在的意志阶段进入内在的不显露的意志阶段。

---

① 转引自〔苏联〕伊·谢·科恩：《自我论——个人与个人自我意识》，佟景韩、范国恩、许宏治译，185 页，北京，生活·读书·新知三联书店，1986。

最后，理性在道德情感各个阶段中的作用是不同的。对于情致来说，支配它的是伦理意识，因为道德理性是潜在的、类似本能的。情愫是道德意识的觉醒。原有的自在状态的理性分裂了，情操则是理性的自觉运用。道德主体对社会发展的规律、人生的使命有明晰的洞察、深刻的理解。在情感取向上，道德主体不满足于求取一般的社会认同、他人认同，而是会意识到什么是真正的"善"，并反过来规定自身行为，内求于心灵。这时，如黑格尔所说的"一切外在的东西和限制都消失了"，主客观达于统一，意志达于自由。这个境界被古希腊亚里士多德称为"至善"境界，又是美的境界；被桑塔耶纳称为"美善"境界，是人性中最美的花朵；被斯宾诺莎称为"直觉智境"，被认为是一切人生经验和认识所构成的更高的境界。

我们把道德情操看作人的情感的真正自由。自由是善本质从潜在到实现的生长过程。人的理性、意志、情感在这一生长过程中永不止息地演进着，它们之间的相互关系也永不止息地流变着，直至理性、意志、情感熔于一炉，真、善、美集于一身。

揭示这一过程，设定三个相互联系又相互区别的环节，对于消弥伦理史上理性主义与情感主义的对峙似有方法论上的启示。

三、道德情感的本质显现

本质不是直接呈现的，而是事物发展过程中一连串的否定过程的复合形式。道德情感的本质的显现，从表层本质到深层本质，是一个逻辑的和历史的过程。

（一）作为个体道德的源泉——具有内在动力性

关于情感对人类生存活动的意义，西方早在古希腊罗马哲人那里已经有所论述。德谟克利特提出，人的情感有选择能力。亚里士多德认为，情感是认识的特殊能力，能以特殊的情绪形式预见未来。特别令人叹服的是，他已经能用系统的思想论述人的精神结构，把人的感性欲望、冲动、激情看作这个系统中不可被排斥的环节，认为只有当它们与人的理性发生关系，即在理性与非理性的统一中，美德才存在。法国18世纪唯物主义哲学家狄德罗在他的《哲学思想录》中更是无比热情地讴歌人的情感。他认为："人们无穷无尽地痛斥情感……可是只有情感，而且只有大的情感，才能使灵魂达到伟大的成就。"[①]19世纪的哲学家开始注意到情感与利益的关系。黑格尔作为理性主义哲学流派，不否认情感的作用。他断言：冲动和激情是一切行动的生命线；没有激情，任何一个伟大的事业都不曾完成，也不能完成。

中国传统伦理思想一贯重视情感在道德中的作用，几乎是把它作为整个道德框架的基石。其逻辑思路是，人的情感是自知的；只要知道自己的喜恶，就能"推己及人"，所谓"己所不欲，勿施于人""己欲立而立人，己欲达而达人"。所以，孟子一再坚持"恻隐之心，仁之端也""反身而诚，乐莫大焉"。没有道德情感，没有对道德的心悦诚服，就无法实现"仁"的最高理想。儒家文化认为天地宇宙和人类社会都必须处在情感性群体人际的和谐之中。而且宇宙、社会的规律本身就与人的内在情感相一致，于是"礼"便转化为"仁"。

对于情感的动力特性，古代和近代前期的东、西方哲学家只能用哲学思辨的方式去描述。现代情绪生理学证明，人的情绪并不完全是破坏的机制，反而往往是有组织的系统，有相对独立的运动，有丰富而充实的生活。在情动过程中，机体内部不仅为动作释放能量（包含潜动作，如概念运算、符号操作等），而且为动作选择方向，通过与认知

---

① ［法］狄德罗：《狄德罗文集》，王雨、陈基发编译，1页，北京，中国社会出版社，1997。

的完形，把客体整合到行为模式之中，形成一个包括主、客体在内的整体场，从而使主体在其中达到有利于自己的目的。道德情感作为人的高级情感形式是通过思维活动，以道德评估为中介而发展的。因此，不仅下丘脑、边缘系统、网状结构激活情绪，而且大脑皮层暗示、分析、综合对事物的"认知—理解"，提供"体验—动机"状态，控制和调节神经中枢的活动，从而引导行为的走向。心理学家经过反复实验证明，人的内疚感测试得分与道德行为之间呈正相关关系。儿童如果把产生羞耻感的情境牢记，以后一旦出现便能从情感上预料未来的行动和行为，克制可能使他们做错事的愿望和动机。

人的道德行为、习惯的培养是靠经常性道德评价，包括社会评价与自我评价来维持的。无论是社会评价还是自我评价，评价的主体都是人。人们不仅需要诉诸道德认知，运用有关善恶的知识，还要诉诸道德情感——对善的敬重感、对恶的愤恨感。进行自我评价，是个体社会化的心理过程。道德情感的心理体验能推动个体与外部社会伦理建立认同关系，通过内心作用调节、矫正内化了的道德认识，帮助个体对原来的道德心理进行更新。

道德信念是个人道德动机的高级形式，能有力地支持道德行为的稳定性与一贯性。它的形成也必须有伴随道德行为而产生的情感体验。正是这种情感体验才使道德认识转换、升华为道德信念。苏霍姆林斯基指出，只有当行为给学生带来真实感，在他心灵里留下愉快、兴奋、精神充沛的情感时，知识才能变成信念。至于道德品质，作为一个人比较稳定的心理品质，更是道德信念、道德情感、道德意志、道德习惯诸多因素相互作用的结果。所以，如果没有精神—情绪的波动，道德便是一种形式的善，只能作为高悬在人之外的他律。说到底，伦理学中关于义务、荣誉、良心、幸福等的道德范畴是以个人的道德感为依托的。不能设想，没有义务感、荣誉感、良心感、幸福感这种作为人的心理需要、属于个人财富的东西，道德范畴会有什么实际的作用。正如吉塔连柯所说："如果这些知识不在人的感性体验、偏爱和需要的烈火中熔化，任何的道德规范、义务、禁令等知识都不能保证个人道德上的可靠性。"[①]

总之，道德情感在个体道德的大厦中直接参与有关道德认识、行为、品质、评价、信念的活动。道德情感本身就是个体道德的主要存在方式，是全部道德现实化的根本环节。相对于人的外显的行为、品质以及人格而言，道德情感并不直接地呈现给世界，而是作为直接呈现物的内在源泉和道德的直接动力机制出现的。

(二)作为社会的文化现象——具有人际共感性

道德情感作为人的"内在之光"，毕竟不只是个人的心理财富。它要突破个体心理封闭的外壳，将"内在之光"外化为"吞噬性的火焰"，即从个体的精神现象外化为社会的文化现象。

关于文化，人类学家泰勒给出过这样的定义：文化是一个复合的整体，其包括知识、信仰、艺术、道德、法律、风俗，以及人作为社会成员而获得的任何其他的能力和习惯。他认为，社会生活的诸多方面是学而知之的，是共同享有的；这是领悟人类在社会上所作所为的性质所必不可少的重要因素。道德情感作为人的高级情感形式，不是生而具有的，而是学而知之的，依赖于于后天的社会生活、社会教育和个人创造，不是幽闭于心灵深处不能传递、不能共享的。它是人类社会的文化现象。

文化的基础是符号，道德情感是一种特殊的符号。现代结构主义和符号学的理论大大扩展了我们对语言概念的传统解释，使我们得以

---

① ［苏联］А. И. 吉塔连柯：《情感在道德中的作用和感觉论原则在伦理学中的作用》，石远译，载《哲学译丛》，1986(2)。

考虑道德情感有没有与语言相同的内在本质。或者说道德情感本身是一种特种语言、特种符号，从而成为社会人际交往的有力工具。卡西尔等一批哲学人类学家提出，与概念语言并列的还有情感语言，与逻辑的或科学的语言并列的还有诗意想象的语言。语言最初并不是表达思想或概念，而是表达情感和爱慕的。① 道德情感正是一种无声的语言、无声的意识。它使人与人共同感受、共同理解而成为人与人相互联系的纽带，成为社会生活的信息环节，成为一种语义媒介；它参与保证社会的运转系统，参与文化的传播。每种文化形式和每种社会行为都包含着交流。道德情感正是以其类似语言般的人际交流的功能，以其特殊的内涵加入社会文化的行列的。

不同于物质文化，也不同于一般的精神文化，甚至不同于以其他形式体现道德价值的道德文化，道德情感这一道德文化并不直接向人们提供规范、准则，不诉于语言文字，不采用明确陈述的方式，而以人们的共同感受和移情来进行社会道德传递活动，以价值互渗的方式和内在建构活动的方式起作用。它们表现为隐秘的力量，使伦理的原则得以存在，使伦理的意识得以传播；在对个体的道德行为上，它赋予每个真正自觉的行为以内部的张力，虽然这一张力并非决定论的；它并不设定内容，但它是一种呼吁，一种吸引，一种取向。② 比如，移情是一种想象自己在他人的处境和理解他人的情感、欲望、意念和行动的能力。孔子、休谟、亚当·斯密、卢梭、穆勒、柏格森均有不少宝贵的思想资料。心理学通过手段证明，以移情为中介，可以调节人的行为，如看到他人悲伤，也为他人的不幸而难过，设想去为他人

----

① 参见［德］恩斯特·卡西尔：《人论》，甘阳译，上海，上海译文出版社，1985。
② ［法］让·拉特利尔：《科学和技术对文化的挑战》，吕乃基、王卓君、林啸宇译，183～185 页，北京，商务印书馆，1997。

尽义务。研究者发现，为他人的不幸感到悲伤的被试，比起为自己的不幸感到悲伤或没有产生悲伤情绪的被试来，更乐于帮助他人。一个人在帮助他人时表现出愉快情绪，那么在场的其他人就会通过移情产生相同的情绪体验，并将这种体验与观察到的行为联系起来，成为他做出同类行为的动机或强化物。由于道德情感是一个人道德意识、道德习惯、道德品质的自然流露，比外部语言更具有真实性。词语夺去了思想和情感的个性、具体性，把它们一般化，有时倒成了对内心世界的遮蔽。通过人与人的情感接触，或者通过艺术形象的情感传达，道德情感能够深入人的内心世界。黑格尔说，先进人物总是珍视心灵之光。道德情感这种心灵之光触摸不到，却能被心灵理解、领悟，起着有声语言的命令、示范作用。从道德角度来看，它比有声语言更能指导外显的行为，所谓"道德的楷模，无声的命令"正是这个意思。因此，道德情感由于具有其他道德形式所没有的人际共感特征而成为道德文化的核心，成为道德文化的深层结构。

道德情感的人际共感性使它作为社会现象具有双重性格。一方面，它是一个民族乃至全世界人民的共同财富；另一方面，它可能成为一个民族、一个国家的"精神包袱"。文化，相对于政治、经济来说，具有相对的稳定性。道德情感由于存储在人们的习惯、风俗、礼仪规范、人际交往之中，经过千百年的熏陶感染，已经成为社会生活习惯的具体构成，成为人的文化心理要素，因而具有特别的稳定性。它所表现出的人在一定的道德观念支配下的思维定势、价值标准定势、心理定势往往难以适应新的经济、政治的变革，不仅给政治、经济的发展带来滞后效应，而且常常使处在变革过渡之中的一代人或几代人产生情感矛盾、信念矛盾、人格矛盾。

（三）作为相对完美的人性——具有精神统一性

道德情感的本质不仅是个体道德内在的源泉，还是社会文化现象。

在当今世界范围的改革浪潮和文化交流中，人们日益发现，道德情感更深层的本质在于它是美好的人性表现。

作为人性表现，道德情感既表现它与人的自然本性的同一性，又表现它与人的自然本性的区别性，是同一性与区别性的辩证统一。人是自然存在物，人的自然本性是表现人性的不容否认的一个方面。道德情感以生机勃发的情感活动证明人的自然性格——感觉、愿望、需要、激情——没有泯灭。它不仅由人的肉体器官来维持，而且依靠人的基本心理层次(下意识、情绪—意志、理性—概念)共同工作。所以，它的自然生命表现是充分的、丰满的、完整的。特别是它表现人的生命中的伦理性格，并不是靠牺牲自然性格来维持自己的地位，而是以人的生命的内在需要、内在自觉予以体现。这种真实、强大、自然的力量，正如席勒所说，不会妨碍道德性格的发展，反倒会为目所不能见的伦理性格提供一种感性保证①，显现出至深至真的人情美和人性美。正因为宗教神学和历史的理性主义推崇"无人身的理性"，割裂人和自然的统一关系，才导致了伦理主张的唯心主义、空想主义。但是，道德情感不是人的原始欲望的粗野的展览，而是原始本能的净化、升华，是人性化、社会化的艺术加工，即亚里士多德所说的"对冲动的陶铸"，朱光潜先生所说的"人生的艺术化""艺术的杰作"。它表现人与自然关系的更为重要的一个方面，即人改造自然的方面。人在认识外部世界、改造外部世界中使自己的自然器官、自然性格得到改造。

作为人性表现，道德情感既是人对其社会合群性的自然诚服，又是人对自己个性尊严的充分肯定，是社会性与个性的辩证统一。原始人的劳动生活使合群性成为社会本性。活动和享受，无论就其内容或

---

① ［德］弗里德里希·席勒：《审美教育书简》，冯至、范大灿译，18 页，北京，北京大学出版社，1985。

就其存在方式来说都是社会的，是社会的活动和社会的享受。人的道德情感的升华是对这一存在方式从不自觉意识到自觉意识的过程。没有这一共同的情感基础、情感纽带，人的社会共同生活就不可被理解，由人的社会共同生活产生的道德需要也就不可被理解。但是，这种合群性并不等同高等动物的自然合群性，而是人在认识和改造外部世界中，以对道德的独立理解，控制和调节情绪、情感的结果。人总是保持、积淀、升华他认为有价值的、能够发展他的个性的情感与心境。当社会伦理规范尚有客观效准时，他对它一往情深，温顺驯良；一旦政治伦理失去它的客观有效性及历史性，他可以不与人同，以自我牺牲的精神，担负起拯救社会的使命。特别是道德情感把目的、感受或思想纳入一种感官媒介完全是个体的，是具有质的独特性的。① 它像一颗明珠，并不依托他物，而是自己发光，自身就是目的，不是作为任何其他目的、手段。所以，在道德情感中，人的自然合群性、自觉社会性和自由个性是统一的。

马克思认为，最可靠的心理学家都承认，人类的天性可以分作认识、行为和情感，或是理智、意志和感受三种功能；与这三种功能相对应的是真、善、美的观念。道德情感可以说是人的天性中理智、意志和感受三种功能最好的整合方式。不同于人的一般心理情感，道德情感是人对道德关系认知、评价的结果，是人的概念思维能力的确证。但由于它同时借助直觉、想象，依靠情绪记忆中的生活积累进行道德判断，因此它又是人的直觉思维能力的确证。直觉、想象两种思维的互补使人的理智功能处于最优化状态。此外，人的意志能力不是慑于外在力量的强制性约束，而是借助情感体验，转化为人的直接感受的。道德情感是有意志集中的情感，道德意志是有情感渗透的意志。在道

---

① ［美］H. 帕克：《美学原理》，张今译，17 页，桂林，广西师范大学出版社，2001。

德情感里面，理性、意志、情感水乳交融，珠联璧合。

道德情感由于表现人的精神世界的统一，而成为一种美好的人性。当然，人性从来就是历史的、现实的、社会的、文化的产物。没有抽象的、绝对的人性。小资产阶级、宗教唯心主义的道德情感论因为陷入抽象的、脱离社会现实的空想之中，最终转为道德的悲观主义或神秘主义。马克思主义伦理学认为，人性是人在其创造活动中自然属性、社会属性的统一。道德情感以人的逐渐升华的自然属性、逐渐深刻的社会本质以及逐渐丰富的心理属性的统一，标志着人的精神世界的完整性、成熟性、丰富性。由于个体道德情感的发展是一个过程，因此所展示的人性实现程度也是一个过程。只有共产主义才是实现人性最大完善的顶峰。但是，人总是在一定时期、一定地域内对具有历史阶段性的整体利益求取认同，总是在不尽完善的伦理关系中努力完善自己的情感生活，提高自己的人际共感能力。这是一个以有限的相对不断接近无限的绝对的过程。每个时代、每个地域都不断产生过具有美好人性的高尚人格。每个人也都可能使自己的道德感水平从情致的境界发展到情操的境界。道德情感的真谛就在于把这种自我情感不断升华的过程视为个人最大的幸福，承认这一相对性、过程性和现实性，为人性的塑造注入乐观主义，为社会的前进注入英雄主义，证明人的道德情感的丰富性和人改造社会的可能性是由人自己决定和主宰的。

基于这些，我们才对发展人的道德情感寄予无限的深情。我国在社会主义初级阶段一定要在大力发展经济和科技生产力的同时，把塑造相对完美的人性作为现阶段文化建设的主题，防止在国家推进生产力与科学技术的同时出现人性贫乏与人性畸形现象，以及带来一系列社会问题。

伦理学并不给人训诫和许诺，它为人性的美好投注希望与爱。我的道德情感简论的归宿就在于此。

第二章　情感与德育

　　由于时代不同、历史阶段不同，人类对道德的认识也在不断发展、变化。由于科学对情感奥秘的探索过程复杂、漫长，同时还由于东、西方文化在道德建设的价值取向上存在差异，因此千百年来人类对情感与道德的关系、情感在德育中的地位和作用众说纷纭。在当代，我们有必要站在哲学与科学新的发展高度上，站在东、西方文化的交汇点上，站在中国社会发展的历史转折点上，重新审视这个论题，做出新的、具有时代特征的解释。在德育的视域里，至少有四个方面的问题需要加以梳理和认真探讨：情感在人的生存发展中的作用机制是什么？在个体道德形成中情感具有怎样的特殊地位？在德育目标中如何考虑情感的教育、培养？如何在德育过程中促进情感教育目标的实现？

一、情感与人的生存发展

　　情绪、情感是人类精神生活中最重要的组成部分，是人类经验中最亲近的体验，也是人类行为中最复杂的感受。迄今为止，不同学科以自己不同的研究视角和研究方法对情绪、情感做出了各种各样的解释。经过情绪生理、心理的实验研究和现代哲学的概括，有不少论断已经成为各学科的共识。

情绪、情感是在生命体的进化过程中发生和发展起来的。情绪先于情感产生，不仅人有，动物也有。情感是在情绪与理性的相互作用下，在社会关系的形成进程中发展起来的。情感仅属于人。对于人类来说，情绪着重体现情感现象的过程和状态，情感主要体现情感现象的内容方面，而且是与社会性需要相联系的那部分情感现象。情绪是随着动物进化，作为适应机制产生的，其中重要的适应功能是储备和释放能量的功能、信号的功能以及学习和积累经验的功能。随着人类的进化，人类情感在人的生存发展中的功能越来越多样化，特别是用于人类发展自身、提高生命质量的功能越来越多地被发掘出来。在德育的视野里，我们主要考察以下几种机制与人的发展的关系。

（一）激化—动力机制

关于情感的动力性质，东、西方哲学家有过很多的哲学描述。《墨子》中已有"为，穷知而悬于欲也"，即人的行为活动既要穷知，又同欲望不可分。近代西方的霍尔巴赫提出，如果激发有关公共福利的欲望，欲望往往会成为真实的动力。傅立叶也有欲望引力是"社会运动的第一动力"的思想。黑格尔作为理性主义哲学流派的代表人物，同样不否认情感的作用。但是，为什么情感具有动力作用呢？现代生理学、心理学各学派给出了自己的解释。例如，情绪能量理论认为，情绪作为一种能量，是脑生理机制及其整个生命机体的相应反应决定的。这种能量在人的生理健康水平下不会消失，只会表现为潜在的平和，一旦受到外界刺激就外化为情绪。情绪依照与主体需要的关系，或构成审美和艺术的条件，或构成认识的先导。这种平和—骚乱—平衡的过程是释放能量的过程。又如，情感放大器理论认为，人类活动的内驱力的信号需要一种具有放大作用的媒介，激发有机体的行动；起这种放大作用的就是情感。情感与内驱力相比较具有更大的驱动性，人完全可以离开内驱力的信号而被各种情感激发去行动。

(二)认识—预测机制

早在古希腊、古罗马时代，亚里士多德就提出情感是一种特殊的认识能力，它以特殊的情绪形式预见未来。现代对情绪的研究在自然实证科学的基础上做了各种新的理论概括。除了认为情绪可以构成人类认识的内在动机，构成认识产生的先导条件以外，还认为情绪是主客体产生联系时主体方面最积极的反映，也是最直接的反映。情绪构成主客体分化的必要条件，同时也构成认识发生的最直接的材料。因为情绪是生命体与外界在感受心理层次上的交融，是客体表象在人的欲求机能制约下的直接感受的反映，其间必然包含着外界事物的表象杂驳在喜、怒、哀、乐等情绪的形式作用下的自然归类。这种归类实际上是情绪的一种自身剥离，即将明晰化了的情绪体验从整个混沌的情绪体验中抽象出来的过程。

情绪这一特殊的认识能力为什么具有预测能力？当代存在主义哲学所建立的情感认识论提出，情感意识是理解世界的一种方式，它常以特殊的形式(希望的、可能的、应当的、预先的)预见主体与世界的关系，预见人自身的发展趋势。所以，情感又是世界的转化，它赋予某物以全新的质，是对某物做出质的变化的努力。由这种情感意识做指导，人改变了自己同世界的关系。真实的外部世界可能一如既往，但人的情感却发生了一种奇妙的转化。

(三)评价—选择机制

人的认识并不一定导致行为。从认识到行为发生，中介是情感为核心的意向系统。情感在其中作为评价的震荡机制使人选择某种行为，并使它现实化。

其一,情感在评价过程中起着内部监控的作用。人的情感体验以满意、不满意的感受状态把人本身的自我感觉、自我评价、自我监督、自尊心、自信心、自制力携带构成一个主体对自己活动关系(物我、人我关系等)的内部监控系统。对活动关系满意,人将注意指向某类信息、采用某类信息,而忽略、回避与立体情感需要相悖的信息,或者将这些相悖的信息做出与主体情感需要相一致的理解。这时注意保持得长久,程度也强烈。结果,使人对这些信息的加工、消化与自信心、自制力形成良性的正循环。相反,对活动关系不满意,主体处于消极的情感状态,被凄楚、焦虑、烦恼困扰。这时感知取向、理解向度带有否定性色彩,导致主体缺乏自信,自我评价低,对与失败有关的信息反应阈限降低,不仅对外在事物的评价倾向于否定,而且容易对关于自己的任何信息都做出否定性理解。

其二,内部监控作用的客观存在决定了人不是依外部世界的客观要求,也不是根据自身的原发性需要,而是从内部世界反观自身,理解主体与客体之间各种现实或可能的意义关系,审度其中的利与弊,然后才可能有效地把各种心理能量聚合起来、组织起来,在情感的基础上产生意志能力,从而通过神经系统的下行传导道路将其信息传向感受器和外围,使自身的行为上升为随意的动作水平。这种动作水平直接控制着主体活动的发动与停止,调节活动能量的强弱与速度,决定着活动持续时间的长短,尤其是刺激主体克服各种困难去争取活动目的的实现。

(四)享用—保健机制

生存、发展、享用是人类及其个体活动的一个完整的目的性链条。过去我们常常离开感受谈意志,离开享用谈发展,对人在道德关系中的情绪感受基调及其精神享用价值研究和强调不够,对情绪享用对于人的健康保健的意义也强调不够。20世纪70年代以来,情绪心理学在这方面的研究有了突出进展。其中的分化情绪理论认为，有两种主要的积极情绪状态可用来解释人的内在动机。一个是兴趣—兴奋，另一个是享受—快乐。这对于提高人的道德行为的生命享用价值和提高生命质量是很有意义的。关涉人的道德生活的感觉基调有多种，其中较为重要的积极感觉基调是快乐，以及具有快乐基调的自足、兴趣、憧憬、希冀等。快乐是主要的正情绪，快乐情绪的"快乐调"给人带来心理上的愉快和舒适。它的生命享用机制在于：快乐反应有助于建立人际联系；良好、协调的社会交往反过来增进人的快乐感受，增强人对生命、对生活的热爱。快乐还可以增强人的自信和能力。一方面，快乐激励人勇于承受生活的负担和压力，提高克服痛苦的能力。另一方面，快乐激励人心胸开阔，对未来充满信心，鼓舞人运用智慧、调动潜能，从而享受到成功的欢愉。

希求、愿望等唤醒体验也是重要的感觉基调。20世纪40年代，鲁宾斯坦曾提出这种类型的情绪现象，但在后来的情绪理论中已没有这类情绪现象的地位。当代教育人类学提出这一感觉基调的享用价值，认为它们是生命的重要支点，因为希望具有不定性、开放性。在希望里，时间是无限的、未来的、远大的，能够发现人与未来的关系。保持希望是人对未来最有决定意义的态度。随着人类的进化、社会的进步、人类精神的提升，道德越来越从仅仅发挥社会规范和意识形态的职能更多地转向追求人类自由精神的职能。人把道德作为获得自我肯定、自我完善、自我发展的对象物，将道德追求和道德活动中产生的积极情感基调作为精神享受。当代发达国家的现实已充分显示人类的物质生活需要是有限的，人们越来越需要从各种善行、善念中，从道德理想、信仰中寻找精神的寄托。所以道德情感越来越具有自我享用的价值。

与快乐基调的享用价值相反，不良情绪状态的经常出现和持续是导致疾病的主要内因，它以影响人的免疫系统为中介而损害人的身体健康。

二、情感在个体道德形成中的特殊地位

情感在人的生存发展中有特别的功能，其作用的机制逐渐被现代科学与哲学揭示出来。同时，随着人类文明的进步，道德的立体性质、道德作为人类自由精神的本质逐渐被人们认识，情感与个体道德形成的内在关系也越来越清楚地显现出来。情感不仅是道德认识转化为道德行为的中间环节，而且在个体道德形成的完整过程中始终具有特殊的地位和价值。

（一）人对道德信息的接受以情绪的活动为初始线索

人对道德观念的真正接受、理解，按照心理学家的研究，是在八九岁抽象思维发展以后开始的。但道德教育并不是从这一年龄段才开始，原因在于婴幼儿的自然—社会性情感是人的道德发展早期最重要的心理基础。

婴儿在前语言阶段的学习是利用情绪信号进行的。心理学研究证明，3个月的婴儿开始有社会性微笑，6个月的婴儿出现依恋感，不足8个月的婴儿已经有表示高兴、愤怒和其他情感的非语言表达方式。幼儿在1岁左右出现最简单的同情感，在两三岁出现最初级的道德感。总之，婴幼儿成为社会的人，情感是一种有力的工具。儿童首先通过情感表明他们的需要，情感帮助他们建立或割断与他人的联系。与此同时，他人的情绪表情和事物信息的情绪性也是儿童借以进行判断并接受某种信息的重要线索。有些哲学家（如劳伦斯、布莱姆）用"联系感"的概念来加以概括。联系感是一种自然—社会性情感，它深深植根于人的自然天性之中，与人的一定的先定性需要相联系，具有早发性、

自发性和直接感受性。如果家长或其他抚育人以及家族亲属在举止行为与亲情关系方面自然渗透并传递了道德文化的内容，就完全有可能通过情绪表情的携带为婴幼儿初步道德观念的形成打下基础。国外许多幼儿道德教育专家认为2～3岁的幼儿有可能产生道德观念。我国发展心理学专家通过自己设计的实验也证明，3岁前的幼儿由于自我意识尚停留在生理自我的水准上，还没有转向社会自我，尚不可能出现完全意义上的道德行为，但是可以对他人的某些行为做出移情反应，如感受他人的悲伤、痛苦，做出同情反应或模仿性援助行为。这虽然称不上真正的亲社会行为，但都是初级形态的社会性情感，是进一步亲社会性行为的心理基础。

高级形态的道德要求，如爱国主义品质，也以爱国情感为心理基础。有专门研究认为，对12岁前的儿童进行爱国主义教育，应当从爱国的基础情感开始培养。这一基础情感是指对形成爱国情感有影响的情感体验，分为直接性基础情感和间接性基础情感。其中，间接性基础情感主要是指爱父母、受老师、爱母校、爱集体、爱家乡等不断扩展、放大了的爱心。这些基础情感虽然与爱国情感在内容指向上不完全相同，但在心理结构上有很多相似之处。伴随着日益复杂的社会生活，在教育的影响下，这些基础情感有可能不断分化、演变和发展，成为与高级社会性需要相联系的情操。

情绪对于接受道德信息的先在性、早发性不仅表现在婴幼儿时期，也表现在成年时期。成年人常常以他人的情绪表情和事物信息的情绪作为鉴别、判断的线索之一，以自己满意或不满意、肯定或否定的情绪化特征为不加选择的第一次反应。当代情绪心理学的研究认为，情绪过程可以在无意识觉知和无认知加工参与的情况下产生。研究者用麻醉手段，证明人的感性知觉在一开始的下意识里，就具有把周围现象分为肯定和否定两方面的机制。"道德记号"的特性原来是内在情感所具有的，甚至是个体意识范围内在道德意义上没有区别的东西也会以道德色彩的形式出现在下意识里。正因为如此，德育才有可能利用人的无意识领域，通过设计各种情境，使人借助无意识联想激发起来的移情效应不断积累、丰富情绪经验，提升无意识领域里的道德信息储备，形成必要的道德准备态势。

（二）人对道德价值的学习以情感—体验型为重要的学习方式

在东、西方文化传统中，人类对道德价值的学习方式自古以来就有不同的强调重点。西方自苏格拉底、柏拉图到康德的伦理教育思想，都强调人对道德知识的学习、对道德规律的认识，然后才有善在自身的展开和显现。东方文化中孔孟的儒家伦理教育思想强调人对道德价值的学习，主要是社会规范习俗的熏染、潜移默化，以及人的理性思维活动的内化和积淀。但是，长期以来，以西方教育文化为参照背景逐渐形成的知识论、教学论，无论是唯理论派还是经验论派，都共同地从客体方面理解知识。当代中国德育应站在东、西方文化交融的背景下，从主体方面，从主客体的关系上重新认识道德价值学习的性质，可以把对道德价值的学习分为三种。第一种是事实性知识的学习。它是关于道德现象是什么、怎么样、为什么会这样，以及在怎样的条件下发展变化的进程可能会怎样等的知识。对于这类知识，人们需要运用一定的逻辑—认知学习的方法来掌握其中的概念、范畴、规律及逻辑推导的过程；同时也需要训练思维判断能力和语言运用能力，以促进对道德规律的认识、辨析和创造。第二种是评价性知识的学习。这是人类，特别是本民族在社会历史过程中积累起来的价值经验，包括社会道德准则、规范体系、社会风尚、习俗、道德理想等。对于这类知识，人们必须以情感性或体验性思维和态度来加以把握，将自己的热情、激情甚至全部身心融合进去，才可能获得个人的理解，将其作为个人的内在需要，融入个性经验，并将其作为自己追求的价值目标。

第三种是人事性知识的学习。它是人在直接或间接参与的道德交往关系中由本人领悟、获得的道德经验与体会。对于这类知识，人们通过榜样作用，通过舆论传导，通过奖励与惩罚，更多地通过生动的直接接触获得，表现出亲近感、认同感、自豪感、内疚感，在思想、情感和意志方面相互渗透、交融或互补，使原有的自我感和人际感增添新质，形成新的、超出任何原有个体的通性。

这三种学习在道德价值的学习过程中是不可缺少的，但在现代教育及现代德育中需要重视并引导学生学会后两种属于情感—体验型的学习方式。

（三）人的道德行为的产生受情感的引发和调节

人的道德行为不是一种本能的适应活动，它必须以一定的道德认识为基础。情感对人的道德行为的引发和调节作用可以三种作用形式出现。

第一，情感使人的道德认识处于动力状态，从而在一定程度上保证道德认识和道德行为的统一。

什么是道德情感呢？道德情感是人对道德原则、规范在情绪上的认同、共鸣，又是人对道德理想、道德建构的向往之情。它们可以表现为积极的、肯定的情绪反应，如道德自豪感、尊严感和利他行为后的愉悦感；也可以表现为否定的，但同样是积极的情绪反应，如羞愧感、内疚感等。无论是哪一种情绪反应，都以当下或者未来出现满足、愉快、安心、尊严等自我肯定的情绪体验为精神报偿。休谟在以情感原理建构他的伦理及道德学说时，提出情感力量和人的精神运动水平的关系，认为当心灵处于自在的状态时就会立刻萎靡下去，为了保持它的热忱必须时时刻刻有一个新的情感之流予以支持。也就是说，神经冲动的紧张度会在心灵的构成中起作用：凡能支持情感和充实情感的东西，都使我们愉快；相反，凡使情感微弱无力的东西，都使人不愉快。情感力量的运动创造着道德，没有这一运动也就无所谓精神。当然，古典哲学家对情感的精神价值的肯定，当时并没有获得现代意义上的科学实证根据。20世纪60年代以来，心理学家逐步认识到，一个人趋向积极情感体验而回避消极情感体验，表现出先天倾向。正是这种先天倾向使情感具有调节人的行为的功能。库尔奇茨·卡娅的研究发现，学前期儿童已能独立出现羞愧感。起初，这种羞愧感是情境性的，是与做出某种行为相联系的体验（如小班、中班）。以后，它会变成儿童个性的稳定形成物，不但表现为在做出某一行为时感到羞愧，而且表现为在做出这个举动之前也会感到羞愧（大班以后）。鲁玛等人测量过失者和普通人的内疚品质，发现这两种人在道德评价发展阶段上没有差别，但过失者的内疚的得分明显低于普通人。研究认为，内疚的得分与道德行为之间是正相关关系，与说谎、欺骗、偷盗、争斗等是负相关关系。心理学家认为，当人不断积累了一些积极情感体验后，人会产生某种偏爱的立场、定向的行为。相反，当人想象到将要实施的偏离社会（集体）要求的行为遭到社会否认而体验到消极情感时，人便会发生情感校正现象，以此来"超前"影响自己的后继行为。

第二，情感本身构成特殊的道德认识，即以道德感觉的方式引发或调节行为。

由于道德认识的对象是人与自然、人与社会和人与自身的客观伦理关系，因此它们始终与人融合一体，难以分解。其一，道德认识更多地靠意会理解，而不靠言传推理。其二，道德认识是人对伦理关系的认识，这一认识主要是在伦理交往实践中形成的。伦理交往更多以情绪感受的形式作用于主体。其三，人在处理这一关系时有更多的情境性、个人具体性和时效性，因此更多地靠由理性积淀、规范内化而成的心理财富"不假思索"地在瞬息间完成。这使得以情感为主要表征的体验性思维、体悟性思维，以道德直觉的方式成为道德认识的基本思维方式。我们在日常生活中常常看到的所谓"良心"、义务感、道德冲动，便是这种以情感为载体，有效引发和调节人的行为的道德认识。

第三，由情感的状态水平所构成的稳定道德心境是人的道德行为产生的恒常心理背景。

20世纪80年代以来，心理学家倾向于把道德行为的形成看作一个极其复杂的过程。美国的雷斯特详细分析特定道德行为产生过程中的构成因素，概括为以下四种成分。

①解释情境。研究表明，一个人对道德情境的理解能力越差，对情境的道德敏感性越缺乏，产生道德行为的可能性就越少。

②做出判断。这一过程所涉及的主要是与道德判断有关的一些问题。

③道德抉择。在道德决策过程中，一些非道德的价值观念往往引起个体内部理智与情感的斗争。

④履行道德计划。这一过程需要坚定的意志去克服挫折、抗拒诱惑，完成道德行动。

这四种成分构成说显然强调的不是道德情感的当下的、直接的引发力量，而是情感品质的稳定作用。由此可以引申理解为，当代心理学及其在教育上的应用，更加重视情感品质的培育。由人的情感品质所制约的道德敏感性，对自己、对他人的感受性，情感世界的丰富性、深刻性、稳定性等，都是人的道德行为产生的恒常心理背景。

（四）人以情感为核心的动机系统作为道德发展的内在保证

个体道德的发展既受制于个体的外部环境，又受制于个体的内部环境，而最终由个体内部动机系统作为个体道德发展的内在保证。

视情感为道德发展的内在保证，是因为人的情感的性质、内容以及状态主宰着人的动机系统的指向与功能发挥。现在情绪心理学中一个重要派别的代表人物伊扎德已明确提出，在人类庞大的动机系统中，情绪是核心。无论是与内驱力相联系的动机，或是同知觉、认知相联系的情绪，抑或是蕴含在人格结构中的情绪特质，都起重要的动机作用。利珀更直截了当地提出情绪本身就是动机的观点。把情绪作为动机系统的核心，从根本上说，是因为情绪表征人的欲望和需要。需要得到满足会产生不同程度的快感，需要得不到满足则会导致苦恼。快感与苦恼的程度依欲望或需要的强度而变化，依满足或不满足的具体形式而变化。同时，情绪、情感不仅伴随着任何活动而出现，由需要的满足与否而引发，而且反过来影响机体的需要，并且引导需要、调节需要。从本质上看，人的道德要求不是满足某些生物适应性需要，而是控制、调适某些生物适应性需要。不仅如此，人的道德需要不仅表征为将现存的、既有的道德价值体系内化为社会适应性需要，而且是人追求、适应新的生活方式、获得新的生活体验，获得新的认识、改变自身的周围世界、建构新的理想世界的需要。人的这些道德需要当然不是凭空产生的，根本上说受制于人的建立在物质生产方式之上的交往方式。其深层机制在于人的直接交往或间接交往中由人对社会道德价值体系的一次次生活积累、一次次情感体验的强化和过滤，以致逐渐定向并迁移、泛化，最终实现价值体系化、人格化的结果。不同的人有不同的理想的体验标准。任何人所极力追求的情感谱体现着这个人的个性特征。也就是说，在人的成长过程中，人在培养道德行为、履行道德义务、发展道德自我的背后，必须有强大的自我肯定的情感来支持自己。这些情绪体验也许伴随着痛苦、羞愧、焦虑等消极情绪，但总使人体会到自己的力量。在幼儿期，人的道德行为主要是受感受上的快乐调动、激发或受羞愧感的调节。在青少年期，追求自我同一感过程中的欢乐与痛苦伴随人的整个道德成长。成熟的人则以道德感维系自己的人格尊严。其间的内在运动轨迹正在于人在获得各种体验之后，找到自己喜欢的体验，并自愿追求这类体验，扩大这类体验的范围，产生了对某些价值偏爱的情感。人们常说的为了某种价值甘于清苦、以苦为乐、乐此不疲正是对这种情感境界的描述。

这一情感运动以及制约人的内在动机的过程既有外在的形式，也有内在的因素。外在的形式是给予关注，表示赞同，对特定的行为给予嘉奖；也可以是不予关注，不许可，给予惩罚，使人重复某种行为或不再做某事。内在的因素是个人的神经生理类型、家庭教养背景以及自己生活经验中的情感体验。但是很显然，外在的形式的强化同样是通过人的内在情感上的满足与否起作用的。所以归根结底，外部客观条件以及人在道德关系中占有的现实态势对于人的道德发展并不是本质的，而人对道德关系的体验以及由体验所强化和过滤后的人格立场才是本质的。外部的道德影响始终以个人的这一内部态度为媒介得以折射而发挥作用。并且正是这一内部态度保证人在实现道德自我的道路上总能以个人的方式对既有道德价值系统加以掌握、同化，并重新外化与创造。

三、把人的情感发展作为德育目标来建构

在分析了情感与人的生存发展的关系以及情感在人的道德形成中的特殊地位之后，我们很自然地对德育提出这样的问题，即要不要、有没有可能以及怎样把情感本身作为德育目标来建构。

(一)在德育的视域里确立情感教育的意识

情感教育是一个与认知教育相对的概念。它指的是把情感作为人的发展的重要领域之一，对以施以教育的力量，使人的情感层面不断走向新质，走向新的高度。受现代教育强调经济功能与教育的功利主

义的价值观支配，从世界范围看，19 世纪中期，特别是 19 世纪 60 年代以来，其间虽然有人文主义教育运动相抗衡，但基本上是唯理智教育占统治地位。唯理智教育是以系统传授、开发理性能力为唯一目的，借助具有固定含义的语言、概念、逻辑、科学等理性化的手段和工具来实施的教育。唯理智教育把培养高技术、高理智智能、高效率的人才作为教育目标。其教育过程重理性知识的传播，轻情感经验的积累；重语言、概念、逻辑、推理能力的训练和提高，轻情绪感受能力、情感表达能力、情感表现能力的培养和发展。在教育内容上，以明晰化、逻辑化和系统化了的科学知识、理论、学说以及职业方面的专门知识、技能为主要内容。在教育的组织形式和手段上，以课堂教学、正式课程为最基本、最主要的组织形式。标准化的测验方式是最主要的评价方式。这种程式化、单一化、一律化的教育模式忽视了人的情感特征，不能满足人的各个不同的情感需要，难以激发、调节人的情绪机制，因而也谈不上对人的情感方面产生深刻的影响。这一倾向甚至渗入思想品德教育，片面追求学科化、课程体系化、考评模式化和过分强调定量化。

此外，现代生活方式的极大改变给学生在情感方面的健康发展带来一些困难。工业化和城市化及农村城镇化导致出现原有的社会约束机制的作用变弱的现象。这使部分尚未参加生产劳动的儿童和青少年看重功能而不看重主体，看重手段而不追究目的。有哲学家分析，爱，并不单单迷恋于实体的功能，它与爱恋、尊敬、同情主体的存在本身有着很深的关系；在现代的实践世界中，爱得到锻炼的机会减少了。有些教育家焦虑地感叹：现在一些孩子掌握的知识很丰富，但缺乏感动之心，缺乏体谅之心。据对上海一所小学一年级学生的调查，该班学生在家里常任性发脾气的占 50%，对父母不会用礼貌语言的占 36%。据对南京两所中学的调查，有 20% 的学生对待同学缺少帮助、关心和信任的积极情感。也有学者就自我评价能力与自我体验能力之间的关系做过调查，发现从小学一年级到六年级，自我体验能力与自我评价能力发展具有较高的一致性；但在小学六年级以后，两者的发展速度出现差别，自我评价能力继续以较高速度发展，而自我体验能力则发展缓慢。这说明理性认知水平随文化水平提高可能升高，但情感体验水平不一定与之同步发展。人在情感方面的发展需要给予特别的、专门的关注及教育影响，而这首先需要建立情感教育的意识。

（二）把握情感教育目标的价值取向

在考虑当代中国德育对情感教育目标的设计时，我们有必要首先回顾东、西方教育思想史上对情感教育目标的不同设计，通过两种不同的价值取向以及它们的融合趋势，找到情感教育目标设计的现代参照背景。

西方传统文化中对人的情感的设计自古以来有理性主义与感性主义两条路线。理性主义路线的观点体现在：苏格拉底、柏拉图主张个体只有摒弃一切欲望而对知识穷追不舍，才可能显现善的理念；亚里士多德虽然重视情感的认识作用与动力作用，但同样要求根据理性原则使情感合乎中道。这两种观点的共同之处在于主张以理智治理情感。与此相对立的、自普罗泰戈拉而始的感性主义路线则把个体感官的快乐当作幸福和善的目标追求。康德的理性主义伦理思想虽然试图超越理性与感性的二元对立，但最终仍以理性淹没情感，导致非理性主义思潮对人的欲望的过度张扬。结果，西方人现世生活中理性与感性的二元冲突带来的情感困扰，主要靠在宗教的人神关系中得到情感的满足和升华。

中国传统文化对人的情感设计没有明显的理性与感性的对立。其原因在于中国传统文化的主流既不是理性文化，也不是感性文化，而是仁性文化，即以孔孟的仁性伦理为文化的内核。仁性是介乎于感性（欲性）和理性（智性）之间的中介物。它植根于血缘情感，同时又把这种情感从血缘关系延伸到社会伦理关系的所谓人性之情。这种具有社会性、伦理性的人的情感不是由人对道德规律的客观性的逻辑认知转化而来的，而是社会习俗薰习与理性思维积淀（所谓理性内化）的产物。因此，西方传统文化强调实践理性是一种道德能力，通过这种能力可以建构和认识道德规律。中国传统文化强调仁性是一种伦理心境、一种稳定的伦理情感，或曰良心本心。每个人都有良心本心的基础，只要发掘出来，扩而充之，便可以使其合乎伦理、成就道德。当人类在总体生活格局进入现代文明之后，东、西方两种典型文化对情感的设计越来越暴露其内在固有的弱点。例如，在西方，感性和理性的二元对立在现代教育中导致认知主义偏重道德认知能力的训练，忽略道德情感的培育，导致非理性主义放纵感性欲望，贬低理性思维；在东方，传统德育忽略人对道德规律的认识、建构，忽略实践理性能力，过分强调对社会既有道德价值体系的内化、对原则规范的力行，因而偏于保守。

当代中国德育对情感教育目标设计的价值取向应当将仁性伦理的合理内核从传统儒家的心性之学中严肃、认真地剥离出来，肯定自然亲情与社会伦理之情相融合是一种可能的、合理的、具有道德内涵的人的情感本体，肯定人通过习俗感染和理性内化可以达到稳定的伦理心境。同时，吸取西方理性文化的财富，重视认知与自我认知能力在道德形成中的突出作用，保护人的情感系统中欲性的合理存在。因此，当代中国德育主张对人的情感的培养不限于道德情感，还包括理智感、审美感；主张不仅要有良好的情感状态、稳定的情感心境，而且要有丰富而深刻的情感世界、健全的情感能力。

(三)德育对人的情感培养的具体目标建构

在考虑德育对人的情感培养的具体目标建构时，我们可以参照并包容以下三个方面的指标。

第一是内容指标。内容上既不能过于泛化，也不应过于狭窄。传统德育对人的情感上的要求是以道德感涵盖全部内容，而对道德感的解释则过于陈旧和抽象，即从社会形成的道德范畴出发，用道德原则的观点感知各种现实的现象时人所体验到的一切情感。实际上，道德并不是区别于社会生活中其他现象的特殊现象，不能限定道德的空间。现代人面对的道德关系包含五大系列，即人与自然、人与操作对象、人与他人、人与社会以及人与自我。道德感侧重道德意识在个体心理感受层面的反应，具体来说就是人在上述五大系列关系中表现出向善的心向和欲求以及达到了善的要求，便自享、愉悦；反之则出现内疚、自责的情感。比如，在人与自然的关系上，德育培养的是把人—生物以及人—自然作为道德共同体而倾注关心、怜惜与爱的情感，还有的是对地球、自然以及自然界生物的感谢之心。在人与操作对象上，德育培养的是对操作对象客观特征、固有秩序的尊重和敬畏之情，还有对其中客观规律专注、迷恋和神入的爱智之情。在人与他人的关系上，德育培养的是同情、仁慈、宽容、体谅之心，还有与人友好、合作的和谐、圆融和豁达的性情。在人与社会的关系上，德育培养的是从热爱家乡、学校集体、职业团体，直至热爱祖国、关心世界和平和人类公正，以及对人类命运的爱心、亲和力、荣誉感、责任感、正义感、终极关怀等。在人与自我的关系上，德育培养的主要是热爱生活、享受生命，以及自知、自控、自尊、自爱的自我适应感、自我同一感。对于上述五大系列的情感目标，德育既要全面辐射，又要抓住最基础、最核心的内容。其衡量标准在人类漫长的历史发展中是永恒的、稳定的、要素性的东西，或者在社会生活空间中具有广延性、迁移性。

第二是功能指标。人的情绪、情感的发展在神经生理—心理上应有其正常的功能状态，包括情绪的感受性好不好。儿童有很敏锐的情绪感受性，其天生的敏感、好奇被称为哲学智慧。但是，过度的逻辑—理智教育可能会使儿童的感受性受损。功能指标也包括情绪分化程度的高低。分化不好，则情感单调、粗糙，理解能力差；分化好，则情感细腻、丰富。功能指标还包括唤起的强度、能否控制适度、有没有专注的状态（能否集中注意于某事、某物）以及稳定性如何。当人在处理自身与外部环境、与他人的关系以及人自身的活动时，人的情绪、情感便综合地外显为人的社会适应能力。我们把这种有外化表现、有功能作用的方面称为情感能力。过去人的情感能力在人的能力范畴中没有地位，现在应当作为情感教育目标中的一个重要指标。具体来说，人的情感能力可以分解为移情能力、情绪辨认能力、情感调控与表达能力、体验理解能力等。其中，移情能力是一个人对他人情绪、情感的共鸣反应能力。大量心理实证研究证明，移情能促进亲社会行为的发生，是人类最重要的亲社会性动机。情绪辨认首先是对表情的辨认，其次是对他人或自己的内在感受、内在情感需求的辨认。情感调控与表达能力是指人通过丰富多彩的文化情境与人际情境，其消极情绪得到合理的宣泄，情感表达准确、合理而丰富。也就是说，人能够正确地表达情绪和抑制情绪，学会选择与最重要的价值相一致的方式对具体的情境做出反应。体验理解能力指的是与逻辑—理智理解相对的一种独特的理解方式。它具体表现为人在兴趣—关心的驱策下组织智力加工，对客体投入自己的主观情感，以神入、体验、主客融合、人我共感的情感状态把握客体；或者促进认知过程的阶段性完成，产生更为高级、复杂的情感性动机，如期待、希望等；或者实现对人和事的智慧处理、圆通把握。

第三是时序指标。这一指标强调依据时间运行轨迹和人的生命成长轨迹建构目标,旨在尊重人的情感发展的内在时相运动规律,科学地区分教育的不同阶段,把握住教育的关键期。

对于年龄在3~8岁,学龄从幼儿园到小学一、二年级的儿童,我们主张——以快乐—兴趣的享受基调为中心建构情感教育目标。对于这一时期的儿童,兴趣和快乐主要是感觉基调上的,而非认识理解意义上的;是需要及时享受,而不是延迟享受和反思的。所以,教育者对儿童品德上的要求应该在引起儿童快乐—兴趣基调的前提下加以实现。这一时期儿童的情感适应主要是完成从自然依恋向群体小社会依恋的过渡,以温馨的师生关系、伙伴关系建立起儿童在学校集体中的安全感、信任感,从而为一生的健康个性奠定基础。

对于年龄在9~14岁,学龄为小学中、高年级到初中毕业的少年,我们主张应以自尊—荣誉感和顺遂体验为中心建构情感教育目标。因为学业中的胜任感、交友中的有力感和师生间的信任感,是少年安宁、自足、愉悦的主要情感来源。我们需要创造条件,使少年获得自尊和荣誉的体验,防止他们自卑情绪的出现,由此形成他们在积极、健康的自我观念启动下的工作责任感、学业成功感、集体荣誉感和友谊感。

对于年龄在15~22岁,学龄包括高中至大中专学校毕业的青年,我们应以理想自我与现实自我的同一感或一体感为中心建构情感教育目标。这一时期的青年形成了完全性的形式操作思维,但心理上脆弱,他们对人生理想、社会公正、生命价值的概念与以前相比发生了很大的变化。教育需要及时调整青年的价值追求与实际追求之间的关系,帮助他们建立准确的自我形象和合理的社会角色期待,以自我同一感或一体感防止角色混乱及消极同一性,从而让他们在原有的自尊感、友谊感、集体荣誉感的基础上,衍生出公民感、职业感、人际适应感、社会责任感等更加广阔的用情范围和更加丰富的情感层次。

四、在德育过程中促进情感教育目标的实现

一般来说，情感教育并不简单对应于学校教育中原有的智育、德育、美育，它是对人的情感发展做教育引导的综合性教育行为。改革传统的德育观念和工作方式后的新德育应当是促进人的情感发展最重要的教育途径。为达成情感教育的目标，德育过程应有以下几方面的特征。

（一）把德育过程作为人的情感交往的过程

马克思主义在哲学上的根本变革是科学地阐释了实践范畴，并把它作为自己理论的出发点。在马克思主义的认识视野里，交往和生产一起构成了社会实践活动中互为前提和不可分割的两个基本方面。教育既依赖于交往和生产所形成的生产力及其生产方式，同时教育又通过特有的教育性交往和教育产品为生产力和合理的生产方式输送素质和能力合格的人才。教育活动中的教育性交往显然应当成为教育学理论中一个极其重要、需要认真开掘其意义的范畴。教育性交往在理论和实践上归结为两个主要领域——情感领域和认知领域。德育过程中的教育性交往主要表现在情感领域，以人与人的情感交往为基本方式。这主要取决于人类道德学习采用情感性体验的方式，取决于德育的本性是满足人在精神成长（包括情感成长）方面的自我需求，同时也取决于德育的过程必然是引起受教育者内在情感运动的过程。过去我们虽然也强调德育过程中人与人的交往关系，如强调教育者与受教育者双边的平等、信任关系，强调教育者的人格权威地位与受教育者的主体地位，但是缺乏在情感领域这样更深层次的揭示。我们应当把情感交往及其质量看作德育过程的内在要求、内在本性以及内在固有的特点，全面认识、把握德育过程中情感交往的效应特征。这使我们在德育有

效性的考察中获得了某些深层次的衡量指标，并证明了德育过程中人与人之间关系的质量，即人性度。这直接关系到德育过程对情感教育目标的实现。

德育过程中的情感交往具有以下三个层面的效应特征。

第一，生理—心理层面以受教育者获得安全感为基本标志。安全感是指人在一定的环境中神经生理—心理上没有恐惧感，没有或较少有紧张情绪和防备心理。在人的心理需求中，安全感的需求处于最基础的层次。在马斯洛的需要层次论中，安全感为人的第一心理需求。在埃里克森的人格发展阶段论中，安全感的建立是健全人格的首要任务。人首先是在家庭中通过亲子、血缘关系获得安全感和依恋感的体验的。在家庭这一小社会结构中，人充当社会成员，学习道德规则，承担社会角色，锻炼成符合社会期望的人。家庭中的自然亲情最有利于儿童早期的社会化。其问题在于，儿童早期在家庭里获得的安全感在幼儿园及以后的学校生活中能否扩展为社会环境中的安全感。社会学家涂尔干曾经提出过这样的理论假设，认为家庭中产生的安全感、依恋感可以扩展，并形成人的进一步社会化的基础。其问题还在于，扩展开的安全感、依恋感对人的道德形成以及情感发展究竟有什么作用。现在我们认识到，德育过程中安全感的效应不仅在于由安全感所带来的信任感，使受教育者在情感上容易接受、认同教育内容，也在于在一个有安全感的集体中，受教育者不会感到道德是外部强加的约束，还在于受教育者在自然、轻松的气氛中，甚至是在无意识中接受道德文化。更重要的是，安全感本身的道德意义需要发掘。在获得安全感的状态下，人的消极情绪可以用被接受、认同的方式得以宣泄。人有表达自己情感的自由度，这使人的植根于本性之中的攻击性内驱力合理地得到抑制。按照情绪心理学理论研究的情感产生及其相互转化的规律，恐惧、害怕容易转化为攻击、仇恨；安全、信任容易转化为同情与爱。虽然亲子、师生、伙伴之间的安全、依恋与爱集体、爱祖国等高级社会性情操在内容、境界层次上不同，但它们有相近的心理结构，所引起的爱的情感在脑神经加工方式和感受状态方面是相近的。我们完全可以在安全感的基础上发展人的同情心、仁爱、关心、责任感等情感品质，发展人的道德积极性和创造性。

第二，社会—心理层面以受教育者获得共通感为基本标志。共通感在这里指的是人们由于对某种道德现象有相似的解释、相似的理解而产生的同感和共鸣的情感体验。德育过程中产生的共通感是最重要的情感效应。德育的基本任务是帮助受教育者将外在于自己的、客观既定的、社会通行的道德规范体系内化为个人的行为习惯和思想感情。就个体来说，个体需要从他人那里求借一个参照构架。共通感正是这种用以反观自己、控制或制约自己的情感参照系。

共通感不仅产生于直接的情感交往中，也产生于间接的情感交往中。在直接的情感交往中，共通感是通过表情、体态、声调上的情感传递、情绪感染、移情，经过模仿、强化、从众等心理机制产生的。在间接的情感交往中，社会的律令、规范及各种道德评价是通过媒体、舆论、习俗，携带着浓郁的情感色彩引起人们的认同和共鸣的。因此，很明显，共通感不再是植根于人的最基本的自然—社会性需要的个体的内在情感，而是突破个体心理外壳，有情感移入，产生于个体之间，属于社会心理范畴的社会情感。对于个人来说，它体现的是获得一种"天下人同此心，心同此理"的心理上的满足，并由此带来社会适应感、顺遂感以及与人分享精神果实的愉悦感；对于社会来说，它所造成的情感氛围本身就是情感文化—道德文化的情感形态，其功能是通过相互沟通、传递、蔓延、助长，引起一定的或大或小的社会范围内情感的流向，实际上成为无声的社会导向，是社会群体形成一定秩序和凝聚力的保障。共通感虽然以个体原有的道德认识为基础得以产生，但一旦在人与人之间形成便反过来验证、丰富和充实人的道德认识的内容。德育过程要重视以共通感一步步地构筑群体的道德氛围，先从最明显、浅易、有共同或相近的善恶认可的教育做起。

第三，精神—文化层面以受教育者获得道德崇敬感与自我的道德尊严感为基本标志。崇敬感是一种对高尚、美好、难能可贵的人和事物、品性的尊敬、仰慕、向往之情。它主要包含爱与敬的情感，同时也可能含有惧怕的情感。斯普朗格用形上哲学解释，认为人在发现生活中的垂直层面时有突破原有生活内容的等级的欲望，产生形上的感觉。皮亚杰研究儿童认知发展与情感发展的同步关系时提出尊敬感的出现与逻辑思维的关系，认为这是一种由爱和恐惧混合构成的情感，是影响儿童生活的三种情感中对道德意识锻炼影响最大的情感。

由于并不是每个人都有机会接触美好的人和事，德育过程必须自觉有计划地将美好的东西呈现于人，将高雅文化、高尚文化作为与世俗文化有一定距离的文化刺激，给人一种文化的压力和威慑力。这里取决于设置交往的次数、给予者和受予者的关系、交往的时机、给予的方式以及造成的特定心理氛围等。

自我的道德尊严感指向自身，它是人在社会道德交往中成功扮演道德角色的满意感、自我克制和自我战胜的自豪感，或是人在对象性活动中反求诸己、问心无愧的感受。道德尊严感是一种对人持续产生作用的人格力量。德育过程产生这一情感效应的机制是激励和报偿。它不是由距离感、神圣感造成的外部刺激与压力，而是由他人及社会赞赏和激励所造成并从内部推动自己的力量。德育过程不仅为人提供道德表现的机会，使人及时获得精神报偿的权利，特别是在人对价值选择定向的关键时刻给予人精神上的支撑，而且注意从一般自尊心的产生、培养做起，即让每个人在学业、交友、事业中有成功感、友谊感和有力感的体验。这些自尊心体验是人的道德尊严产生的基础。

(二)把德育过程作为导向情感的过程

人类对所有信息的处理过程都是由人类的认知系统、情感系统和行为控制系统共同完成的。德育过程依照自己固有的教育目的性，根据人的生物学前提及个别差异，一步一步地将人对社会道德关系的处理由他律走向自律、自由的阶段。德育过程实际上是运用科学所掌握的规律，推动三个系统之间产生正向的、最佳的相互作用。在德育过程中导向情感可以把握以下一些原则和机制。

1. 在指导、调整行为中导向情感

规范、要求并训练人的日常行为不仅是德育的基本形式，也是有效导向情感的必不可少的契入点。人的利他行为、礼节性行为，甚至一些属于个人生活的习惯性行为，都不是个人独享的行为，而是具有社会性含义，本质上反映个人对他人、对团体和社会的关系的态度。被一定文化中人们所接纳和赞同的好的行为、习惯的养成，也就是社会的适应性形成的过程。德育过程是创造一个合理的场所，创造一定的道德交往关系，推动人去反复训练某些社会性行为。行为形成的过程既是观察学习的过程，又是亲身享受行为过程及其结果中的甘苦喜乐体验的过程。一方面，个体以他人为参照系，在交往中学习掌握社会性道德评价的尺度；另一方面，各种情感体验留存在记忆之中，成为情感经验。一次次的行为使人在此后的活动中进入新的认知加工，唤起新的情感；或以以往的情感经验直接产生情感表象，由表情内导所激活，不存在特定的符号过程，不以认知加工为中介，唤起新的情感。

日本伦理学研究所创立的"实践伦理思想"就强调道德教育中行为训练的重要性。我国上海市开展的"爱的操练"系列教育，通过精心组织低幼儿童爱父母、爱老师、爱同伴的活动，训练儿童的行为，以交往行为中的情感传递为强化机制，将儿童的自然—社会性情感推衍、迁移和升华。我国江苏省金湖县在所有农村小学开展做"课堂学习的小主人、家庭劳动的小帮手、课外活动的小能手、村组文明的小广播"的活动，同时让儿童在做的过程中体会父母劳动的艰辛，体验知识在农村的价值，并以写日记的方式表达这些情感，由此培养儿童爱农业、爱农民、爱家乡、愿为家乡做贡献的思想感情。

对看似不合理的行为如何加以调整、指导并导向积极的情感，这样的研究不多。实际上，人总是通过行为表露情感，有时坦率而直接，有时则难以识别。如果仅因为行为不合理而制止其行为，简单地要求人控制其情绪，并不能达到德育的目的。所以，首先要观察人的行为，不急于判断其行为的对错，不急于改变其行为。人的情感可以在其语言、动作、举止行为中流露出来，如有没有安全感、信任感，有没有自信心、同情心、责任心，是否紧张，为什么攻击心理过度，等等。对不合理的行为反映出的消极情绪以接受的态度（接受不是赞同）和理解的立场允其顺畅表达，表达时或用语言；或用不伤害他人的动作，如运动、哭诉；或用创造性方式，如唱歌、跳舞、绘画等。表达、宣泄情感的过程，正是人学会识别自己情绪、情感的过程，也是合理处理、控制自己情绪的能力增长的过程。那些不能即时将自己的情感表达出来的人，其被压抑的情感终究会以意料不到的方式暴露出来；其所造成的消极后果、引起的贬抑性社会评价，将反过来以负效应的形式影响人的情绪、情感及其自我评价，严重的地还会影响人的一生。

2. 在提高人的认知能力中导向情感

当代心理学研究已经一致认为人的认知发展及其认知能力与情感的发展之间存在相关性。皮亚杰研究儿童认知与情感的发展，认为两者有平行对应的关系。两三岁的儿童开始出现情感的逆向性思维，才会使部分情感可能再现。儿童语言的发展提高了儿童表现情感和影响他人情感的能力。七八岁儿童的思维的逻辑性和情感的逻辑性同时出现，智力结构发展中的守恒性与稳定性同样表现为情感上有前后统一和一贯的可能性。布里奇斯在 20 世纪 30 年代做的一项经典研究表明，人的情感或情绪同步于身心发展的进程而分化，而导致情感出现分化的一个主要原因是认知水平的提高。20 世纪 50 年代，美国心理学界已经系统地研究怎样将认知发展目标与情感发展目标匹配起来。另外，苏霍姆林斯基认真研究过运用情感词汇、概念的教学以及运用文学中的扩展描写、提供情境、人物对话及内心独白的学习，帮助学生学会用概念固定、概括人类及个体自身的情感经验，掌握表达情感的语言认知加工的各种形式特征，增强对情感的理解能力。实践证明，这些成功的智力—认知活动促进了学生情感世界的扩展，实现了道德教育的目的。

德育过程是使受教育者学会用道德的方式调节自己与他人、与社会的关系的过程，这一过程中重要的是学会对人的认知与对社会的认知。以往的德育中仅把这两种认知活动作为道德认知活动，诉之于讲道理，并未深入探究其中的自我认知、自他认知与人的内省感、人际感之间相互影响、相互生成的关系。加登纳提出的多元智能理论，把以内省感和人际感成熟与否为标志的人格智能明确作为人的智能的两种重要类型，并且认为它们与独特的脑部位相联，有不同于其他智能的独特加工方式。例如，内省智能与脑皮层背面颅顶区域里的一套皮质区有关，人际智能则与脑皮质腹面（颞部）区域的一套皮质区有关。既然如此，这就涉及如何有意识地使这两种不同于其他智能活动的认知加工方式得到科学的训练。当代美国许多学校所进行的对学生的感受性训练，就是这一类的练习。具体包括：学习人际交往过程中的诊断技巧，促进个人化的学习，发展个人及团体问题解决的技巧，提供做决策、控制冲突、社区参与及达成组织目标的基础。我们可以借鉴上述做法，一方面通过学习自我认知、社会认知的意义、知识，另一方面通过在实际的社会交往中进行这一认知能力的训练，使内省感、人际感，包括移情、分享、接纳与自我接纳等，既作为情感素质，又作为情感能力得以培养并发展起来。

我们也可以通过认知判断、价值澄清的过程，促进受教育者形成对人类价值与尊严的珍爱、尊重的情感。并且这一过程同时也是促进受教育者对自我的觉知、感受，体验情感与理智的冲突的过程。例如，美国人文主义教育学者雷斯、哈敏、西蒙对价值形成的三大过程(价值的选择、珍视价值、价值的行动)和七个步骤(自由的选择、探索的选择、后果之情思、珍视其选择、肯定其选择、价值之行动、重复其行动)的价值教育设计，就被纳入旨在发展学生情感的情感教育整体方案。

3. 在情绪唤起状态中导向情感

长期以来，情感导向时主要诉诸理智，靠所谓说道理、讲意志，对于怎样以情感制约情感，情感引发情感，情感导向情感缺乏理论依据。对近几十年来情绪心理学许多新的研究成果，我们可以自觉地用于德育过程。

首先，有些情感活动并不存在特定的符号活动，不必以认知为中介。比如，表情的先天预成模式所涉及的活动包含着情感信息；对这些情感信息加工的过程由特定的脑核心部位的神经所调解，可以在没有学习和经验的认知参与下发生。[①] 据此，婴幼儿就可以利用成人的情感应答中携带的道德文化信息为日后的道德发展奠定基础。在德育过程中，我们可以积极利用表情活动所激起的情绪传递、情绪感染，影响受教育者在情感上对道德观念的认同，引发他们的情动—感受

---

① 参见孟昭兰：《当代情绪研究的理论来源与方法学原则》，见王甦、朱滢、杨治良等：《当代心理学研究》，北京，北京大学出版社，1993。

状态。

其次，现代情绪理论强调感受状态及带来的感受基调对人的道德生活的影响和意义。例如，儿童对快乐—兴趣的体验主要是及时感受，而不是延迟感受。又如，人需要在做出利他行为后获得愉悦和满足，成熟的人将道德尊严感作为自己人格的体现。人的有些感受状态也许并没有明晰的道德意义，但感受的快乐调本身足以吸引人的追求，感受基调本身可以涵养人的高雅、宁静、豁达的情趣。

最后，情感经验是可以记忆、储存、加工、整理、提取、迁移泛化的。这为德育实现对人的情感的导向提供了广阔的前景。教育者可以主动设计、利用一系列体验活动，有目的地帮助受教育者定向地积累情感经验。这其中至少有四个规律是德育工作者可以把握的。第一是文化输给规律。我们可以集中了解历史上积累起来的有关典型生活情境的体验。当这些情境属于同一类型时，它们中的每一个体验都应具有足够的内容规定性。同时，当它潜在地接近任何个体的生活时，也就是说，具有普遍意义时，体验应当具有相应的形式，渐渐地使个体获得某种文化意识的"图式"，而重新改造自己原有的图式。第二是迁移泛化规律。由于人的情感有自行扩散、泛化的功能，德育可以有意识地固定某些有益的情感经验（某种情感绵延一定时间而不消失）和扩展某些情感经验（某类情感弥漫到许多对象上），如将人的同情、移情能力迁移到越来越广泛的对象。第三是强化定势规律。个体经常享受某种感受基调，便会自觉追求这类情感体验。德育运用激励机制强化人的这种对特定感受的偏爱，有助于形成人的特定的情感谱。第四是情绪转化规律。一些情感容易转化为另一些情感，如害怕会转化为仇恨，信任会转化为同情和爱。也有一些相互不转化的情感，如苦恼不会转化为骄傲。

五、关于情感性道德教育范式的思考

(一)范式及道德教育范式

"范式"(paradigm)这一概念来源于美国哲学家托马斯·库恩的"科学共同体"思想，本意是"共同显现"，也称为"模式""范型""范例"等。人类活动包括理论研究，在某一历史时期、某一地域范围、某一人群中呈现出的某种共同的价值倾向性、共同的信念，使用的相同的概念术语、思想框架，或采用的相同的方法样式，被称为"范式"。

关于道德教育的研究，历史上出现过许许多多的学派。近现代以来，较为突出的两种范式为：一是以赫尔巴特为代表的美德传授性道德教育范式，二是以科尔伯格为代表的认知发展性道德教育范式。比起前者，后者的研究及其运用极大地突破了传统的"美德袋"式的道德教育，凸显出道德教育的主体精神，对于道德教育从传统走向现代起着里程碑式的作用。但是，道德教育的认知发展性范式把道德情感和道德行为习惯归于道德认知结构之中，使之处于从属的地位。从道德教育的完整过程看，这是有局限性的。人的情感素质及其发展往往在更深层次上表征着人的道德面貌。由于道德在本质上是人对自身的精神需求不断提升的结果，我们主要用情感满足与否以及用什么方式满足和表达来表征自身的精神需求。又由于道德的学习作为伦理之知的学习不同于科学知识的学习，它主要不是以主客体对立两分的思维方式，而是以主客一体的、具体情境相融合的情感体验方式开展的。因此，德育过程虽然必定伴随道德认识的进步、道德行为的表现，但更为牢固的基础和深层的核心在于人的情感—态度系统的改变。20世纪中下叶以来，关于情绪、情感的心理学研究，关于道德情感的伦理学研究，关于情绪发生的神经科学研究，关于情感与认知关系的认识科学研究等，都为道德教育的研究提供了新的、丰富的认识基础。通过综合各学科发展成果，反思教育及道德教育的已有观念和经验，特别是正视当代道德教育现实的不足，我们越发认识到，必须高度重视情感在个体道德形成及道德教育中的地位和价值，并把强调以情动体验为基础，以情感—态度系统为核心，以情感与认识相互影响、促进而发展为过程，从情感素质层面保证人的德性构成的道德教育理念、取向及实践操作样式称为"情感性道德教育范式"。

（二）情感性道德教育范式的内涵与特征

根据我们现有的研究积累与认识水平，我们对情感性道德教育范式的内涵和主要特征做出如下一些解释。

第一，情感性道德教育范式所用的"情感"概念，既源于传统心理学中的"情绪"和"情感"概念，又不限于其特定内涵和用法，是指相对于人的认识层面、认识领域的情感层面、情感领域。它不仅是人的心理过程中即时即景出现的"情绪"和"情感"，而且表征着人的整个情感发展水平。首先，它是每个个体生活的一种复杂的多层次的过程，包括感觉和知觉，情绪、激情、心境、热情，赞成和谴责，共同感受、同情、爱惜、友谊、忠诚等。这是充满热情的、深刻的道德—心理机制，人的道德积极性和伦理上的自我发展正是通过这一机制表现出来的。其次，现代心理学已从人的基本需要中划分出交往的需要、在交往者的激情中定向的需要、共同感受的需要、获得特殊的价值信息的需要，认为个人行为的道德性和自我感觉依赖于这引起需要的满足。因此，情感实际上已成为反映人的整个精神价值追求的内在动机系统。我们可以把它看作标志人的情感发展的连续体，包含着人的情绪基调、情绪表达方式、情趣爱好、情感体验性质与水平、价值倾向，乃至于人格特征、精神情操等。我们需要从情感—态度层面而不是认知判断层面，主要从内在动力系统的角度而不是从外在能力系统的角度呈现人的道德发展水平。

第二，情感性道德教育范式突出强调人的情感性素质是个人道德性的深刻基础，也是道德教育现实化的重要保证，是整个人类道德及道德教育优质的基石。做出如上基本认定的根本性前提在于对道德、道德教育的概念、内涵、本质做出更为完整的、合理的理解。德罗布尼茨基在 20 世纪 70 年代中期写出的著作《道德的概念》为道德、道德活动给出的新的诠释，迄今仍值得我们重视和加以借鉴。他认为道德现象不是区别于社会生活中其他现象的特殊现象，不能限定道德的空间范围。道德渗透在社会生活领域，贯穿于物质生活、经济生活、精神创造、科学认识中，同时也体现在与周围事物的接触和个人对自身的态度上。道德是行为的、关系的、价值的、心理的、思维的和语言的等多层次的构成物。它有着极其复杂的结构，不能仅仅简化为一种现象。从这个意义上讲，并没有独立自主的道德活动，道德活动是包含在人类各种活动体系之中的。道德教育的时间、场所是难以限定的。对于每个个体来说，不管是在有计划、有目的地受道德教育的场合，还是身处自在构成的道德关系之中，只要不是无动于衷而是"有动于衷"，必定是将自己与外部关系的合理要求反求于己，在内心建立起一个评价尺度。这一评价尺度必定伴随着该个体的某种价值取向及情感偏向。也就是说，虽然有此前形成的道德认识在起作用，但根本上是那些具有价值负载的、以往的生活经验被当下的特殊情绪形式激活了，如忧虑、恐惧、愉快的满足、安定的信心、幸福的希冀等。它们或者阻止，或者激发、强化人的道德意念、行为和态度。具有现实意义的道德教育不正是对人们发生了影响的事件吗？

第三，任何道德教育的过程都是试图对人的道德认识、道德情感、道德行为发生影响的过程。因此，道德教育的过程必然始终伴随着人的认识与情感的相互作用。无论是赫尔巴特的美德、知识传授式，还是皮亚杰、科尔伯格的认识发展性范式,都强调认识和情感两者不可能割裂,而且相互作用;情感性道德教育范式也不例外,但它的特色在于它不仅一般地承认这一过程是情感与认识相互作用的过程,而且特别重视和强调情绪、情感在其中的特殊作用,利用这一作用深入研究道德教育中情感运作的特殊机理。

其一,这一范式强调道德教育应是对人的情绪、情感合理适应的过程。在一定的道德教育环境中,人的正当的安全感、归属感、自然情趣应当得到满足,它们是健全人格包括道德人格形成的首要基础,或者说是最重要的基础性情感。没有它们,人对自己所处的道德教育环境便没有基本的依赖,也就不会对道德环境所引导的道德价值产生应有的反应、接受的兴趣心向与态度。过去人们对安全感、归属感在道德教育中的效应不够重视。其实它不仅使受教育者在情感上容易接受、认同教育内容(受教育者在一个有安全感、信任感的集体中不会感到道德是外部强加的约束,可以在自然、轻松的气氛中,甚至是在无意识中接受一定的道德文化导向),而且使受教育者在获得安全感、信任感的状态下用人们易于接受、认同的方式宣泄消极的情绪。按照情绪心理论研究中情感产生及其相互转化的规律,恐惧、害怕容易转化为攻击、仇恨,而安全、信任容易转化为同情与爱。安全、归属、信任感与爱集体、爱祖国等高级社会性情操虽然在内容、境界层次上不同,但有着相近的心理结构,其所引起的爱的情感在脑神经加工方式、在脑部留下的痕迹、在感受状态方面是相近的。教育者完全可以在安全感、归属感、信任感体验的基础上发展受教育者的同情、仁爱、关心、责任感等情感品质,发展受教育者的道德热情和积极性。

其二,这一范式强调道德教育应是对人的情感需求的引导、提升。情绪与认识一样,都是植根于生命体的内在需要在自我满足水平上的表现。人的内在需要是通过与外界事物接触的外化过程而显现的。所以，人的行为和认识的需要的内在动因最终是要以情绪的形式来表现的。道德的本质是人的自律精神，它要靠人的内在道德需要来保证。怎样使人的内在需要不断有自我要求水平上的提升呢？情绪理论认为，整个情绪产生过程中会产生个体具有质的独特性的需要。为此，道德教育可以利用两种情绪运作机制。一是情意感通机制，以受教育者获得共通感、同情心、敬慕感为主要标志。道德教育中，或通过道德楷模直接的言传身教，或通过教育者的表情、体态、语调的情感传递、情绪感染，或通过媒体、舆论、习俗中携带着的浓郁的情感色彩，来引起人们对某一道德价值的认同、共鸣和向往之情。这类引人高尚的情感经验及其体验积累得多了，人的道德的、具有美学价值的趣味、鉴赏力、情操、境界便会一步步获得定向的发展。二是需求冲突机制。在实际生活中，个人的不同层次的需要往往可能会发生冲突。需要的冲突会在情绪中进行较量，并以恐惧情绪同羞耻感、义务感斗争的形式出现。道德教育并不反对否定性情绪，相反认为像羞耻感、内疚感等适当程度的道德焦虑是个人自我完善和修养的重要基础。

第四，情感性道德教育范式在实践操作上一般应有三个较为敏感的指标。即教育者有无情感—人格资质与技能；是否形成情感交往关系或情感场；受教育者是否有情感经验的积累和改组。

道德教育是道德之知的教育，它与科学知识的学习不同。学生向教师学习的不是客体化的知识体系，是充满主观内在性的、主体选择性的观念体系。它们附着于情感化的人格身上，吸引学生自觉自愿地趋近和认同。显然，教育者的资格与教育成效绝不在其关于道德的知识有多少，而在于支撑其道德观念的挚爱真情。道德之知总是出现在人的具体实践中，即人只有在道德交往的具体实践中才可能真正领悟和运用道德之知。因此，我们必须重视个体的社会微观环境，承认个体及其道德觉悟都有其形成的历史文化土壤，有其道德交往的情感烙印。它们是周围人的肯定情绪、共同行动、善良、相互理解和协调的体验的强化所致的，是大大小小社会共同体中道德氛围的力量使然。情感性道德教育不仅依赖健全的规范、制度、楷模，还依赖人的日常真实生活情境（教育活动中有时也需要模拟、创设道德情境）的改善和优化。当我们还不能取得整个社会大环境的完全改善时，我们必须提倡建设道德系统的微观环境。受教育者所有的道德反应、敏感和觉知，将会以一种情绪化的记忆方式、理解方式融入自己已有的道德生活经验，并不断地改造、重组道德经验的结构和取向。这一经验积累与结构化过程不同于认识积累与结构化的心理过程，它是特定的情感场中的"情节"给人留下的"道德情绪"。

在国内外道德教育实践中，具有上述操作特征的道德教育模式已不鲜见，如和谐教育模式、交往教育模式、情境教育模式、合作教育模式、关怀教育模式、体谅模式、敏感性训练模式等。

第三章　道德情感教育初论[①]

一、道德情感基础之探究

(一)道德之界定

道德不只是社会或国家对个体的一种规范和要求，也不只是用社会性价值规范去要求个人，它最终追求的目标是关注个体的生命质量和生活幸福以及社会安定、世界和平。因此，我们将道德界定为：它是人们为了自身生存和社会发展而形成的和谐身心的生活准则和协调人际相处的社会规范。它的基础是人类生存发展的需要；它的目标追求是生活幸福和社会安定；它的基本内容：对己是调节身心和谐的准则，对自然和社会是行为的规范。它渗透在社会生活的一切领域之中，无时不有，无处不在。它发生在人与人的交往中、人与周围事物的接触中、人对自身的态度上。因此，伦理学家认为，道德是行为的、关系的、价值的、心理的、思维的和语言的等多形态的构成物。

(二)对道德情感的理解

什么是道德情感呢？人们通常把道德情感解释为：从社会形成的道德范畴出发，用道德原则的观点感知各种现实时人所体验到的一切

---

① 本章是作者与上海市教育科学研究院梅仲荪先生合写的。

情感。我们还可以把道德情感解释为：它是人们运用一定的道德标准评价自身或他人行为时所产生的情感体验。

这样解释道德情感，是长期以来把情绪、情感作为认知的副现象和逻辑判断结果的产物。如果不突破这一定义的思维定势，有可能把人们引向道德教育的唯认知主义的道路。

对于道德情感的理解，要把社会取向和个体取向有机的整合起来解释，要使个体生命的舒展与社会生活的和谐有序之间达成动态的平衡。从这个角度来看，道德情感是道德意识在个体感受和体验层面上的反应，它是道德性质的活动引起人的心理上的情绪反应和内心感受。

道德性活动与物质生产和科学活动不同，它主要不是对象性活动，而是关系性活动，是人将自己与外部关系的合理性反求于己，由内心建立的评价尺度激荡起的情感。因此，道德情感不是主体被动地接受社会道德规范的约束，而是主体内在蕴含的归属欲望和向善要求得到满足与否的情感反应：顺遂了便产生积极的情感反应，反之则产生消极情感反应。因此，道德情感并不总以逻辑—认知活动及其结果为主要的活动前提，而常以社会性认知、人际关系觉知以及由上述评价活动引起的情感为主要前提、基础或伴随物。

我们理解的道德情感是人的道德需要是否得到满足时所引起的反应，它是主体内在蕴含的归属欲望和向善要求得到满足时的感受和体验。当归属欲望和向善要求得到满足时，主体会产生愉悦感、安全感和自豪感；反之，主体会产生不安感、羞愧感和内疚感，从而激励自己去进行新的道德追求。因此，道德情感是人的内心道德世界在情感层面上的反应和表现。它是人们进行道德教育的极其重要的心理财富和目标要求。它扎根于人的现实生活和精神需求之中，它由社会性情感和认知性情感等心理成分组成。在社会性情感中，基础性社会情感如归属感、依恋感、自我认同感、自尊感与道德情感有着难以分割的联系，有着丰富的道德意味。它们是人的德性生长的重要基础。在婴幼儿时期，人首先是以情绪、情感为沟通信号与成人进行生存联络的。婴幼儿正当的生理、心理需要所采用的情绪、情感表达方式如果得到成人及时的、敏感的、恰当的应对，婴幼儿便与成人建立起稳定的依恋。这一从"人之初"就建立起来的依恋感受、安全感受、归属感受是儿童社会性、合作性行为最重要的源泉。马尔文认为，四岁是形成成熟的依恋感的关键期。他指出，到四岁左右时儿童才把照料者看作有情感、有动机的独立的人；为了相互适应，儿童必须能够了解他人，能设身处地，因为道德包含着对他人的尊敬，包含着了解他人。婴幼儿对照料者的依恋后来需要发展为更平衡的伙伴关系以及在公众教育机构——学校里的师生依恋、同伴依恋关系。这是一个人从范围较小的依恋到范围较大的依恋、社会性越来越扩展的发展过程。

与家庭内亲子依恋相比，学校中的师生依恋、同伴依恋虽不以血缘关系为基础，但在情绪感受的脑生理机制、心理反应机制上是异质同构的。它们同样成为一个学生在学校这一社会性组织中建立归属感、信任感以及自我认同感、自尊、自信的基础。

反之，如果在母婴应答关系中，或是在学校师生应答关系中没有建立健康的依恋关系，儿童不但会将正当的表达情感需求的反应错误地消退，以至形成包尔拜所说的情感缺乏人格类型，而且在日后社会适应性的发展中形成严重的障碍。

道德情感基础的重要支点还有人的同情、分享以及社会性兴趣所指及其范围、领域的大小。它是人超越自我中心的标志。根据霍夫曼的研究，儿童在两岁以后才能将自我中心性的同情发展为对他人的情感的同情，六岁以后才又进一步发展为对他人的普遍痛苦的同情。随着人的年龄、学龄的增长，一定要相应出现社会兴趣的扩大。我国的学校教育中还存在这样的现象：学生缺少师生、同伴之间和谐温馨的依恋，缺少社会生活参与的机会与兴趣，其喜怒哀乐情感主要源于教学活动中以分数为唯一衡量指标的片面评价系统。这会导致学生的眼界、胸襟十分狭小，不能不影响其情感世界。

在道德情感的发展中，认知性情感包括道德认知、道德判断多因素的参与，使道德情感得到不断的发展，向着道德情操水平提升。

正如吉塔连柯指出，道德情感并不是脱离一般情感的抽象物，人的感觉、知觉、激情、心境、热情、赞成和谴责、共同感受、同情、友谊、团结、忠诚、爱国主义等极为丰富、广泛的情感都是道德的心理机制，人的道德积极性和道德上的自我发展正是通过这一心理机制表现出来的。①

二、道德情感结构之探微

由上述分析可知，道德情感是一个多层次、多维度的整合体。我们分别以内容维度、形式维度和能力维度加以剖析。

（一）对己的自我认知感、自我适应感、自我同一感、自爱自尊感、自信自强感等

从当今主体性哲学和心理学关于自我同一性的理论来看，道德情感的基础成分在于儿童的自我意识、自我感受、自我观念、自我知觉、自我认知、自我评价、自我体验、自我尊重、自我监控、自我调节和自爱、自信、自尊自豪感的形成和发展。这是一切道德认知、道德情感、道德行为形成和发展的基础。埃里克森关于儿童人格发展理论的基石就是从不同年龄儿童的信任、自主、主动、勤奋和自我同一性

---

① ［苏联］A. И. 吉塔连柯：《情感在道德中的作用和感觉论原则在伦理学中的作用》，石远译，载《哲学译丛》，1986(2)。

发展的角度来说明儿童在自我认同、自我肯定和自我关怀中得到成长和成熟。他认为：让儿童成为会走路的人、能站立的人，是一种具有文化意义的经验，一种在活动中感到愉快的经验，一种具有社会声誉的经验；因此，它是确立自尊的一块基石。这种自尊由于在每个重要危机结束时得到了进一步的证实，因此使人逐渐确信，自己正在学会有效地走向明确的未来，正在自己所理解的社会现实中形成一种明确的个性。①

（二）对他人的同情关怀感、体贴仁慈感、友谊真诚感、善解人意的挚爱感等

同情是道德情感中的核心成分。孔子提出的仁爱之心，孟子提出的恻隐之心，以及人们常说的怜悯之心，其核心内容就是同情之心。西方人文主义者认为，对不幸的人寄予同情，是一种德行。谁都应该具有这种德行——尤其是那些曾经渴求同情，并且体味到同情的可贵的人。只有人以同情的眼睛目睹的苦难才能真正震撼人的心灵。通过同情去理解并且感受他人的痛苦，自己也会内心丰富。因此，培根提出，如果他对其他人的痛苦不幸有同情之心，那他的心必定十分美好，犹如那能流出汁液为人治伤痛的珍贵树木。② 同情关怀是一种对他人的不幸遭遇产生共鸣及对其行动的关心、赞成、支持的情感，具体表现为能理解他人的思想、情感和愿望，并给予道义上的积极支持。在人的道德情感发展历程中，同情关怀出现得比较早。将近 1 岁的儿童在与他人交往时，就开始对他人的情绪表露出直接的反应，如看到他人哭自己也哭，看到他人笑自己也笑。这虽然很难说是道德情感体验，但它却是发展同情心的基础。没有对他人的同情、理解、尊重和支持，

---

① 余光、李涵生：《教育学文集》第 7 卷，652 页，北京，人民教育出版社，1989。
② ［英］弗·培根：《培根论说文集》，水天同译，46 页，北京，商务印书馆，1983。

不关怀他人的需要和利益，也就没有道德可言。从小培养儿童对老弱病残者的关心，对惨遭天灾人祸的不幸者的支持和支援，这不仅是一种情感上的移情和共鸣，而且也是助人为乐的情感升华，是高尚道德情操形成的基础性情感。

(三)对自然的敬畏感、亲近感、秩序感、护爱感、神往迷恋感等

自然生态学和人文生态学认为，我们要热爱自然、保护自然；要热爱生命、保护生命；要热爱科学、尊重科学。有人认为，人类文明经历了几个不同的形态：在农业社会，人是自然的奴隶，听天由命；在工业社会，人是自然的主人，通过控制与征服自然和大量掠夺自然资源，破坏了生态平衡；在未来社会，人是自然的朋友。生态文明要求我们认识到人是自然的一员。人类的一切活动都要服从人与自然系统的整体利益。人要与自然和谐相处，要为绿色文明多做努力，为重新建立一个绿色的世界、生活于生机盎然的生命世界中做出贡献。

(四)对社会的合作责任感、公正公平感、荣誉成就感、爱国使命感等

责任感是人在道德活动中对自己完成道德任务的情况持积极主动、认真负责的态度而产生的情感经验。责任感与合作感、义务感有密切联系：社会责任常常是在合作中进行的，义务感促使人们在社会生活中更积极履行自己的道德义务。责任感和责任心是每个人对自己和他人、对家庭和集体、对国家和社会所负责任的认识、情感和信念以及与之相应的遵守规范、承担责任和履行义务的自觉态度。这种态度使人们在社会交往中获得公正公平和荣誉成就。它的升华是对祖国抱有责任使命感，表现为个体对国家利益和自身价值的关心，对国家发展前途寄予期望，并抱有积极主动的参与意识和认真负责的态度，始终与祖国命运休戚相关。

道德情感是人的高级情感，它是由个维度组成的多层次、多水平的整合的心理组织，显现为一种动态的彼此交叉、互为联系的网络体系，如图 3-1 所示。

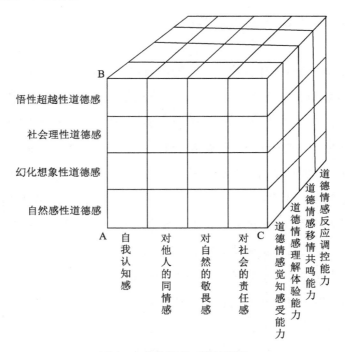

图 3-1　道德情感三维结构图

道德情感的第一个维度（A）是它的内容维，主要由自我认知感、对他人的同情感、对自然的敬畏感和对社会的责任感四个部分组成。

道德情感的第二个维度（B）是它的形式维，主要由自然感性道德感、幻化想像性道德感、社会理性道德感和悟性超越性道德感四个部分组成。

道德情感的第三个维度（C）是它的能力维，主要由道德情感觉知感受能力、道德情感理解体验能力、道德情感移情共鸣能力和道德情感反应调控能力四个部分组成。

实际生活中的道德情感比我们设想的要复杂得多。上述结构体系只是我们为了便于操作而建构的一个图解模式，作为我们指导教育实践和实验的一个初步框架。

三、道德情感教育之探寻

对人的情感教育有着与对人的认知教育不完全相同的教育机制，这需要我们从学理和经验上加以研究与概括。道德情感教育强调以感受体验为基础，以情感态度的养成为表征，以情感与认知相互影响、彼此促进为发展过程，以培养情感性道德人格为目标。它的教育要求与内容为：①对己培养自知自控、自尊自爱、自信自强的情感品质；②对他人培养同情关怀、仁慈宽容、理解体谅品质；③对自然培养敬畏、爱恋、保护珍惜的品质；④对社会培养亲和、公正、负责、奉献等品质。它的操作要求以将情动感受、体验共鸣作为内在机制的情感反应模式和移情共感模式为主，创设情境，再现生活，加深感受，重视觉知，把道德认知与道德体验结合起来，把隐性与显性结合起来，在特定的情感场中形成特定的道德情感品质。

根据一些年来我们在实验学校（包括幼儿园）的实践探索，我们在以下三个方面初步形成了共识。

第一，道德情感形成有自身的发展轨迹，道德情感教育的目标要求和内容确定存在明显的阶段性和层次性。

①婴幼儿时期（0～6岁）。在这一时期，我们将安全感、归属感和亲切依恋感培养作为教育重点，为今后道德情感的发展和道德情感教育目标的完善提供基础。

道德情感发生学研究证明，个体道德信息源最早不是来自语言，而是人们的情感性交往。对于婴幼儿而言，母亲的微笑面孔和愉快语音是婴幼儿愉快情绪社会化的开端。婴幼儿的愉快情绪是其健康情绪的表现，也是其道德情感体验和道德意识的萌芽。婴幼儿道德情感是在与亲人的交往中形成的。照料者的关注为婴幼儿提供"安全基地"和亲密的情感，他们的眼睛是婴幼儿精神生命成长的太阳。关注婴幼儿的情感需求、尊重婴幼儿的活动需求的培育模式有助于婴幼儿的身心健康、智慧发展，为其未来的社会性体验留下了深刻的印迹和满意愉悦的情感基调，也为其高层次情感的发展奠定了基础。

根据我们的研究，儿童青少年的情感发展有自身的年龄特点和运行的轨迹。现将儿童青少年情感发展的关注要点与教育策略整理如下，见表 3-1。

表 3-1 儿童青少年情感发展的关注要点与教育策略

年龄特点	关注要点	教育策略
依恋的 0 岁	依恋感	重视关注性的满足
好动的 1 岁	安全感	重视安全性的保护
可爱又"可怕"的 2 岁	信任感	重视支持性的参与
"听话"的 3 岁	秩序感	重视尊重性的引导
模仿的 4 岁	自主感	重视榜样的示范
好问的 5 岁	探求感	重视积极的鼓励
合群的 6 岁	认同感	重视合作性的互动
规范的 7 岁	成长感	培养当一名小学生的自豪感
好学的 8 岁	勤奋感	培养学习兴趣，鼓励刻苦学习，进行磨砺教育
友谊的 9 岁	友爱感	培养相互交往中的友爱感
上进的 10 岁	进取感	培养天天向上的进取感
迷惘的 11 岁	自爱感	培养自我认同的自爱感
冲突的 12 岁	自尊感	培养自我肯定的自尊感
闭锁的 13 岁	自立感	培养自我要求的自立感
重义气的 14 岁	自强感	培养自我激励的自强感
幻想的 15 岁	美感	培养自我欣赏的美感，进行追求真、善、美的教育

年龄特点	关注要点	教育策略
花季的 16 岁	责任感	培养学会负责的责任感，进行自我要求教育
憧憬的 17 岁	成人感	培养学会关心的成人感，进行追求理想的教育
成熟的 18 岁	使命感	培养学会反思的使命感，进行崇高使命的教育

这一初步整理旨在表明，人的生命各阶段都有德育的独特主题和方式。对不同年龄的精神生命的关注和开发，使儿童从道德的"无律态"逐步向"他律态"方向发展，再向"自律态"提升。

我们对儿童开展了自信心和同情心的早期培养研究、让儿童从入园第一天起就感受到教师可亲、小伙伴可爱，并通过多种活动让儿童在早期生活中获得仁慈、善良、友谊、分享、尊重等社会生活的感受和体验，还让他们从小学会识别、体察他人的情绪情感，从小学会尊重他人、理解他人、体谅和关怀他人，对伤害他人的行为感到内疚；等等。

②小学时期（6、7～11、12岁）。在这一时期，我们把道德情感教育的重点放在自我认同感和对他人的尊重感、关怀感和学习勤奋感上，安排了受爱和创爱相结合的互爱教育。一年级的重点是爱父母教育；二年级的重点是爱老师教育；三年级的重点是爱班级教育；四年级的重点是爱自然教育；五、六年级的重点是爱家乡教育。这种由近及远、由浅入深的教育让儿童感受到了父母和老师的关爱。同时，在情感操练中，他们学会了用行动来对父母、老师表达自己的爱心，体验到了爱的欢乐、爱的可贵。

在这方面，我们的合作研究单位——上海闵行实验小学开展了小学生创爱情感培养的系列研究，开设了情意学习课，自编了一至五年级道德情感教育校本教材。教材内容取材于学生在日常生活中碰到的种种问题，以创设情境、再现生活的方式引导儿童去感受、体验父母、老师、同学之爱的纯真，交流探讨生活中的情感问题。我们运用电化教学手段以及实物展示、环境布置、语言诗化等方法与手段，营造情感氛围，渲染气氛，激发学生的创爱之情。这使儿童道德情感教育既有隐性的潜移默化的功能，又有一定的载体；不仅使小学德育更有针对性和实效性，而且在系统性和可操作性方面也创造了很好的经验。

③初中时期(11、12～14、15岁)。这正是由儿童向青少年过渡的时期，是身心发生质的结构性改变的时期。这一时期在道德情感发展上显示出与众不同的特质。初中生对老师的爱由盲从转向自觉，并有一定的选择性；在同学关系中，友谊成为他们心理生活的重要内容，人际交往突破单向从属与依赖，转向双向互助互爱的尊重。友爱感成为初中生心理发展的动力源和兴奋点。我们在教育实验中重点进行"珍爱自我"和"珍惜友谊"的教育，把爱的教育和美的教育结合起来，让初中生用美的规律来塑造美的心灵和美的形象，使真挚友情升华为深厚的道德体验，成为他们的精神动力。

④高中时期(14、15～17、18岁)。这正是青少年从生理成熟向心理成熟过渡的时期，是他们认知、情感、意志、性格和人生理想、信念确立和整合的阶段。在道德情感发展中，这个年龄段个体的自我意识增强，学会观察周围和解剖自己，开始寻求生活意义，同时对人、对社会生活的感受也日益增强，对社会、对老师、对他人、对自己、对国家的接纳更加敏感，尊严感和害怕挫折的焦虑感也在上升。这一时期是以理想自我和现实自我的同一感为中心的时期。为此，我们在教育实验中把责任感教育作为研究的重点。责任感教育可以帮助高中生建立准确的自我形象和增强自我认同感，并在原有的自尊感、友谊感和集体荣誉感的基础上衍生出公民感、人际适应感、社会责任感和历史使命感，使道德情感更加丰富、道德人格

更加完美。

我们的合作研究单位——上海市杨浦高级中学将责任感培养作为一项育人的系统工程，从自我感受、情境体验、走向社会、营造学校特色文化等几个方面进行了责任感教育的探索，建立了学校、家庭和社会责任感教育的网络体系，取得了很好的教育实效，得到了家长的支持和社会的好评。

第二，道德情感教育要把握情意感通机制和需求冲突机制，让学生在情感场的氛围中积累道德情感的感受和体验，从而使道德情感得到内化和升华。

道德情感教育应使学生的情感需求得到不断的提升，让他们在道德实践中丰富情感体验，积累情感经验，为情感提升提供基础。我们的合作研究单位——上海市闵行区龙园学校为了从小培养学生对自然的亲近感、敬畏感、惜物感、护爱感，开展了绿色文明系列教育，包括欣赏绿、寻绿、护绿和创绿四个阶段。学校让学生感受绿色生命之美，欣赏祖国野生植物景观，感受花、草、树木都是生命体，激发对大自然亲近、爱恋的情感，进一步了解绿色生命与人类的关系以及体验绿色生命生长之不易，从而从小用自己的双手和汗水，为家乡添绿增色而做贡献。在整个教育中，学校还设计了情感定向体验策略和创设美感赋值策略，既防止了负面情感体验的产生，又使美感在道德情感培养中产生增值和放大作用，使道德情感潜能得到进一步的开发和升华。

我们的实验学校——江苏省南菁高级中学利用自身校史悠久、人才辈出和文化底蕴深厚等优势，创造学校文化的情感场，营造淳朴的学术氛围，为每一个学生注入一种人格力量，激励他们成为时代之俊才、未来之强者去勤奋学习和奋发上进。

第三，道德情感教育要重视教育者的情感资质和人格魅力的独特作用。

教师的情感资质和人格素质是指由教育爱为核心的教育价值观、教育思维方式、教育行为技艺以及教育风格类型等因素组成的综合体。其情感内质是一种纯情结构，是对学生和事业具有一种纯真的爱，是纯粹、纯朴、纯洁心灵的集合。教师情感的实质是一种教育爱，这是对教育事业的执着、对学科的迷恋、对学生的理解和尊重。在引导学生时，教师把自己的信念转化为教育能力和行为榜样，给学生以信念、追求和典范。教师的爱是一种具有生产性、生长性的爱，它从被爱者出发，事事处处为被爱者考虑。教师与学生既无血缘性联系，又无个人功利性联系。他们之间纯粹是一种民族希望、祖国前途、人民幸福、个体成长的意义性联系，是一个特别亲密、亲切、亲热的人类"希望共同体"。在"希望共同体"之中，有的是纯真的爱、温馨的情以及对真、善、美的执着追求。

由此可见，教师的情感资质和人格魅力对儿童青少年道德情感的发展和整个美好心灵的形成，从一定意义上说，具有决定性作用。青少年正处于情绪感受性最敏感的时期，处于道德情感形成的最佳期，是形成社会性依恋、归属情结的奠基期。他们对教师的态度表情、行为举止、动作手势、语音语调均有特殊的敏感性和强烈的深刻性。教师对学生的影响不只是教师的知识和技能，还有教师的情趣、情愫和情操……正如乌申斯基所说，教师的情感和人格魅力对学生心灵的影响是任何教科书、任何道德箴言、任何惩罚和奖励制度都不能代替的一种教育力量。教师的信念和个性品质在教育中具有决定性意义。①为此，我们要努力提高自己的道德情操水准，把情与理结合，真与善、美结合，自爱与他爱结合，受爱与创爱结合起来，将自己真挚的爱播在每一个学生的心田上，让他们在道德情感教育的哺育中去感受、体验人间的温馨，去创造人生的幸福，追求美好的理想。

---

① 戴本博：《外国教育史(中)》，385页，北京，人民教育出版社，1990。

第二编

传统与当代情感性德育思想与模式

第四章　传统美德教育的现代视野与研究方法[①]

一、中国传统的情感性道德教育及其模式

中国传统的道德教育思想有着自己独特的价值取向和思维方式，以情感和人性为道德人格的基本因素。这是历代教育思想家所公认的。我们把这种重视情感在道德教育中的地位与价值，提倡在道德教育中关心人的情感发展，并且以情感品质的道德化来表征人的德性的道德教育范式，称为情感性道德教育。它既体现为一种道德教育思路、道德教育理念，又表现为道德教育的操作样式。

纵观当今世界物质文明发展进程中出现的人的精神危机，许多有识之士已经明智地意识到并发出呼吁，科学的进步不能自行解决人的道德问题，知识的增长不能自行解决人的情感问题。就道德教育过程本身来说，认知的发展不能替代情感的发展，道德教育理论中的认知学派并不能解决现在道德教育的全部难题。这是因为人对某种价值的认同不仅是认知所及的，而且是情感所致的。没有情感作为人的行为的动力机制，缺乏情感在人的行为系统中的调控作用，

---

① 　本章是作者与南京师范大学朱曦副教授合写的。

忽略情感在建立道德信念过程中的本源性基础，个体的道德人格大厦将无从矗立。

不少发达国家自 20 世纪 70 年代中期以来，在研究道德教育的过程中，已经把视野扩展到了人的情感领域，提出了不少这方面的教育思想和实践操作样式。从弗洛姆提出的"爱的能力"、马斯洛提出的"高峰体验与自我实现"，到 20 世纪 80 年代初加登纳提出的人格智能包括体察他人及自己的情绪，再到 20 世纪 90 年代后期丹尼什·高曼明确使用的"情绪智能"的概念，显然西方教育中理性主义的中心地位正在一点点地被动摇。一个重视情感教育包括道德情感教育的时代已经到来！

有趣而意味深长的是，西方正积极地从中国文化中吸收重视情感价值的宝贵而丰富的思想。因此，我们决定做一项有意义的工作，即建立情感性道德教育的理论框架并做实践模式的探索。这就需要我们认真地发掘中、西方传统的道德教育的思想宝库，尤其是本民族的道德教育思想的精华。可以认为，中国传统的道德教育遵循的是一条以人性为本、情性相依、情理合一、情意互通的道路。我们可以从中找到现代道德教育的新起点，整理、归纳出对现代道德教育有益的情感性道德教育范式。如果我们能够批判其情感内涵及教育价值取向上的一些不足之处，合理地舍弃并给予新的诠释，中国式情感性道德教育范式完全可以自立于人类道德教育理论的高峰。

在本章，我们试图从归纳、概括传统道德教育实践经验入手，以传统的道德情感教育思想为主要分析内容，初步阐明中国传统的情感性道德教育及其模式。这里所用的"模式"概念既具有教育理论的模式化思维特征，又体现出相对的操作性意义。

(一)扩充善端

扩充善端是强调人性中具有趋美向善的根源性情感，使之在一定的教育条件下得到扩展与张扬，从而达成一定的道德品质直至形成道德人格。所谓"端"是指人的道德品质中"善"的内在本源，"扩充"就是引发、扩展与张扬。这也说明了道德教育首先是为人的善的内在本源所决定的。孟子所言的"善端"是人与禽兽的根本区别。这包含着人类种系发展过程中所积累的一种"德性遗传"，是人的"类"标志。

这一模式的基本依据是孟子的"性善论"，他从心理学的角度阐述了人性中本有的情感特质。他提出的"四端"(恻隐之心、羞恶之心、恭敬之心、是非之心)，严格地说是一种社会情感和社会意识的潜在状态，或者说是人具有发展为道德上的善的内在潜能。孔子曾提出"性相近，习相远"的观点，但是对如何开发和教育却没有明确的措施与阐述。孟子认为道德情感的培养和修炼的步骤就是扩充善端，他的"人皆可以为尧舜"的提法已经超越了孔子"习性论"的观点。孟子甚至用儿童心理发展的眼光来论证扩充善端的重要性。他认为儿童有先天的"良知""良能"，"人之所以不学而能者，其良能也；所不虑而知者，其良知也。孩提之童，无法知爱其亲者，及其长也，无不知敬其兄也"。儿童表现出的这些情感皆源于先天的善性，因此他认为"亲亲仁也，敬长义也"。显然孟子已经关注到了道德教育要尊重人的自然适应性，要使人性中美好的东西得以滋长和扩展。

孟子的基本思路是"四端"之心人皆有之，但每端的初始情感状态又表示着品质发展的不同方向。"恻隐之心，仁也；羞恶之心，义也；恭敬之心，礼也；是非之心，智也。仁义礼智，非由外铄我也，我固有之也。"人皆有成就道德的天赋。人们所能达到的道德境界的差别主要不在于先天，而在于后天能否尽心、知性、知天，即能否使情、性得到美善化的扩充——"求则得之，舍则失之"。而且人的不同类别的情感可被扩充为相应的德性，这是孟子关于扩充善端的见解的独到之处。它至少说明了三点。第一，人的道德品质的形成离不开情感基础

（情性转化为德性）。第二，不同的情感体验与所形成的不同的道德品质之间有一种对应关系，说明人的情感的丰富性是道德品质差异的原动力。第三，只要能存养和扩充善端，使之充分发挥，任何人就都可以成为"圣人"。这说明人生来就有发展的权利，都有达到最高道德境界的可能性。孟子举例说，舜所处的环境与深山野人所处的环境几乎没有什么不同；他之所以能成为圣人，就取决于他有"若决江河，沛然莫之能御也"的扩充善端的主观愿望。

耳目之欲是人们存养和扩充善端的最大障碍，因为这些感官没有理性，不能辨别是非，只能追求色味和安逸。一旦这些感官无节制、无约束地与外物接触，人就会迷入歧路。因此，孟子并不主张人们在道德水准之下情感的激起与宣泄，而主张清心寡欲。不过，孟子也注意到人的道德情感体验对善端的引发和扩充作用。他要求人要学会知耻改过，反求诸己，革除恶端的丛生。这样不仅能安顿自己的心灵，而且能找回放失了的"良心"（求放心）。例如，他认为"羞恶之心，义之端也"。如果做错了事知道羞耻，就会重新恢复这一善良的本性。在寡欲、自省、知耻、改过、求放心这个道德教养过程中（扩充善端），人的道德情感就会内化为道德行为的动力。它集中地表现为具有压倒一切邪恶的浩然正气（"吾养吾浩然之气"），以及"富贵不能淫，贫贱不能移，威武不能屈"的道德情操。

现代人类每时每刻产生情绪的过程，都是其自然的适应性同社会联结的综合，是有机体古老的脑（旧皮质和丘脑系统）和现代的脑（新皮质）的共同活动；是人类的自然环境和社会环境对具体人发生影响的交织。① 现代情绪心理学的研究表明，人的情感既具有自然性，又具有社会性。从发展心理学的理论来看，孟子的观点虽不乏臆测的

---

① 孟昭兰：《人类情绪》，41～42 页，上海，上海人民出版社，1989。

成分，但是扩充善端的基本思路对当代早期教育，尤其是儿童的同情心、羞耻感、恭敬心等基本道德情感的培养具有重要的启发意义。

(二)规范内化

古代思想家由于缺乏对情感的机制性研究，因此在论及人的道德情感时往往按照情二端论的模式去考察和进行伦理学意义的分层。这样呈现给我们的就是一种两极性情感状态：一种是卑劣的欲望，另一种是至圣的情操。如何去掉那些卑劣的欲望并使情操升华为理性化的道德品质呢？从诸多的思想家的论述中可以看出，他们都十分注重规范化的内修和调理。关于道德情感教育的有关方法的论述，归纳起来看都集中在这样一条线索上。

(情感)生成—体察—规范、调理、内化

从此意义上看，规范内化含有限制与协调的成分。因为一旦人憎爱分明萌动，势成"波流"，情能成德又何尝不能生恶？因此，即使是内情内化，也必须遵循伦理原则。换句话说，如何进行修身内化是至关重要的。按情感的原始本性是不能规范的，儒家也承认圣人有情，可见情是人的天性。但是，对人的情感形成过程中的动力方向、情感的性质和存在状态，则有必要通过自身的调理去规范它。圣人之所以成为圣人，就情感方面而言，是因为圣人比常人要更注重规范的过程。从修身过程来看，它侧重"反听内视、反观内照"[①]的操作策略。

用什么样的价值标准和价值体系去作为规范的参照系呢？孔子提出了"兴于诗，立于礼，成于乐"这种整体的规范观，并提出了"志于道，据于德，依于仁，游于艺"的规范准则与方法。这是传统的规范内化模式的主框架。按照孔子的设计，如果说"诗"能激发人们的道德情感和体验，那么"乐"就能使人完成道德情感方面的修养。"诗"和"乐"

---

① 蒙培元：《中国哲学主体思维》，41~42页，北京，东方出版社，1993。

能改变人们的性情，感化人们的心灵，使人自觉地接受并实行仁道。这种"游于艺"式的规范内化不正是传统的人文精神的写照吗？在这样一个框架结构里，"礼"就是规范人的道德情感的价值尺度。

许多思想家承认人的欲望，但又主张以道的准则，通过人的内化加以约束和调整，因为道德情感的最显著的对立面就是"欲"。"欲"虽然是常人的情态，但这种情态往往有悖于社会伦理，阻碍着人的道德的完善。既要承认"情"的生活现实性，又必须对不合理的部分加以制约和升华，怎样通过规范内化的过程来消解这种矛盾呢？儒家总结了以中庸为情感规范内化的最高原则，并且认为只有自身的道德认识和道德情感内化成信念，才能达到中庸的境界（孔子认为是"从心所欲不逾矩"）。孔子提倡"欲而不贪"，主张情为理节而不过的"中和之情"。他所说的"乐而不淫、哀而不伤"就是这种原则的具体体现。下面这个事例就能很好地说明孔子对这种模式的运用。一次颜渊"请问其目"。孔子曰："非礼勿视，非礼勿听，非礼勿言，非礼勿动。"然后孔子又说："克己复礼，仁也。"意思是克制个人不正当的私欲就能符合礼，也就能达到"仁"。孔子告诉他的学生，只有以礼制欲、以礼解仁，才能完成人的道德化过程。正如《礼记》所云："道德仁义，非礼不成。"这一语道破了人要成就"仁"道德就要受礼制的真谛。

从本质上说，规范内化已不完全是对非理性层面的"苦思冥想"，它渗透了主体关于外在环境（含文化环境、社会伦理）与自身关系的评价和调整的思想。由察情到知情是评价，用"礼"的价值参照系进行内在观照是对自身情感状态的反思，内化的完成就意味着内外关系的和谐。例如，荀子提出的"性伪合"的观点就包括人的天性、环境规范、社会学习和个人内化等因素的整合过程。从表层上看，这种规范内化似乎是让人去情灭欲，但从人的自求归宿来看是为了形成更合乎人性、更顺达人情的品格。人一旦经过规范内化形成这种品质或情操，就会情志清明、情意谐和。这对人自身来说是"感动人之善心，使邪污之气无有得接"，对社会而言则会起到移风易俗的作用。

（三）知行合一

传统的知、行一般具有双重含义。一是泛指在人类一般的认识活动与实践活动过程中精神性理智活动与主体实践的关系。二是专指在人的道德修养过程中道德认识、道德情意与道德行为的关系。多数儒家侧重于第二种含义。孔子首论人的学、思、习、行的关系，《中庸》将此概括为"博学之，审问之，慎思之，明辨之，笃行之"。这既反映了学、思、行的关系，也规定了做道德之人的步骤。其实际含义是先知后行、知行并重、知行一致。真正把知行合一解释为一种道德教育模式的是王守仁。王守仁的心学体系以"心即理""知行合一"和"致良知"为三个核心概念。他辩证地认为知与行不能分割为二，也不能相互替代；知与行以心为本体而得"合一"。

从相互关系上看，知是行的主意，行是知的功夫；知之真切笃实处便是行，行之明觉精察处便是知。从内容上看，知的含义包括识知、情知、理知，又集中地表现为"致吾心之良知"。这里所指的"知"主要不是指一般的知识性认知，而是包含着道德价值判断和道德情感体验的成分。行便是致良知、畅人情于事事物物。从目的、结果来看，知行而能于主体之中达到"合一"的境界就是意味着某种德性的完成。这样看来，知行合一模式的基本的特征就是知、情、意、行的整体性和及时性（即知而行，即行而知）。

知行合一的哲学基础源于孟子的"万物皆备于我"，后承袭了陆九渊的"宇宙便是吾心，吾心便是宇宙"的观点。王守仁将此发展为"心外无物，心外无事，心外无理，心外无义，心外无善"。也就是说，道德活动是人的内心的情意活动，离开了人的情意活动就无所谓道德。各种道德规范都是由"心"派生出来的，是"意之所用"。根据王守仁的意思，情意是实现知行合一的交结状态，因为情感是品德结构的连接带。他认为"我今说个知行合一，正要人晓得一念发动处便即是行了"。这就是要求人们在克服"私欲"和"一念不善"的问题上，要即知即行。

一个人要成就完美的品德，必须有过人的"心知心行"的心理素质。这种心理素质的根本之处正是在人能处于"一念发动"的"行之始"下功夫，坚定品格，着力用心。这虽然是内向的表现形式，但蕴含着实践的品格。"心上做功夫"是这种模式最具操作意义的特征，心性操存涵养省察克己也属于"行"之功夫。与其他模式相比，最明显的区别之处是，即知即行实际上意味着某种情操德性是在内心动作中形成的，它通过对情意的过滤和融合达到"致良知"（知行合一的本体）。应该说某种意义上克服了"知即能行"的两端论。

（四）情意感通

中国传统的道德观是利他的。在义利的选择上，如果利己就是"小人"，这就是"喻于利"；如果利他就是"君子"，这就是"喻于义"。因此，"推己及人""亲爱泛众""以友辅仁"等人际情理的关怀就成为衡量伦理行为的一种重要尺度，它的重要性甚至在法律之上。这种人与人之间、人与物之间的情意关怀就是情意感通。它作为一种具有模式化意义的道德教育的方法，包含着这样几种沟通的形式：人与人之间的情感互动、人与艺术美的感通共鸣、人与自然界的两情相忘。

1. 人与人之间的情感互动

人际情意感通所体现的核心思想是"仁"，孔子说"仁者爱人"正是指人与人之间的情感性道德关系。它所体现的关系准则是中国传统的人伦体系。长幼之情、兄弟之情、朋友之情、夫妇之情既是本源的伦理之情，又是人际道德化情意感通产生的基础。这是一种以爱护、同情、关怀、感恩为基本情感的互动作用。它通过"回报"（结草衔环）、"以德报怨"等相互感化，以"体谅"（恻隐之心，己所不欲勿施于人）来理解人，以人际情感的认同与共鸣的方式达到人类道德情感的同化。我们通常说，只有动之以情、晓之以理，才能导之以行。这是主体际的相互影响过程：一方面它使对方"求得"良心；另一方面因为自己的德性所能，使自己的道德境界又得到一次升华，产生一种高级情感体验。

2. 人与艺术美的感通共鸣

诗、乐等艺术形式对培养人的道德情感也是一种感通过程。孔子认为诗可以兴、可以观、可以群、可以怨。也就是说，诗可以引发人们比喻、联想，托事于物、激发情感、表达志向。"群"是指诗可以教人改变轻薄忌妒的恶习，培养人的合群精神，引起思想情感的共鸣，增进友谊，砥砺品行。荀子说："乐行而志清，礼修而行成，耳目聪明，血气和平，移风易俗，天下皆宁，美善相乐。"

人的情感是一种变化的"波流"，只有受到客观事物的影响，才能引发道德情感。而且人与艺术的情意感通是被赋予了人格特征的。例如，音乐能使人快乐，让高尚的人引以为快的是道德感的体验，庸俗的人只是为了满足感官欲望的需要。从审美的情趣看，人情美和艺术美的共同旨趣，如淡、雅、拙等何其相似。道家提倡的"大象无形""大音希声"正是人性那种大智若愚、返璞归真的写照。

3. 人与自然界的两情相忘

人与自然间同样也存在主客体之间的情意感通关系，它是以"道"为核心的一种联结。"道"本来就是"天人合一"的最高境界，也是道德人格追求的终极目标。合乎"道法自然"的宇宙法则是令人心驰神往的修身的高峰情感体验。可以说这种感通既是向自然的回归，又是对人性的超越。孔子说："智者乐水，仁者乐山。"这不仅说明了智者与仁者的情趣有异，同时也意味着人的精神品质不同。这种"乐"绝不是一种功利上的满足，而是人与自然间情意的观照与互感、共振。

孔子曾十分赞赏弟子们这种独特的学习方式："暮春者，春服既成，冠者五六人，童子六七人，浴乎沂，风乎舞雩，咏而归。"从庄子的"坐忘"、屈原的"天问"，到李白的"对影成三人"、杜甫的"感时花溅泪"，无不显示出情感共鸣的无限魅力。人的精神性情感同自然界的密切关系在本质上是一种真正的心灵的超越，这种超越是不以物喜、不以己悲的豁达的情怀。这种感通在当今世界是十分难得的，德国批评的"单向度的人"在某种程度上正是缺少这种感通。

以上是对于四种较为典型的情感性道德教育模式的探析。尽管中国传统的情感性道德教育及其模式具有独特性和不容抹杀的价值，但并不等于说它们是完美的。例如，古代思想家并未真正解决道德情感在品德结构中处于何种地位的问题。大多数思想家都预设了两极化的对立之情（欲望—情操），更缺乏对情感发展的过程化的论述，因此就极容易陷入既追求理想人格（内圣外王），又排斥情意的个性特征（忽略甚至抹杀人的基本情感需求和满足）的悖论之中。但无论如何，有一点是可以肯定的：几千年来中华文化在道德上重视情理的教育，对民族文化素质内容的构成起到了巨大的补充作用。如果我们能以历史和现实的态度来考察中国传统的情感性道德教育思想发展的线索，这将为我们建立新型道德教育理论寻找到本民族优秀的德育传统的渊源，为现在重新思考德育问题提供更新的思路。

二、传统美德教育的现代价值

20 世纪 90 年代以来，国内外学术界对传统美德教育的关注程度超过了以往任何一段时期。为什么传统美德教育现在重新变得重要了呢？这里不仅有复杂的现实原因，而且有深刻的哲学根据。

第一，从道德教育的历史线索看，无论是东方还是西方，几千年来都是重视传统美德教育的。现代意义上的道德教育在中国，是从改革开放之后开始的；在西方，一般认为真正反传统是从 20 世纪 50 年代开始的。

北美英语国家的学者称传统美德教育为"美德袋"式教育，形象地比喻用一个口袋把传统道德中的"德目"装起来，以这些"德目"为内容进行道德教育。西方道德哲学有两大基本流派：一是德性伦理学，二是律则伦理学。以亚里士多德为代表的德性伦理学认为道德与人的情感、习惯有关，美德靠习惯、情感陶冶而成，道德教育以德目教导、教化的形式进行。而以康德为代表的律则伦理学主张人的道德形成靠理性对道德律令的服从。但无论是在东方还是在西方，重视德目形式的道德教育长期以来占据主导地位。20 世纪初，这种传统的道德教育首先是在美国遭到了责难。杜威提出学校教育不能与生活脱节以及学校道德教育要改造的主张。他认为道德知识必须与"关于道德的知识"加以区分；道德教育不是关于道德知识的教育，而是真正给人道德知识；道德知识是包括行动在内的知识。因为道德教育不仅需要人去做，而且需要道德情感方面的变化，还要形成信念。即道德教育是使人在道德上发生转变的过程，而不只是给予关于道德的知识的过程。可惜这一思想多年来很少引起人们注意。

人类历史行进至 20 世纪 50 年代，传统道德教育难以维系。第一，皮亚杰提出了发生认识论，认为人的成长、发展主要靠认知发展阶段的变化，儿童的发展以认知发展阶段为标志。接着，科尔伯格沿着皮亚杰研究儿童道德判断的路线，提出了儿童道德认识发展与道德教育的理论，对美国学校道德教育产生了广泛、深刻的影响。他的理论使人们认为道德教育重要的是提高人的认知发展水平及道德判断、选择的能力，单靠"美德袋"式教育行不通。所以，20 世纪 50 年代初至 60 年代末，学校道德教育占据主导地位的是认知发展理论及其模式。但到了 20 世纪八九十年代，美国道德教育理论和实践出现转向。其原因是由认知发展理论所主导的道德教育实践存在不少问题，中小学道德教育的实效性并没有提高，道德水平仍然在滑坡。中国的道德教育也存在"美德袋"式教育的问题。改革开放之后我们借鉴道德认知发展理论，同样碰到不少问题。问题究竟出在哪里呢？麦金太尔在其《德性之后》一书中分析了亚里士多德提出的德性的概念，分析了近现代以来德性教育的成果，特别是当代对德性的诋毁所造成的现在道德教育中的问题，提出了现在的道德教育要在一定程度上回到亚里士多德时代、回到德性伦理学时代、回到德性论时代的主张。

第二，从现代人生存方式的改变、现实人生活中德性失落的现象看，传统美德教育的价值凸显了出来。随着当今科学技术的发展，尤其是高新科技的迅速发展，人们的生存方式发生了前所未有的改变。网络化使世界变成地球村，使人的生存时空拓展。人不仅生存于现实的社会中，而且同时生存于由网络构成的"虚拟社会"中。通过网络，世界向个体开放，个体也向世界开放。这样多元文化的碰撞、多元信息的交流往往突破了人原有文化价值体系的疆界，特别需要不同文化背景的人之间的尊重与认同、借鉴与改造。与此同时，经历史文化积淀，具有人类共同性、普遍性的道德价值特别需要经过教育而被接受和内化。

第三，现在青少年的道德现状既有可欣赏、可鼓励的一面，也有令人担忧的一面。现在的孩子生长在一个社会经济、科技文化极大发展的时代，他们乐于接受新事物，主体意识、平等意识增强。他们有自己的独立意识，有一些新的道德观念，其中就包含着新的社会、新的生产方式和生活方式的萌芽。其实孩子有着许多值得成人学习的地方。所以"向孩子学习，两代人共同成长"在现在就是一个值得大力倡导的教育观念。"信息化社会决定了两代人的双向社会化，成人'化'孩子，孩子也'化'成人。"①但是，青少年身上存在的问题也是十分突出的。例如，日本 20 世纪 70 年代末对青少年问题的研究发现，高科技的生产方式使人看不到艰苦的生产过程，因而难以培养出认真做事的品质。

面对这样的现实，我们的道德教育应该怎么办？我们需要返回到传统美德教育，反省传统道德教育，返本而开新。我认为传统美德是指那些体现在个体身上的、随着时代变迁仍然能积淀下来的、相对稳定的，并能有效地调整人与人、人与社会之间关系的道德品性，如诚实、守信、勤劳、节制、谦虚等。它的特点是具有普遍性、根基性、共同性，具有调适人们日常生活方式的适切性。因为传统美德最贴近人类的天性，作为文化，它在人类的漫长演进中渗透到人类的生命体中，成为人类的获得性遗传的文化特质，构成了人类独特的心理基础。它也是重要的人类学、个体心理和文化学基础。人类独特的心理与传统美德是最吻合的，因而也就最适合这类美德的生长。因此，传统美德既古老，又具有时代感，具有旺盛的生命力。

值得注意的是，主张现代道德教育以传统美德教育为根基来建构，并不是简单地向"美德袋"式道德教育回归，而是在历史的发展过程中，在对过去的道德教育反省和理性思考的基础上的高层次复归。它舍弃了对美德内容做单向灌输的传统封闭方式，具有现时代的民主性、开放性特征。

三、传统美德教育的情感层面

为什么传统美德教育关注情感层面？第一，情感在德性成长中至

---

① 中国青少年研究中心：《向孩子学习》，200 页，昆明，晨光出版社，1998。

关重要。在一段历史时期"美德袋"式教育之所以受到质疑的一个重要原因是，它忽视了学生的主体性，忽视学生自身的情感体验，把学生作为一个容器来灌输。西方 20 世纪 80 年代以来道德教育传统回归显示的是批判性地回归。亚里士多德的美德论认为，美德不仅是"知之"，而且是"乐之""好之"。如果只是知之，而在情感喜好上并不趋向之，就不能说美德已经形成。在亚里士多德看来，道德外部行为的内部相应"心态"是重要的：必须是有意识的选择和下决心坚持到底。生活经验告诉我们，只有道德认识、道德思维是不够的，道德教育必须激发主体的内在动机、内在生命体验，让主体处在真实的关系中不断产生、积累、孕育情感经验，进而发展美德。

第二，道德学习与科学学习是不同类型的学习，道德学习有其特殊的机制。因为道德具有情感性，所以它转化成人的德性、美德的过程就不同于人们认识、学习知识的过程。它必须有情感上的认同、接纳，否则是不会真正内化为个人的品德的，正所谓"行道而得之于心谓之德"。情感不仅支撑着人的道德认识系统，而且在知向行的转化中也起着巨大的推动作用。所以在德育中，情感大多体现为以非理性的心理形式，即主体的欲望、情绪、情感、意象等来表现理性的内容。

传统美德教育如何关注人的情感层面呢？我们需要特别重视人的情感体验。这是因为道德教育一定要以人的情感体验为中介，通过体验才可能把道德教育内容带进个体的生活情境，与个体的生活经验及感受联系起来，从而使个体不仅理解价值，而且体验价值、力行价值，最终落实到行为。那么，与德性生成有关的情感体验的类别有哪些呢？我们把积极的情感体验分成三类，每一类包含 A，B 两组。第一类：A组，联系感、依恋感、安全感；B组，自我认同感、悦纳感、自尊心、自信心。第二类：A组，同情、移情、共通、分享；B组，友谊、责任、利他。第三类：A组，敬慕、敬畏、分寸；B组，秩序，格局，节奏。当然，这样的分类只是我们在研究过程中基于经验而得出的粗糙认识。

情感体验有多个发展阶段。第一阶段是情动—感受。此阶段相较容易操作，主要提供有感染力的感受源；让学生打开五官感觉，开放感受，波动情绪。其中，视觉记忆非常重要，眼球的潜能非常大，听觉记忆也很重要，因为人的听觉神经发育得最早；任何一次感受都会在大脑皮层上留下痕迹，真的感动在一定情境下会再现或被唤醒。这是因为右脑加工的信息部分会进入潜意识，虽然不在前台，但日后可能会再现。第二阶段是体验—理解。一个人白天产生的感受，晚上再回到那个情境中去思考，反思感受，认识感受，思考感受，结合生活经验感受，这种再感受就变成体验式的理解。第三阶段是价值体系化。小学阶段主要是情动—感受，初中、高中阶段应有日益增强的体验式理解，大学阶段则可能形成体系化和人格化的价值。人在年轻时所持的价值观往往变化较快，成年后则会形成较为稳定的、连贯的价值体系。

情感体验的载体主要有两种：一是环境，二是活动。前者主要指德育工作者给学生创设满足其归宿感等的氛围，后者是指让学生自己去主动参与。德育的问题主要是学生自主参与的问题。学生在好的生存环境中容易生长出安全、依恋、归属、自信、自尊等生活感受，而这些感受构成其德性成长的基础。学生有没有安全感、归属感必然与有没有自尊、自信联系在一起。而在这点上我们一些教育者是不顾及的，他们总是着力于怎样把规范教给学生，而轻视学生的生存关系。这很难给学生安全感、归属感、尊严感，结果当然事倍功半。这些年来我国的德育有进步，但还不够。学生对学校组织的活动往往有三种态度：学校组织的活动，学生不得不参加；学校组织的活动，学生比较爱参加；学校组织且启发学生自主活动，学生可在活动中有所体会。然而还存在仅仅满足于组织活动的现象。我们需要组织活动，但不止于组织活动。我们的道德教育一定要让学生走出课堂，进入广阔的社会生活中去，让他们在其中感受道德、践履道德，选择行为方式，在活动中发展品德。我们的道德教育必须调动学生的主体性，吸引、激发学生主动、积极地参与进去，让他们真正地活动起来。真正有了感动、有了理解，这样的活动才是有意义的活动。

四、传统美德教育的研究方法

在科学研究工作中，中小学教师与专业研究人员是不完全一样的：不仅在知识结构、文化背景、心理准备方面不同，而且在时间、精力、条件和工作性质方面也很不相同。中小学教师从事科学研究工作的目的主要是改善实践，使自身的教育能力在改善实践的同时获得提高。教育能力包括教育认识能力和教育实践能力。通过科研活动，中小学教师能够走近教育对象，去琢磨他们、认识他们，并将自己的教育工作进行向前的伸展和向后的反思。这是提高教师教育能力的重要过程。教师通过教育认识的调整也会调整教育实践。所以，中小学教师从事科研工作有着理论工作者所完全不能替代的功能，但问题的关键是找到一条适合中小学教师做科研的途径。这主要靠中小学教师自己的探索。我们十分愿意走出学院式的研究，与中小学教师一起进行探索。对此，我们的建议是多做行动研究。

科研方法大致可归为三类：一是常用的方法，如文献法、观察法、调查研究法；二是实验研究法；三是现象研究、活动设计、经验反思式研究。行动研究并不是一种独立研究的方法，而是一种教育活动，是专家和一线教师一起制订行动计划，共同设计研究方案，共同组织和参与研究过程，共同分析和总结研究结果。这种研究可以随着研究过程的展开，根据实际问题的具体变化，不断地、及时地调整研究方案，力争以最有效的形式及时地解决问题。行动研究有三个特征。第一，为了行动而研究。这一点特别重要。中小学教师的科研基本上不是为了生产教育知识，也不是完全为了追求知识的增加，而是通过研究去改善教育行为。教师是行动研究中的主体。在行动研究中，教师若能充分发挥主体作用，就会发现许多很有价值的东西。第二，关于行动的研究。行动研究不是对书本上某个概念的研究，而是对行动本身的研究，是在行动中去寻找行动本身的问题。譬如，传统美德教育研究课题中有哪些问题值得研究？这些问题不是来源于书本或专家，而是来源于实际中的发现。教师要发现行动中的问题，对哪些问题值得研究要有敏感性。第三，在行动中研究。行动研究的目的是关注行动的改善、学生的发展、教师的成长。具体而言，研究问题时一定不能求大，把一个细的问题研究得透一些就是一个成果。把每个子课题分解成若干个小题目，研究出一点东西来也是成果。譬如，尊敬老师的表达方式是怎样的，一至六年级学生孝敬父母的方式有何不同等，都可以成为研究的题目。

在传统美德教育研究中，教师采取行动研究的好处在于，教师是学生生存空间里非常重要的社会角色。教师与学生朝夕相处，是学生生存关系中很重要的引导人。教师在行动研究中作为主体介入，可以将研究者本人的期待、价值倾向、道德引导作用带入研究。行动研究中不是只研究学生静态的、现存的品质，而是研究学生品质在动态过程中的变化以及变化中的机制。在动态的研究过程中，教师给予干预、调控和设计，并针对干预与事实之间的变化及时调整；对学生道德品质变化的过程及这一过程中变化与教育的关系、学生品德进步与所施加影响的关系，加以把握、认识、总结和概括。这是行动研究的优越性所在。所以我们倡议中小学教师更多地以行动研究来从事科学研究工作，进行传统美德教育研究。

第五章　当代中国的情感教育

　　东方民族的教育传统一向重视人的素质提升，其基本目标在于形成现实的道德人格，重视人的情感因素，发展人的情感品质，以构成人性成长的内在根据。从这个意义上说，中国是一个素有情感教育历史的国家。当代中国情感教育的再度兴起有十余年时间，有着十分显著的特点。它是比较自觉地将哲学理念、科学实证与教育改革实践紧密结合起来，由三支队伍，即专业研究者、教师、教育行政人员，自觉地站在东西方文化相互碰撞的时代，进行系统的工作、思考和研究。因此，我认为这一次情感教育的兴起方向比较明确，理念健康合理，并且以研究带动教育发展。它克服了历史上某些片面性、非科学性和唯科学性的现象，方兴未艾，是一次大有希望的情感教育的思潮和实践。

一、当代中国情感教育的社会基础

　　20 世纪 80 年代初的中国教育经过"文化大革命"，转入新的发展轨道。各级各类学校提倡以教学为中心，开始注重教学质量，取得了一定成效。与此同时，以"应试"为主要目标的教学日渐显露弊端，表现出偏重认知、忽略情感的倾向。这种教学存在如下弊端：在教育目标上重知识灌输，轻价值传递和情感陶冶；忽略学生与教师、学生与学生之间融洽的人际交往关系，使学生的情感需求得不到满足；评估值标准单一化，重卷面分数、轻综合素质，致使学生的兴趣、特长得不到肯定；使学生的知识面变得狭窄，动手能力不强，创造力弱，在个性发展上依赖性重、独立性差，社会责任感不强。

学校教育及其学生发展的上述状况既不是对中国优秀教育文化的继承，也未能将西方发达国家 20 世纪 80 年代以来反思现代化的积极成果吸纳进来。相反，它是东方文化传统中落后、消极的教育价值观与西方教育中现代功利主义与唯认知倾向的不健康嫁接，是东方式的读书（"唯有读书高""读书做官"）—应试—出人头地的文化价值模式与西方式的个人本位、理性至上、客观效准观念的奇特结合的结果。它造成科学与道德的背离、知识与能力的反差、认知与情感的失调；以牺牲情感、个性、身心健康为代价，造成大批学生被动学习；从内在动机系统上危及人的社会化进程，危及人的自我持续发展。面对这一状况，一批有事业心的校长和教师开始尝试：有的从改善学校中的师生关系入手，有的从教学内容与生活的联系入手，有的从教学活动创设好的教育情境入手，还有的从教学过程与学习活动引起学生兴趣、让学生快乐和积极配合的情感入手。其中，最为突出的是南通师范学校第二附属小学李吉林老师独创的情境教学和上海第一师范学校附属小学倪谷音校长开创的愉快教育。虽然当时他们并不把自己的教学改革与实验叫作情感教育，但是根据其教育目的、方法及其特征，可以认为这些就是当代中国情感教育的实践尝试。

应当说，中国进行情感教育是有着深厚的文化基础和思想渊源的。中国情感教育的历史可以追溯到春秋战国时期。当时孔子提倡仁爱思想，开辟了情感教育的先河。中国传统教育蕴含着以人性为本、情性相依、情理合一、情意互通的内在因素，这些人文精神和情感教育的思想正需要我们去挖掘、继承和弘扬。在近代教育中，以蔡元培为代表的近代教育家吸纳德国康德以来的哲学审美思想，在中国主张"以美育代宗教"，强调学生要从小受艺术的陶冶和人格感染，通过美的情与景实现道德人格的发展。

1949年年初，我国政府将"五爱"(爱祖国、爱人民、爱劳动、爱科学、爱护公共财物)确立为公德。人民教育家徐特立为此发表专论，阐述"五爱"公德的内涵和深刻意义。后来，"五爱"作为公德，被写进了宪法。可惜，在一段时期内，情感教育受到了忽视。这需要我们深刻记取，深沉反思，科学剖析。

历史要求我们继承东方文明的仁爱教育思想，使之发扬光大；时代要求我们吸收世界文明和科学成果，去开拓情感教育的新领域，重视情绪和情感在人的发展中的地位和作用，联络在情感教育上的志士仁人，形成具有中国特色的情感教育研究和实践操作的科学共同体，从不同的角度去探索情感教育的道路，为建立完整、科学的情感教育理论体系做出努力。

二、当代中国情感教育的哲学思路和建树

我们通过分析情感与智能的关系、情感与认知的关系、情感与认知学习的关系、情感与教学活动的关系，认为完整的教育过程是由逻辑—认知与情感—体验共同构成的。从全球的教育状况来看，在相当长的一段时期，教育受到功利主义价值观的影响，重理性知识的传播，轻情感经验的积累，重语言、概念、逻辑推理能力的训练，轻情绪感受能力、情感表达能力的培养。唯理智化、单一化、一律化、程式化的教育模式导致人的片面、畸形发展，与已经到来的信息化社会、终身教育的社会需求是完全不相适应的。因此，情感教育不仅是教育的

具体方法问题，而且是教育理念的问题，首先是教育哲学问题。过去人们主要把人的情感及其发展当作心理科学研究的范畴，在教育学理论中很少系统地研究它。现在我们必须用哲学的眼光审视人的情感发展，使之成为一种明确的教育理念和自觉的教育意识。

情感教育是一个与认知教育既相对又相融的教育概念，它把情感作为人的发展的重要领域之一，对其施以教育力量，促使个体的情感潜能在新的教育氛围下发生新的质变，达到人的素质的整体性提高和人性的完满发展。情感教育不只是操作层面上激发情趣的教育教学艺术，也不只是个体情绪与感觉技巧的操作训练，更是着眼于人的情意潜能综合开发和整体素质全面提高的一种教育思想、教育理念和教育体系。情感教育作为一种教育思想，追求在人的生物学前提与社会本性的基础上，通过教育使人实现道德化、理智化和审美化的完满。情感教育追求真善美的高度统一，追求精神世界中情感和认知的协调发展，追求理性和非理性的和谐结合，追求生命的奉献和享用的共存，使人生丰实而完满。

情感教育作为一种教育观念，能辐射到教育活动的全领域、全方位、全过程。这一新的情感教育观认为，在个体成长的过程中，接受教育影响的方方面面无不渗透着情感因素，无时无地不伴随着情感的参与；情感发展与认知发展并存，情感教育与认知教育相融。情感教育渗透于德、智、体、美、劳教育之中，使原来分离的诸育实现功能性统一，以使人的情感与人的生存发展的道德关系、认知关系、审美关系、价值关系实现最佳的融合状态。与此同时，作为整个教育中的一个独特的领域，情感教育有不同于认知教育的目标、教育机制、教育过程和教育模式。

情感教育追求的目标是，经过知性中介而使人的情感与理智平行发展，互为手段、互为目标，直至达到高理智、高情感的发展及平衡。

为实现此目标，需要有相对独立的目标体系、教育机制和教育过程，还有各具特色的教育模式。通过情感教育新体系的建立，情感能在个体发展中发挥其最佳功能，达到发展的理想水平。情感教育又是开发情感潜能的教育。这种潜在情感能力的发展需要创造好的教育氛围，建立特有的教育体系，使情感在与认知的融合中得到最佳发展。总之，情感教育既是一种教育思想、教育理念，又是一种新的教育体系，是教育科学和教育艺术在新的层面上的融合。

情感教育是针对我国教育实际和教育研究中的薄弱点而提出的教育价值观。我希望情感教育成为教育专业人员与大众的一种教育意识，希望通过它改变千万所学校、亿万个家庭在期望、评价标准上对青少年唯认知发展的偏向，从而使我们的后一代在个性发展上更全面、更健康，对认知学习、对学校、对教师不再产生消极情绪，对他人有积极、善意、合作、负责的态度与情感同化能力，对自己能自知、自爱、自尊、自重，成为自信、自强和性格刚毅的人。

情绪、情感对人的发展有什么重要意义？对人的情感发展为什么要有教育关怀？我们将从现代科学中的情绪生理学、情绪心理学、脑生理学、神经生理学、发展心理学、认知心理学、审美心理学、社会心理学、文化人类学等方面收集到的各种资料进行分析、比较、综合，认识到情感是人类生存发展的适应机制，是认识发生的动力机制，是行为选择的评价和监控机制，是生命质量的享用机制。这些机制的运行和功能的发挥对任何人来说都不是自然成熟的结果。无论从哪个方面来看，情感发展都需要教育介入。从生物—生理方面来看，情绪、情感在遗传或非遗传生物学方面的基础性发展都需要教育训练，使与人的情感发展有关的大脑额叶前部及其神经活动发展成熟或完善优化。从社会心理方面来看，个体社会化最难之处在于情感适应。我们可以通过对婴幼儿的情绪在识别、控制、表达、移情等方面进行早期训练，加速并健康地推进人的社会化过程。从历史—文化方面来看，情感的喜厌实质是人的价值观念的反映。用什么样的文化内容与方式引起人的情感经验定向积累并不断重组改造，最终将影响人的价值体系乃至人格的形成。因此，当代情感教育把情感理解为一个情绪、情趣、情调、情愫、情操的连续体。它包括兴趣、爱好、动机、愿望和感受、体验、心向、态度选择、价值观念、意志信仰等较为广泛的精神领域，不局限于心理学意义上的情绪和情感。我们认真梳理了人类历史上出现的各种情感教育形态，认为历史上大致相继出现过无意识形上形态、伦理道德形态、审美形态、宗教形态和科学理智形态的情感教育。当代情感教育应在分析各种历史形态的基础上，舍弃其不足，强调其融合互补，吸收其合理的内核，在融合互补中加以优化、创造和提升。比如，我们强调情感教育应重视人的自然适应性，认为人的需要是最直接地制约人的情绪的。我们应当把适应人的需要，把控制、调节、引导、提升人的需要作为情感的事实性状态与应该性状态之间相互转换的真实通道。但是，我们并不因此就否认人的理性层面，甚至像非理性主义那样过分夸大失去理智控制的欲望的价值。我们不主张把情感看成非理性的范畴，而认为健康的情感是认知与情绪的合理交融，是理性与非理性的自然的统整。我们既把情感教育看成对完美教育理想的追求，又把它看作对现实生活中真实人性的引导。即情感教育会对人在情绪基调、情趣爱好、动机心向与态度选择等方面进行引导，让人在伦理亲情、认识兴趣、合作愉快、创造冲动、审美体验、理想憧憬等方面不断获得积极的情感经验，以逐渐形成一种情感发展上有价值遵循和价值旨归的"定式倾向"。

对于情感教育的理论研究，20 世纪 90 年代初我首先从哲学理念形态方面做了较系统的、较完整的梳理。我所著的《情感教育论纲》被专家认为是一本从哲学层面研究情感教育及其机制的著作，在其他国家受到重视。我还就其中部分内容与俄罗斯、日本、加拿大、英国、美国等国家的学者进行过学术交流，该论著被翻译为俄文、日文、英文出版。该论著的基本思想对中国的教育实践，尤其对中小学和幼儿园的教育实践带来了重要影响。江苏省和上海市及其他不少地区的学校以这本论著的教育哲学观念和设计为指导，从情感和认知协调发展入手进行素质教育模式的探索，取得了可喜的成果。在此之后，张志勇所著的《情感教育论》、卢家楣所著的《情感教学心理学》、梅仲苏和段蕙芬主编的《爱国情感教育心理学初探》等专著相继出版。它们将不同学科关于情感现象的科学研究与现代教学原理、德育原理相整合，提出新的情感教育主张，而且融入大量可供参照的、具有不同概括层次的国内外的教育经验，很适合中小学教师阅读。

三、当代中国情感教育的方法论特征

现代科学常常将人的情感发展归于心理学研究，而现代教育理论中较少研究和表述。我们则吸取当代情绪心理学、脑科学、文化人类学和社会学的研究成果，试图对人的情感结构、情感发展进行多层次、多维度、多侧面的分析，分别从内侧度与外侧度上提出情感发展的教育目标。

在内侧度方面，健康情感依传统哲学的分类包括道德感、理智感和审美感，但在现实生活中的具体个体身上表现为自我认同感、归属感、依恋感、尊严感、友谊感、敬畏感、成就感、创造欲、美感、幸福感等。情感教育虽然需要依赖一定的认知水平，但从根本上说，它发生在人与自然、人与社会、人与他人、人与操作对象、人与自我的关系中。只要情感教育激活唤起人的内在感受，让人不断地体验和理解，这类有一定思想价值的情感就会渐渐积淀、凝聚为人的人生观和生活态度，并逐渐成为定势化的、与价值观念相一致的人格系统。我们将此概括为"感情充予律""情动感受律""移情体验律""意义享用律""定向孕育律"五大情感教育律。

在外侧度方面，我们提出"情感能力论"，认为虽然情感是内隐的、变动的、由个人独享的，但一旦成为人的较为稳定的心理素质时，它可以表现为不同功能状态上的发展水平。我们将其称为情感能力。家庭和学校的情感教育应着重培养情绪辨认能力、情绪调控能力、感受体验能力、移情共鸣能力、情感表达能力、情感想象能力六大能力。在上述各种能力中，以移情共鸣能力为核心的受爱能力与创爱能力是人格的核心要素，也是整个能力结构中的主要能力。各种情感能力的培养主要是在人的实际社会交往和生活实践过程中进行的。因此，教育要为人们创造和提供各种交往机会，扩大人们的生活经验。同时家庭、学校的教育中也可以采用一些有效的方法技术对人们的情感能力进行训练。

人的情感虽然具有不可重复性，但是情感教育操作则可以有一定的重复性。几十年的神经科学研究指出，神经系统在整体上是一个自我封闭的系统，每个人都有与他人类似的身体结构和大脑结构，人与人可以相互沟通。我们相信，一定时期、一定文化背景下的个体有建立相近的情感模式的可能性。因此，除了从已有的各种科学资料中分析、综合、提炼出情感教育的机制和方法外，20世纪80年代中期以来，我国教育科学研究者与中小学、幼儿园教师合作进行实验设计，包括哲学理论假设、操作变量控制、教育干预措施，还包括课程安排、教育节奏调整、校内外人际关系协调以及各种有针对性的专门训练的设置，对学生的情感发展变化进行观察、实验、跟踪记录；做类型学分析，并对特别有典型意义的个案进行深度访谈、生活史整理、作品分析，对其中可以量化的数据采用数理方法统计、建模，对不能量化的则设计表现性指标体系进行评估，如对儿童移情能力、感受体验能力的状况及其发展的测量就使用表现性指标体系。以梅仲荪为首的研究人员对儿童爱的本质和形成过程以及对爱的能力的培养、对中小学生爱国主义的情感基础及其教育进行了长期研究，提出爱国情感三维结构说，设计出一整套培养和检测爱国情感发展的实证研究与教育方案，并予以实施。他参与主编的《爱国情感教育心理学初探》获得上海市第五届教育科学研究成果一等奖，撰写的《试论爱国情结文化——民族文化和爱国情感培养的研究》获中美联合举办的"文化与伦理道德"应征论文优秀论文奖。

四、富有中国文化特色的情感教育模式

20 世纪 80 年代中期以来，我国掀起教育改革和实验的热潮。这些改革和实验都以学生素质的全面发展为目的，被称为素质教育。素质教育的实践样式丰富多彩，切入口不尽相同。其中许多改革和实验之所以成功，都是因为它们较好地处理了教育和教学过程中认知和情感的关系，重视学生在情感、意志品质上的发展。它们明显地继承了中国传统教育中重视情感因素的文化特征，同时有开放的心态，吸收西方教育中的优秀成果，体现着健康的文化融合与整合。这可视为当代中国有特色的情感教育模式。

(一)乐学教育模式("愉快教育"的亚模式)

孔子是最早提倡"乐学教育"的教育家。他主张"知之者不如好之者，好之者不如乐知者""学而时习之，不亦悦乎"，提倡"学而不厌，诲人不倦"的精神。江苏省无锡师范附小以爱学生为起点，培养学生的学习兴趣、乐趣、情趣、志趣，美化教育教学过程，鼓励学生的成就感。教师乐教、善教，学生乐学、善学；教师精讲，学生巧练。教师采取多种教学方式和手段，激发和调动学生的多种感官参与活动，使

学生从学习活动本身体验到学习的乐趣和满足，同时又能扎扎实实地打好基础。

（二）情境教育模式

该模式的创造者是南通师范学校第二附属小学语文特级教师李吉林。她在语文教学中吸收中国古代文论中"意境说"的思想（所谓"文之思也，其神远矣"），将教材中所体现的真、善、美思想借助情境让学生易于接受。由于有一个学生可以直观和感受的情境为中介，课本中抽象的语词概念、符号逻辑易于还原、体现为丰富的生活经验。这些情境贴近学生的生活实际，不仅使学生的学习效率得到了提高，而且也在浓厚的情感氛围中使学生的思想情操得到升华。教师可以利用各种方式设置情境，如人物扮演、音乐模拟、实物演示、图画再现等。目前，这种模式已由语文教学向其他学科延伸，从课堂教学向课外活动延伸。例如，进行专题性大单元教育活动，利用教育教学内容中的"相似块"，将其结合在一个主题下，加大教育的力度和密度。

（三）和谐教育模式

该模式的创造者为无锡市五爱小学的校长和教师。其哲学思想基础是将孔子"礼之用，和为贵"的主张和柏拉图"节奏与和谐使人心灵宁静、温文有礼"的思想兼收并蓄，借鉴苏联教育家苏霍姆林斯基的思想，同时强调建立和谐关系是一个运动和创造的过程。该模式把"和谐教育"作为教育价值观、教育理想来追求，努力整合学校系统中诸多要素和各层次的关系，从物化环境到人文环境都是和谐而有美感的。其中师生关系的和谐最为基本和核心。该模式坚持中国传统教育中教师的严格与主导作用，以有意识地凸显师生之间知识和能力的差距来引起学生学习的渴望和兴趣，然后提示点拨，引导学生自学。整个教学过程利用各种形式、因人而异的评价来影响个体并将其转化为适合个体的积极评价，最终化解师生之间教与学要求上的差异引起的内在对立和矛盾，使其趋于统一，即平衡与和谐。

（四）自主教育模式

自主教育模式是中国学校素质教育实验中的一种主要模式，其变式有"自我教育""小主人教育""主体性教育"等。其哲学基础是西方近代以笛卡儿开其始、康德终其端的主体性哲学，以及中国哲学界继承马克思、恩格斯历史唯物主义而阐说的实践唯物主义。该模式认为素质教育不同于应试教育的根本在于把学生看成学习、发展的主体。独立自主性是儿童个性化的核心。自主感体验是一个人快乐的源泉。因此，学校应注重让学生参与整个教育教学过程，参与从学校到班、组以及对自己的管理；让学生乐于参与，也能够参与。在具体措施上，学校应增设课外阅读指导课，增设趣味数学课和"快乐的周末"活动，削减指令性作业，增加弹性作业；让学生轮流做班级的干部和各种非正式群体的领导者，自己办报纸，自己建广播站、图书馆，去做读报员、宣传员、农技推广小帮手等。通过承担实际的角色任务，学生的知识面、自理能力、自治能力大大增强。该模式刻意探索的主题是走向儿童自主的"王国"。

（五）交往教育模式

该模式试图改变学生交往能力差、心理封闭、知识面窄的现状。其哲学基础除马克思关于科学、艺术、交往是人类三大精神实践形式的思想外，较多地吸收了当代德国哲学家哈贝马斯的教育哲学思想。学校根据不同年龄、学龄交往发展的实际水平与需要编制出供各年级使用的交往教育教材，开设课程，从交往思想、交往态度、情感交往技能包括交往语言几个方面对学生进行专门训练。同时，学校应更多地从教学、教育组织管理形式，如利用课堂小组学习、课外各类兴趣小组、社区服务志愿队等，为学生提供广阔的交往空间。这不仅能培养学生自主活动的意识和能力，而且能让学生把他人看成主体，尊重他人、理解他人，从而让学生以开放的视野和胸怀对待生活。

（六）成功教育模式

该模式的创造者为上海市闸北第八中学校长刘京海。他认为，绝大多数学生的智力水平相差不大，只是智力潜能的方向不同、表现风格不同，学生在校学习出现困难主要是此前的失败经历造成的。为了减少学生的习得性自卑和失败者心态，教师在教学中运用"低起点、小步子、多活动、快反馈"等方法，增加学生动手、动口、动脑、参与学习的机会，同时在课外开展多种形式的活动，为学生满足兴趣、展示特长、获得成功体验提供机会。该模式较好地吸收了西方文化中重视和满足人的成就动机的思想，利用西方心理学中积极自我概念的理论形成自己的"教育爱"理论——热爱学生不容易，热爱存在学习困难的学生更不容易。教育爱的过程正是学生形成、发展自我观念和积极自我态度的过程。成功教育模式对办好生源基础薄弱的困难学校的效果甚为显著。

（七）审美建构模式

该模式的创造者是由江阴市实验小学。该模式旨在挖掘、调动学校教育教学过程中的审美因素，引起学生右脑与左脑的协调活动与发展，使学生的逻辑理智能力与情感审美能力互补并得到发展。从课程组合、排列，各类课程的课时到呈现方式都极其讲究艺术化。鉴于许多家庭让孩子学习民族器乐，学校有高水平的儿童民乐团，有各种民族工艺品制作兴趣小组。孩子利用一草一物进行手工制作，有着十分丰富的想象力。该模式认为，艺术会对人的智慧和心灵产生综合性影响，艺术的影响可触及人的精神的任何角落，艺术能造就完整的个性。

（八）生活教育模式

生活教育模式以美国教育家杜威的"教育即生活"和中国教育家陶

行知的"生活即教育"的思想为依据，认为当代学校教育存在的主要问题是学校教育与儿童的实际生活脱节。一方面，学校教育不能培养、造就走向社会、善于生活、适应社会的人。另一方面，由于教学内容、教学方法不符合儿童的实际生活及其心理需求，儿童在学校生活中产生不利于身心发展的消极情绪。特别是那些地处农村或靠近农村的学校，如果照搬城市学校的教育内容和方法，上述问题则更加严重。

因此，该模式致力于从课程设置开始，对整个教育教学过程进行改革。他们设置"生活基础"综合课程，按不同年级学生的身心特点、生活范围及其经验的特点，教给学生积极的生活观念，让学生养成良好的生活习惯，学习和掌握必要的生活技能。"生活基础"综合课程融合了各学科中与儿童生活实际密切相关的知识。学习这类知识的方法主要不是逻辑认知，而是社会认知，是觉知，是操作练习，是情感态度上的体认。一些农村学校则更加具体地培养学生适应农村生活的行为、习惯和技能。

我们相信，正是情感教育可以有力地从人的内部动机——态度系统保证素质教育的健康施行。我国的情感教育在政府全面推行素质教育，将教育视为文化建设的基础工程的背景下定会有更好的发展氛围和前景，必将在更高、更深、更广的层面上显示它的科学魅力和强劲的教育生命力。

第六章　中小学情感性素质教育模式

一、情境教育与人的情感性素质

素质教育是人类教育中一个古老而又不断被赋予新意的话题。在不同社会发展阶段，教育培养的人的素质在内容及结构上总会不断变易。但是，素质结构的心理形式则是恒定的，一般有认知、意志、情感三分的说法。我则赞同以认知、情感两分的说法，认为所谓意志不过是认知与情感相互作用的体现，因此把人的素质结构在心理形式上分为认知层面和情感层面，并依此把反映一定思想内容的人的认知发展水平和情感发展水平分别称为认知性素质和情感性素质，认定人的素质一定要由认知性素质和情感性素质共同体现。人类教育活动在相当长的历史时期都有教化情感的传统，无论是东方的儒家、道家文化还是西方的基督教文化都是如此。随着西方近代工业与科学的发展，教育的情感层面日渐衰弱，教育开始撇开情感片面地讲认知发展，从而走上了唯认知理论、唯理智主义的道路。现代教育一方面拥有传递知识、选择人才的高效率，体现出与现代化进程相一致的工具理性功能；另一方面又日渐显露出与生命意义相悖的内在矛盾，使教育内含的价值理性功能得不到应有的发挥。情感以其与个性生命活生生的联系，以其比逻辑——理智先在的地位，以其作为人的动力系统的优势，打开了通往价值理性的道路。也就是说，知识和认知学习如果不伴随积极的情感活动，那么它们对人的生命价值、对社会的功效都是不能实现的。

20世纪六七十年代以来，世界性教育反思已经提到，现代人的教育不能是忘掉了另一半、牺牲另一半的教育，即不能偏重认知、忽略情感，强调科学、忽略道德，必须从工具理性、唯理性的片面取向回到完整理性上来。美国、英国等国家纷纷开始实施情感教育。各国对自己的情感教育的界定不尽相同，但共同认为学校教育不仅要关心儿童学到了什么知识，而且要关心儿童学习时有什么感受，希望儿童形成与学校、教师、同伴积极合作的态度，使儿童不因为学习书本知识而割断与自然、社会、生活的联系，使儿童形成社会性情感及审美情感等。

我国中小学教育在"文化大革命"结束后恢复正常，强调"三好为目标，学习为中心"，在一个时期形成了狠抓教学工作的热潮。但是，究竟什么样的教学模式真正具有教育的含义，使儿童在接受知识教育的同时心智、个性能得到发展，使教师在教书的同时能实现育人的目的，并不是每一位教师、每一位校长都清楚的。

南通师范学校第二附属小学李吉林老师倡导的情境教学从语文教学改革入手，探索出了把认知活动和情感活动结合起来的教学模式。20世纪90年代，这一教学模式合乎逻辑地发展为情境教育。她的教学探索、教育探索获得了极大的成功。她所探索的教学过程、教育过程的种种生动经验及其体现出的思想恰恰是对当代人类教育中困惑和危机的回应，具有鲜明的时代性。情境教学—情境教育模式的灵魂是追求儿童认知活动和情感活动的协调。它们构成的物（境）—人（情）—辞（思）关系有助于人的素质的全面发展，有助于在儿童期奠定人格的基础。其实践操作对小学教育有极大的适用性，其观念思想对高等教育、成人教育如何实现素质教育也极富启发意义。

情境教学—情境教育追求儿童认知活动与情感活动的协调发展，为人的情感发展提供了优化的教育时空。这一模式为什么能够促进儿童的情感发展呢？

第一，人的情感发展不是生理现象的自发过程。虽然情绪发动的"重镇"在人脑边缘系统的杏仁核，但情感的质量水平怎样，与大脑皮层的额叶前部及其认知加工分是不开的。通过思维操作，使用语词概念使情绪能量的释放找到适合的表达方式，即有控制的表达，从而调控情绪活动使之体现为社会—文化—心理水平良好的情感。只有语词丰富、概念清晰、区分程度高，人的感受、情感表达才会分化性强、细腻度高、节制性好。李吉林老师已经总结出其间的关系是"物"激"情"，"情"发"辞"，"辞"促"思"，"思"又加深对"物"的认识。我们理解此处"思"已是具有情感动力，有热情、专注之情感相伴随的"情思"。到了思维活动的这一阶段，情感发展与认知发展浑然不分、水乳交融。

第二，人的情感发展有与认知发展不同的标志。其核心标志是感受—体验的范围、内容以及感受—体验水平。现代认知心理学研究认为，在精神情感不发达、直接印象积累贫乏的情况下，形式主义地掌握大量知识必然导致人的感受"萎缩"。美国哈佛大学的"零点课题"研究发现，在一定的年龄以前，逻辑思维的发展与非逻辑思维的发展存在相互抑制的关系。因此，我们主张应珍视、保留人生命早期敏锐的感受能力、强烈的感受欲望及其细致性和独特性，不要急于将这一丰富的感知纳入冰冷的逻辑运演，牺牲儿童天真、热情的社会感受和审美感受。情境教学—情境教育为什么在儿童语词概念学习中不但没有损害儿童的感受性，相反以认知学习过程促进了情绪感受的分化和丰富呢？其重要原因是李老师运用生动的手段创设富有美感的情境，情境具有强烈的感染性。儿童诉诸感觉的东西由直觉而渐次形成审美意象和审美体验。这一学习过程的思维活动包括记忆、联想和想象，都带有强烈的情绪色彩，成为儿童情感发展的重要学习经验。

第三，我们还可以再进一步追究为什么设置情境有助于发展情感性素质，尤其对于儿童更是如此。学科教材是人类优秀的文化创造，它经过了漫长的从物理世界到意象世界再到符号世界的思维加工、浓缩的过程。从一定意义上说，语词概念都是压缩思维的产物。它在推演、形成的过程中使文化的价值负载镌刻在字里行间。虽然语文学科中字词句章的情感色彩明显，但隐匿在符号后面的思想内涵和价值意义仍然不容易为儿童理解和接受。情境是理解语言符号和情感（价值）的重要中介，它是课文价值内涵具体形象的呈现。进行情境教学时，情境画面中的直观情节及其情感色彩、学习者的情绪表现与课文中的语词以及教学中的语言解释之间形成沟通联系。特别是教师在此时一般使用诗化的语言，进行扩展性描述，把压缩性思维及符号背后的丰富价值信息还原并呈现出来，具有直觉性、形象性、整体性、感染性，弥补了儿童思维抽象程度不够的局限，帮助儿童把握抽象概念，把握知识背后的价值负载，对在这一特定学习中产生的情感经验进行巩固和储备。

第四，在情境教学—情境教育中，儿童是情绪感受、认知学习的主体，他们积极参与，自然放松、真实流畅地表达情感。每一次教学都构成一个浓郁的情感场，教师在情感场中是主导力量。教师在认知场中是知识的权威，在情感场中还是价值—人格的权威。情境教学—情境教育并不是任何教师都可以驾驭的。李吉林老师是一位极富教育经验的教师，其综合性素质，包括知识层面、能力层面、人格层面、观念层面都非一般努力和修养可企及。她之所以成为情境教学—情境教育的倡导者和带头人，有赖于她独特的教育素质。这一教育素质的灵魂是教育的人文精神，即崇高的教育爱，是对未成熟一代的尊重、信任、欣赏和期待。她的知识面宽广且目标明确，就是为着学生。学生喜欢什么，她就先学习和学会什么。她的能力结构中最重要的是与学生情感、心灵沟通的能力。她的艺术表现能力、诗化语言的能力、想象能力和联想能力、感动自己又感染他人的能力，都充满着情感色彩和人格魅力。她的成功证明，只有具备情感—人格素质的教师才可能驾驭情境教学—情境教育。只有具备上述教育素质的教师才可能影响学生的情感发展。

二、和谐教育——一种有意义的素质教育探索

无锡市五爱小学是一所诞生在解放战争的硝烟中，具有光荣革命传统的学校。建校 50 多年来，从这所学校走出一大批党的优秀干部和各类专业人才。从 1988 年开始，学校以两个班为试验班，进行以和谐教育为主题的整体教育改革。该项试验带动了学校的全面工作。学校管理规范有序，教职员工敬业爱生。学校在原有传统文化精神的基础上形成了新的教育精神，锻炼出一批有科研意识、科研热情和科研能力的青年教师。我与学校师生有过数次接触，观摩生动、活泼的课堂教学，聆听教师的科研报告，浏览、学习了他们多年试验的经验材料。特别是 1996 年以来，为完成我主持的"小学素质教育模式理论研究"课题，我带自己的博士生、硕士生与五爱小学的校长、老师一起研究，对和谐教育做了一些理论思考，形成以下一些认识。

(一)学校教育关系的和谐是儿童个体生命和谐发展的重要前提

自从人类有教育活动以来，许多教育思想智者都主张教育应是和谐的。因为自然是有序的，人的生命也是有秩序的。人的发展应该是使生命的各部分得到和谐发展。因此，诉诸于人的身体、器官及思维的教育活动必须是和谐的。无论是东方传统思想儒家、道家的教育论

述，还是西方从苏格拉底、柏拉图到亚里士多德的哲学思想，都有此表述。例如，孔子的"礼之用，和为贵"的主张中，"和"应该解释为和谐。古希腊教育家柏拉图认为当一个儿童从小受到很好的教育，节奏与和谐浸入了他的心灵深处，在那里牢牢地生了根，他就会变得温文有礼。如果受了坏的教育，结果就会相反。

自古以来，现实的教育很难达到完全的和谐。这是因为影响个体发展的外部关系极其广大、多维而复杂。它们之间要全方位地构成相互协调、相互促进的良性关系状态几乎是不可能的。具体的教育受制于社会发展和人的认识方面的各种局限，也很难实现个体生命内在的和谐。但是，无数教育志士仁人仍然不懈地追求教育的尽可能和谐，即离受教育个体最近、最直接的教育应是和谐的，期望个体在教育影响下的发展是和谐的。由此，教育史上也就留下了无数追求和谐教育的人们可歌可泣的事迹。

学校历时多年探索和谐教育，把和谐教育作为一种教育价值观、教育理想来追求，相信一种好的学校教育应当整合学校系统中诸多要素和各层次的关系，优化儿童发展的各种条件，发展出独特的精神生活和整体教育环境。这正是学校教育工作者的教育主体精神的充分表现。教育对于人的发展既受制于教育之外的与社会经济、政治、文化的关系，又受制于教育以内的以儿童成长规律为基础的相对独立条件。儿童在学校学习面对两个直接环境：一是学校的物化环境以及由这一物化环境所体现的教育性质；二是学校的人文环境，包括师生关系、生生关系。学校通过管理态度与管理方法的改变，强化制度管理，活化民主管理，融化情感管理，通过抓青年教师的教学科研实现上述两个改变。经实践证明，效果是好的。学校教育工作者的能动性、教育主体性和能力都得到了提高。影响教育发展的外部社会关系不可能完全由学校教育工作者控制，但学校内部的精神生活、人文关系及其构成的对儿童的直接教育环境，在一定程度上是可能由学校教育工作者把握的。正是在这个意义上，人们说，一个好校长就是一所好学校。斯托洛维奇说过，不是所有的孩子都有机会接触最美好的事物，审美教育的意义正在于要把美的事物呈现给孩子。学校教育工作者希望通过自己的劳动，使学校教育中所有要素及其构成关系都和谐，都有美感。这一教育价值观是正当的、积极的，并且是高尚的。

现在有人对和谐教育提出疑问，理由是学校教育环境的和谐是否会影响儿童真实的社会性成长，培养出难以适应社会的"温室里的花朵"？小学生处于感官机能与形象思维发展为主的时期，易感性强，容易受感染熏陶而形成在情绪选择上的偏好和走向。和谐关系给予儿童安全、温暖、宽松、支持的精神文化情境，对鼓励、促进儿童发展显然是重要的、有利的。问题仅在于我们不是把和谐关系现成地呈现给儿童，而是带领儿童一起创造和谐教育，使其学会识别和对付周围的不和谐现象，坚持追求和谐，培养创造和谐的态度和能力。

(二)在学校教育诸多关系的和谐中，追求师生关系的和谐运动是核心

教育活动中基本的活动是教与学的活动。教育活动的展开、教育结构的运行归根结底是在教师和学生之间实现的。因此，教育中的师生关系问题一直是教育理论和实践的一个老话题。学校的和谐教育以追求师生关系的和谐为核心，抓住了学校教育结构运行的关键，牵住了牛鼻子。如何建构和谐的师生关系，首先需要分析师生关系的性质。师生之间实际上至少存在三重关系，即社会关系、教与学的工作关系以及人际关系。其中，社会关系和人际关系主要通过教与学的活动来体现。因此，师生关系是一种由教和学的活动联系起来的工作关系。

学校在建构和谐师生关系方面比较完整地体现了上述三重关系。在社会关系方面，突出体现师生关系的民主和平等。虽然社会上提出了培养学生的总体目标要求，含有社会对个体指令般的制约，但教师把学生看作主体，以师生人格平等的态度对待学生，使作为社会关系性质的师生关系友好而健康发展。在人际关系方面，学校要求教师把微笑与鼓励带进课堂，让每一个儿童都享受到同一片蓝天下的欢乐。每一个儿童都有爱的需要，这如同需要阳光、空气和食物一样。在家庭里获得的健康依恋体验是儿童早期社会化的基础，儿童在更大范围内的社会性发展与其在学校中能否与教师形成亲密、和谐的情感依恋有很大关系。学校的教师在这方面训练有素，他们仔细地、小心地、有分寸地对待每一个儿童，不让任何一个儿童的自尊心受到伤害。

教与学是一对基本、持续而复杂的矛盾。在处理这对矛盾时，学校坚持发挥教师在教学中的主导作用，把发展学生作为明确的工作目标。教师提出"功夫在课前，得益于课内，发展在课外"的教育基本思想，以及"突出重点、分散难点、当堂消化、当堂巩固"的课堂教学原则。他们采用"纵接横连、有机结合"的立体化教学方法，调动师生双边活动，丰富双向交流，在实践中形成了"课堂教学三段式教学方法"，即"创设情境—引发兴趣，提示点拨—自主探究，积极评价—巩固内化"，目的在于实现教学过程的优化。"创设情境—引发兴趣"可以看作教师有意地凸显师生之间知识和能力的差距，以引起学生的学习渴望和兴趣。没有差异，就没有学生发展的内在动力。教师引导的目的是激发学生自主探索。教师的角色并不是知识的权威，而是学生的向导和促进者，甚至只是共同学习探究中"平等的首席"。教师善于利用多种形式的、因人而异的评价，影响并转化为对每一个学生适合的积极评价，最终化解师生之间由教与学要求上的差异而引起的内在矛盾，使其趋于统一(平衡、和谐)。可见,学校的教师追求的和谐教育并非师生之间的一团和气,也并非使儿童轻松、愉快,而是竞争中的合作,是情绪激活起来的专注于学习活动的"紧张的"愉快,战胜困难的愉快,师生之间、伙伴之间心理相容的愉快。它们是动态的、有"愤"有"悱"的和谐。

(三)和谐教育的最终目标是造就学生和谐的个性

和谐教育的内涵是丰富的,可以按不同维度、不同层次来分析,如关系结构的和谐、教育发展目标的和谐、外部环境的和谐、生命内部关系的和谐等。它追求的根本目标在于学生身心发展本身的和谐。学校的办学思想很明确:统整学校教育诸多方面的关系,突出师生和谐关系的主线,最终希望造就学生和谐的个性。教育的本质是发展学生的实践活动,必须把办学者的精力集中于学生的发展。什么是发展学生和谐的个性呢?概括学校的探索实践,我们人为和谐的个性由表及里包含三个含义。

首先,承认每个学生都有一个独立的精神世界,有独特的天性和潜能。和谐教育是热爱每一个学生,使每个学生都能充分发挥自己的个性潜能,成为自己能够成为的人。因此,学校的教师既毫无例外地热爱每一个学生,又承认学生在身心潜能方面的差异性。这一差异性仅指智能方向的差异、个体性向的差异、发展速度与样式的差异;并且这一差异是发展过程中一定时段上的差异。学校课程配置有弹性,教学形式和要求比较灵活多样,评估体系逐渐开放、多元。正是承认学生的差异、适应学生的差异才为每个学生赢得快乐、胜任的学习感受,赢得心灵的平静与和谐。这样,所有学生才可能是不被学校教育排斥的身心安宁的人。

其次,尽管学生的潜能方向和水平有差异,但小学教育作为为人的发展打基础的教育,应使其在内容覆盖和智能开发训练方向上的发展较为均衡，成为一个较为均衡发展的人。例如，学生的知识、能力与态度三者大体上发展均衡。又如，学生的认识发展与情感发展两者大致协调。再如，允许学生对不同学科有所长，但又不过于偏科；等等。总之，基础教育在对学生的基础知识、基本技能、基本态度方面有基本要求，要求三者之间较为均衡。发展均衡就是个性和谐。

最后，接受和谐教育的学生在深层次心理结构的建构上有明显的审美性特征及趋美定势倾向。学校积极为学生创造和谐的精神氛围、物化环境、人际关系、教学节律。这一和谐教育特征所共有的秩序美、形式美、节奏美、人心亲和美对学生有耳濡目染之效，推动学生渐渐建构起审美型心理素质。它们既是由审美心理结构构成的和谐态，又是具有趋美定势倾向和动力作用的和谐力。具体包括：①具有和谐的感知判断，懂得什么是和谐；②对和谐的情感倾向，即对和谐的企盼以及对不和谐的憎恨；③对和谐的意志追求，即它是一种欣赏、创设和谐，正视、改造不和谐的文化力量。应当说，这是和谐教育最深层、最终极的追求目标，是和谐教育追求的最高境界。

要实现这样包括知、情、意三个领域的目标，我们需要做许多细致的工作。其中，最重要的工作是对教师的培训。每日面对学生的教师必须懂得什么是和谐教育，应当用什么样的儿童观、成才观、人才观，用什么样的师生关系去实现和谐教育。一句话，提高教师的教育素质是实施和谐教育的根本保证。教育素质不只是教学水平，更不是学历文凭，它的核心是教师对教育的理解、对成长中的学生的信任和期待，是影响和发展学生的艺术和能力。我们希望五爱小学继续在提高教师的教育素质上下功夫、练内功。

三、主体体验性德育——一种供学校德育选择的视野与范式

（一）问题提出与根据

我国学校德育在"文化大革命"之后得以恢复。国家高度重视，中小学德育大纲逐渐健全、具体，逐步走向科学，并且一贯坚持明确的价值导向。学校德育工作应有一定的时间和空间做保障，管理较正规而日趋制度化。现有学校德育在形态上主要有两类：一类是有明确目的、有具体设计，于独立时空中进行的，如德育学科课程、道德活动课程等；另一类是非独立时空中非专门性的，但却期望或已产生道德教育的影响。

现行学校德育存在的问题表现在三个方面。①专门化道德教育中的学科课程设置还可以研究、调整。例如，小学虽有德育课，但德目设置的科学性和艺术性有待进一步研究；中学实行所谓大德育课程，结果被称为"无道德教育的阶段"①。②专门化道德教育中的活动课程有的组织不力而放任；有的虽精心设计，但人为性过强、集体受教场合多、个人化经验少。③无独立时空的道德教育受校长、教师的自觉道德教育意识及其自身素质的局限，目前总体上看比较薄弱。总之，现行学校德育不同程度地存在课程知识化、人为表浅化，单向灌输多、双向理解少，集体受教多、个体选择少的问题，总体看比较僵化而少活力，实效性不够。

主体体验性德育是我国学校德育可以选择的一种比较适切的思想与操作范式。它建基于以下两个主要认识角度。

1. 完整理解道德及道德教育的主体性

道德是人的文化创造。人起初以契约，后来以舆论、习俗以及原

---

① 指当时中学六个年级开设的德育课程体系中无"道德教育"的倾向。

则规范的方式，规约、引导人在处理生存诸多关系中的意识和行为。在很长一段时期，道德教育从目的到内容、方法、指向均主要强调个体为政治、经济社会发展服务及其与之相适应的一面。其实，道德是人在四重关系，即与他人、与自然、与社会、与自我的关系中善与良的表达。道德教育的根本目的应是发展人的精神独立与自持，使人既有能力向外追寻，以构成与他人、与自然、与社会的现实融洽关系而不回避；同时又向内追寻，以主宰自我身体、情感、意志与智力的均衡而不畸形。向外与向内两者的关系是辩证而相辅相成的，其过程是互动而互促的。我们说主体性首先建基于对这一"双向性"的理解。因此，学校道德教育必须坚决地走到以学生为本、从学生的实际出发的轨道上，帮助指导学生开拓、建构丰富的现实关系，包括校内师生、生生关系，家庭亲人关系，与自然、与社会的关系，而不是把学生禁锢在课堂上、书本中、学科知识里，给予学生在丰富而变化的关系中承担角色、自我审视和考验的机会。

发展建构学生的道德主体性还包括把握第二个"双向性"。我国学校道德教育中存在以成人、教师为"真理"的化身和"道德"的权威，学生很少有机会与成人和教师平等地探讨遵循和创造道德的具体理由的现象。其实，在社会发展快速、生活方式变动的现代，道德领域里的"后喻"文化、"同喻"文化已十分明显。教师绝不能一味坚持从成人世界的道德标准出发，而不从学生的生活世界出发。尊重非成人世界的道德状况与学生自身的道德理解，既是教师清醒的主体性表现，也是学生发展、建构道德主体的开始。

2. 高度重视体验性学习在道德教育中的特殊价值

长期以来，人们主要把道德看作一系列原则、范畴、规范的总和。道德教育主要采用将理性知识加以直接讲授的方式，其过程往往具有集体性；学生在这个过程中被动地接受教育。以皮亚杰、科尔伯格为代表的学说主张人的道德主体性应以认知发展为基础，以理性判断能力为标志，是将道德主体性的哲学追求具体转化为人的心理品质的划时代典范，也成为现代道德教育理论的重要学术基础。但是这一学术主张不是唯一的真理。德罗布尼茨基在其《道德的概念》一书中通过对道德的历史起源的详尽考察，认为道德的存在方式与表达方式是多样的。同样，吉塔连柯也从捍卫马克思主义的感觉论原则的立场出发，强烈反对西方近代伦理学与道德教育中的唯理性主义倾向。戴蒙·考贝在《现代德育值得反思的几种倾向》一文中也明确地批评发达国家一段时期以来道德教育的偏向为"认知主义"。

其实，就道德学习和道德教育的特殊本性来看，体验性学习是主要和适切的方式之一。从道德学习和道德教育所依托的知识来看，其可分为"关于道德的知识"和"道德的知识"两类。前者是可以明确化、符号化的知识，是可能通过教授与学习获得的。后者则是许多难以明确、难以符号化的只可意念、不可言传的缄默知识。波兰尼认为，缄默的知识是个体化的、有特殊背景的知识。它的获得主要依赖于体验、直觉和洞察力。这种对知识的分类与亚里士多德主张道德知识是实践的知识和杜威认为道德知识是见识、生活的智慧等观点完全一致。

道德学习不同于一般意义上的科学（学科）学习，后者主要运用主—客两分性思维方式。相反，它是以某种价值为参照，在特定的关系及情境中反求诸己，运用主—客—主的思维方式。只有当人从内心体验某种价值，或产生认同、敬畏、信任的情感，或产生拒绝、厌恶、羞愧的情感时，才能谈得上道德学习和道德教育的实存性。心理生物学家认为，与获得带有强烈情感内容的体验相伴而来的是神经元受到特别强烈的刺激。刺激的强度较大时会导致有关神经元在很长时段里对相似的刺激变得更为敏感和更易于产生响应。体验活动有强烈的个人色彩，是个人化的经验。因此，只有重视体验活动，才能使道德教育真正达至个体，产生影响，逐步内化为个体的心性品质。

（二）概念框架与特征

我们把高度重视情绪、情感在个体道德形成及道德教育中的作用价值，强调以体验为基础、以形成积极的情感—态度为核心，以情感与认知相互影响、促进而发展为过程，以人的情感素质层面保证人作为道德主体的德性构成的道德教育理念、取向及操作样式，称为"主体体验性德育模式"。

主体体验性德育并不从基本立场上反对认知发展性德育。认知发展性德育有三个突出的倾向是积极的，应予认同：①强调道德的主体选择性；②强调人的德性成长的认知发展基础；③强调道德教育的过程是促进人的理性成长的过程。主体体验性德育在人的德性发展与道德教育上关注的重点、研究的旨趣与认识发展性德育不同。主体体验性德育有如下三个基本特征。

1. 关注、考察、凸显人的情感活动过程对德性成长及道德教育的意义

任何精神—心理活动都存在两个基本的过程：一是逻辑—认知活动过程，二是情感—体验活动过程。人在学习，包括道德学习时，一般两个过程同时存在。前者反映着人的道德认知素质，旨在提高认识水平、判断水平和行动效率；后者反映人的情调、趣味、心境、敏感性、接受或拒绝的态度，反映人对价值是非、善恶、美丑的爱憎喜恶之情。主体体验性德育凸显情感—体验过程的意义，认为在这一过程中各种积极心理活动及其状态都是道德品质形成的宝贵财富。

首先，它重视人的感觉和觉知、觉察是否敏感，包括象征物、道德标志、道德现象，包括自身卷入其中、与自己相关的道德意义和价

值。这一敏感性必然有反应特征，可能伴有不同程度的带生理活动现象的表征，如面部表情、体态等，也可能表现出对道德价值的接受或拒绝、热情或冷淡的态度。过去我们不重视它们，其实人的情调、性向、脾性里都浸盈着人的道德倾向性。

其次，对于道德学习与教育中有没有感受，以往的道德教育也是忽略的。教育者一般会从学生的言语表达、纸笔测试中看他们的道德发展水平，而不重视他们的感受水平。其实，感受水平是道德接受的基础，表现为敏感性、丰富性和深刻性。学生如果过多地生活在由语言文字概念构成的抽象世界中，就会出现精神情感不发达、直接印象积累贫乏而又形式主义地掌握大量不能发生内化的知识的情况，其道德学习与教育的效力便可想而知了。

最后，主体体验性德育模式高度重视人的体验活动及其水平。体验的基础是感觉和感受，它们在神经生理学理论中都是神经元受到刺激的反应。主体体验性德育强调体验的主动性和认知的促进性。人的感受一般是对客观—现实的当下的反应，伴随着情绪唤醒而表现出情动，主要是生理—心理层次上的变化，其水平往往停留在生活表层。体验则是更多地有大脑皮层介入工作，伴随着理性思考的情思。体验是人将显示于中的"关系"与评价相联系，通过联想、想象和希望产生意义。主体体验性德育最重要的特征就在于珍惜全部心理财富，并且主要在人的情感—态度层面，而不是在认知—判断层面留心、关照、滋养及评价人的德性成长与道德教育水平；主要从人的内在动机—动力系统，而不是从人的外在动力—效能系统考察与衡量人的德性成长与道德教育水平。

2. 悉心培育对个体德性成长有积极意义的情感品质

传统心理学主要关注人的情绪、情感发生的生理、心理过程及机制，对一些情感品种的教育价值、道德教育价值没有形成系统认识，更少通过教育现场的实证与实验发现那些与道德相关的情感品种，建立教育学视野中的情感范畴，并作为德育目标加以追求。

研究发现，与人的道德性发展相关联的情感有自我认同感（人的自尊、自信的基础），依恋感（人与人建立联系、信任的基础），秩序感（它是对规则、时序、空间格局等的敏感），同情（它是对他人关注、移情、施爱的基础），敬畏感（它是对大自然的赞叹；是对高尚人物与事件的敬慕，同时对自己之不及的羞涩与谦卑），希冀感（它是对未来美好生活方式的愿望与憧憬），责任感（它是对完成善事积极主动、认真负责的欲望与感受经验），幸福感（它是对通过自己劳动而建立的个体与外部良好关系的满意心态），等等。这些情感是人在一定的生存关系中（与他人、与自然、与社会、与自己）直接感受和体验到的，从舒适、愉悦、慰藉，到同感共鸣、兴奋、鼓舞、激励。正如海德格尔的分析，它们既是"物理实在"，又是"意识事实"，属于人的个人化的经验领域。

我们不能也不可能忽略它们。它们都具有道德上的积极性质。这些情感并不仅仅如以往我们界定道德情感时指称的"对道德原则、规范在情感上的认同"或"道德理性思考的产物"。恰恰相反，它们是人逐渐形成明确的道德意识的积极情感基础。有些情感，如依恋感、自我认同感、秩序感，在婴幼儿的所谓"前道德时期"便产生，算不上真正意义上的道德情感，但它们确是人的生命之初道德萌芽、开化的基础。有些情感，如敬畏感，虽然在心理学中被确定为否定性情感，但它们对人的道德成长仍有积极的意义。主体体验性德育主张将它们既作为道德情感基础加以保护、珍惜，又作为道德品质的一部分视为目标来追求，并研究它们的培养途径。

3. 运用情绪、情感的作用机制推动道德教育过程

20 世纪 60 年代以来，各学科有关情绪、情感的研究有了长足的

进步。较有影响的是破除了"情绪是精神的紊乱系统"的消极形象，发掘出人类情绪的种种可能发挥的正向价值，主要是原始性、早发性、强动力性、弥散性、放大强化性等。这些情绪参与人类的生命活动，对人类生存发展发挥着"交往沟通""共同感受与移情""感染—陶冶""长强化记忆"的作用，同时还在一定程度上起着"选择认知方向""提前认知加工""评价与监控行为"的作用。

在道德教育中运用情绪、情感的作用机制大致包含以下几个方面。

①利用情绪、情感的沟通机制为线索，以形成人际积极的情感应答关系，有效建立师生交往—理解的基础。根据教育部对九个省市两万名初中生和小学生的调查，"不喜欢学校生活"的首位原因是师生关系不好。因此有理由相信，健康的依恋、信赖，同感共受、愉悦的师生交往情感是学生热爱学习、热爱老师，与学校合作，认同学校和老师所进行的价值观教育的重要情感基础。

②利用情绪、情感的感染、强化机制，形成积极的教育情感场，构成强烈而突出的高峰体验。现代课程理论强调使课程学习与学校生活成为学生重要的生活经验与经历。只有那些有着强烈情感色彩的人物、事件、场景，才能达成此种效果并产生长强化记忆，起到"心灵震撼"的作用。很多有道德人格魅力，有良好品质和情感交往技艺的教师，都是依此来发挥道德教育的作用的。

③利用情绪、情感的作用机制，使道德教育对人的德性发展产生潜移默化的、内隐的、定向的影响。情感对人的作用是个人化的、隐秘的，它一旦建立某种较有力的神经机制，便成为"情感图谱"。道德教育并不能指望一定发生立竿见影的显性作用，它期望情感发生积淀性、孕育性变化，成为人的内在素质的一部分，从内部支撑人的道德信念系统。

附：德育实践形态与讨论

1. 专设校本——情育课程

江苏省丹阳师范学校附属小学尝试将旨在发展学生情感——体验水平的情育课程作为校本课程，目前编制了一套供 6 个年级使用的配套教材。学校把情育课程定义为"突出课程中情感培育的特征，旨在增加学生的情感经历，通过情感素质的培养形成道德人格"。学校教材的编制思想相同，即教材目标有一定的隐蔽性（潜在性）。教材内容有开放性、建构性；教材呈现方式要求贴近该年龄、学龄的学生的生活，引起学生的兴趣。教材的安排一种为顺序式，另一种为循环式。课程时间的安排较为灵活，可进入课表，也可适时开设。教师是这套教材的编写者，有使用这一教材的自主权，并且懂得自己不是教教材而是要用教材教，要求自己有不同于学科教学的思维方式、态度与技能技巧。最重要的是，学校有着如下教育理念：①破除教师作为道德权威的心理；②尊重学生，与学生共同讨论道德的理由，体验其中的价值意义；③自然而生活化；④尽可能让学生广泛参与。

2. 沟通各科各类课程

江苏省丹阳师范学校附属小学以学科课程中的情感德育内容为线索，以活动课程为时空场，以情感体验为纽带对学生进行爱国情感教育。学校将教材里关于"桥""塔""旗""钟""鼓""乐"等知识聚拢起来，让学生用文学、历史、音乐、美术、体操、手工等方式，调动各种感官自由地表达爱祖国的情感。每次活动精心设计，情感浓烈，气氛热烈。学校概括出 10 种课程设计的方法：①猜一猜，引趣孕情；②看一看，触景生情；③听一听，以情激情；④读一读，悟"文"生情；⑤笑一笑，晓理动情；⑥画一画，以图画情；⑦唱一唱，以声抒情；⑧演一演，以动移情；⑨说一说，交流促情；⑩做一做，用行唤情。这些生动、活泼的方法比较适合小学生的学习。

3. 设计主题活动

江苏省南菁高级中学在一年一度的"南菁艺术节"中设计了"社会一条街"活动，已经坚持7年。该活动以模拟的商品经济市场，让学生经历采购、运输、存货、设摊、叫卖、结算的整个从商流程，体验与他人交往、沟通、谈判的生活场景。在活动中，学生领悟职业道德和社会公德，增强环保意识和生态意识，感悟人生百味。针对社会上出现的表现为短期行为的套文化、浅文化和快餐文化，学校经常自觉设计一些有理念、有价值内涵的活动。于1997年开始，凡进入高二年级的学生均参加"18岁的选择"主题活动。该活动强调人人参与，带着对18岁的憧憬、审视和责任，调查研究，走访长辈，了解社会，走近有着不同生存境遇的同龄人去感受体验。

4. 生活境遇引导

生活境遇引导指的是教师善于恰到好处地利用时机和场合，让学生在真实的生活情境和直接的道德冲突中体验某种道德价值的内涵，经历道德价值认同中的情感矛盾，体会自己的行为与自己经受的后果之间的因果关系。在这个过程中，教师不急于指出学生的对和错，而是充满善意和细致地观察，耐心等待时机，适时加以点拨、引导，直至学生自己获得完全的体验并调整行为和动机。

以上这些实践尝试存在以下一些共同点：①都鲜明地反对价值相对主义，对有关道德价值做坚决的选择、认同和持守，坚持正面教育的方式，并且不断地对教育方式的适应性、多样性和有效性进行探索。②都把道德价值教育的归宿点放在人的品德养成上，以情感—体验性经验为核心展开不同具体路径的操作。在唤起情感，特别是对即景即情的情动方面产生的效果是好的。③不是侈谈道德主体，而是尊重不同年龄、学龄学生的身心特点，实事求是地处理学生的主动性与受动性的关系，引导学生在教育过程中逐渐形成道德主体。

这些实践尝试也有一些问题需要讨论，引起我们进一步的思考。

①总体看教化—陶冶的力度大，深深地传承并印刻着东方文化笃信情意感通—道德教化—品质内化的德育传统。在当下，我们是否对道德感化及其作用抱了过度的期望？

②较为强调和期待价值教育中形成道德共识，即对道德价值认可的共同性与共通性，对道德教育中通过交互主体（师生、生生、亲子）的交往发展和尊重互识性的意识还不够。其实"互识"，即道德主体的相互理解、尊重和宽容本身也是道德学习内容的一部分。

③虽然有讨论和对话，但平等对话依然不够。如何培养独立的价值思考和批判能力在道德教育中展示不足。

④生活化的教育往往更有生命力，但也最难开展。这是因为每个人的生活境遇不同，不同的需要引发出的情感表达、语言表达、图像表达等都可能有多个来源。我们对学生道德学习的过程探究、把握得还不够，必须进一步以发展学生为主旨，以相信学生，走进学生的心灵世界，与学生共同成长为自我要求。我们要从生活出发、从实际出发，不要让道德权威—教化—服膺的教育立场以及有组织—有目的—自觉设计的思维模式束缚我们的手脚。

第三编

与人的德性发展相关的情感研究

第七章　发展性德育及其情感机制

　　21世纪的德育功能如何定位？这是德育理论创新的关键问题。把发展人作为德育的根本目的，以德性统摄人的灵魂，促进人的整体、内在、持续的发展，德育必将走出传统德育约束人的弊端和认知发展性范式，生成一个全新的德育理念与德育功能。在发展人的整体框架下认识、理解与实行德育，有可能为我们打开有关德育的一个新视角。在此，至少有三个方面的背景性因素值得考虑。一是社会变迁使德育的实施面临困难。深刻的社会变迁、人的实际生存和生活方式的巨大变化，必然冲击不合时宜的德育思维。二是全球性问题对德育的挑战，如生态问题和片面的社会发展问题，使人的发展日益凸显为人类的主题。三是中国当代德育面临的问题对德育理论发展提出新的要求。这些问题集中表现在：传统文化的保守性，德育的泛政治化以及形式化、表浅化的所谓科学性等。它们带来的弊端是德育的封闭性与约束性问题导致德育未能完成有助于人的生命发展、生活质量提高、精神—心灵成长的工作。

　　因此，我们必须转换思维范式，发展出德育新的理念和新的理论范式，并以此去影响、指导实际的德育操作。我们提出发展性德育的概念，并以这一概念来认识当代德育的功能转换、目标转换和思维范式的转换。此外，我们还将情感作为发展性德育的重要心理机制，同时做出解释。

一、发展性德育的内涵

发展性德育是指以发展人为目的，注重人的主体觉醒与主体发展过程的德育。发展性德育具有不同于约束性德育的转换性特征，主要表现在以下三个方面。

第一，发展性德育主张，学生的德性发展的资源首先在学生自身，而不是仅以教育者的设计和控制、以权威者的身份，对受教育者进行教育。这是一个立场的转换。

第二，发展性德育主张，学生的德性发展是一个动态的过程，是不同学生个体对道德价值的适应和再适应过程，也是不同学生个体根据各自的方式创造道德价值的过程。

第三，发展性德育主张，人的道德认知能力应与道德情感能力协调发展。它既反对传统的强制性的情感认同，也强调克服形式化的认知发展性范式，如片面理解从皮亚杰到科尔伯格的认知发展阶段，导致形式主义的局限。

关于道德教育的研究，历史上出现过许多学派，较为突出的有两个：一是以赫尔巴特为代表的美德传授性道德教育范式，二是以科尔伯格为代表的认知发展性道德教育范式。比较起来，后者的研究及运用极大地突破了传统"美德袋"式的道德教育，凸显出道德教育的主体精神，对于道德教育从传统走向现代起着里程碑式的作用。但是，认知发展性道德教育范式把道德情感和道德行为习惯从属于道德认知结构。从道德教育的完整过程来看，这是有其局限性的。

道德认知不是道德教育的唯一形式，人的情感素质及其发展往往在更深层次上表征着人的道德面貌。个体的德性形成绝不可能仅仅通过认知层面——"关于道德的知识"的掌握而实现。对于个体来说，道德知识能否成为道德观念取决于情感认同的程度。当一个人仅仅掌握了事实性的"关于道德的知识"，则仅是"知道"而已，并没有真正成为主体的观念。所谓观念一定是一种习惯化的反应方式和固着化的价值取向，必定是认识和情感的融合统一。由于道德在本质上是人对自身的精神需求不断提升的结果，它主要以情感满足与否及用什么方式满足，来表征自身的精神需求。因此，德育的过程虽然必定要伴随道德意识的进步、道德行为的表现，但更为牢固的基础和深层核心还在于人的情感—态度的动机系统。通过综合各学科的研究成果，反省教育及道德教育的已有观念和经验，特别是正视当代道德教育现实的不足，我们更加认识到：必须高度重视情感在个体道德形成及德育中的地位和价值。

如果对发展性德育提出依据的合理性再做进一步的反思，我们可以考察德育功能演变、转型的历史变迁。道德是人类在生存中发展出来的文化方式，德育也是教育活动中最传统、最古老的实践方式。在不同的人类发展阶段，尽管德育的实际作用是多方面的，但德育总是发挥其不同历史时期的主导性功能。道德的功能演变在人类历史的进程中大致经历过以下三个时期或三种类型。第一，道德最初是作为利益的一个调节机制。人有了交往关系、契约关系，就需要道德来规范这些关系。所以，道德最初的功能是规范、调节经济关系，并由此产生了相应的人与人相处的基本原则。第二，道德是阶级斗争的工具。伴随着阶级的产生、阶级斗争的激化，道德被当作阶级斗争的工具。同时，对于党派、国家而言，道德也被作为意识形态的工具。第三，道德是人的一种独特的精神实践方式。这是近现代人们强调得比较多的认识。由此，人们逐渐走出了道德只为政治服务的单一功能观的怪圈，提出了道德还要为经济发展服务，要充当经济发展的推动力等。现今，我们进一步强调，道德是人自身心灵和精神成长的重要方式，道德具有精神净化和自我享用功能。

二、发展性德育的思维取向

一般来说，每一种道德教育的理论主张都有其时代性，必然隐含着每个时代所显现出来的新的思维特征。正因为如此，发展性德育在思维取向上也就深烙着这个时代的印记，具体表现如下。

一是整体性思维取向，即主张发展具有整体性。自人类有教育活动以来，在相当长的时间内，德育都是教育的灵魂和核心，道德、德性对人的整体素质发展起着统摄作用。渐渐地，学校教育中存在把对人的整体素质的培养划分为所谓德、智、体、美、劳诸育，并且在制度和动作层面也都各行其是的现象，以至于德育在不少时候被看作孤立的操作实体。这违背了道德教育的基本规律。发展性德育主张德育是辐射教育活动全域和全程的，德育不是与其他诸育并行的单独一育，而是作为根本的教育意识和教育思想渗透在诸育之中的。即便在单独时空的实体性德育中，德育既诉诸认知、语言，又诉诸情感、行为，也指导和帮助学生学会学习、学会合作、学会做人、学会做事。

二是融通性思维取向，即主张发展具有融通性。长期以来，德育对于人的发展有一个基本信念，认为发展就是将生物学意义的自然人发展为人类学意义的文化人的过程，是把一个未经社会生活的个体化的人发展为社会化的人的过程。如此，德育势必将自己置于一个无视和贬低人的生物自然性和个体自利性的境遇，变成了压抑人的正当自然性和个体性的枷锁，从根本上稀释和消弭了德育的内在魅力。埃德加·莫兰德提出的"复杂范式"的思维方法对我们很有启发。他认为经典科学研究方法中存在两大弊端：一是化简，即把复杂事物化归为简单事物；二是割裂，即如果确定了不同层次对象的性质区别，就将它们截然分割、不相连属，彼此隔绝、不相影响。以此观照德育的传统发展理论，我们应当摒弃这种割裂的观点和思维方法，承认个体化与社会化两个方面之间存在双向反馈、相互决定的关系。比如，道德人格是人所独有的，它携带、包容着人的正常生物遗传和正当的个人化本能。可见，德育应尊重人的自然适应性，整个德育过程应当被看作人的自然属性同社会联结的综合。

三是内在性思维取向，主张德育最终应重视人的内在品质的涵养。现代德育受科学主义—操作主义思潮的影响，存在一个通病，即要求行为的外显化，要求用观察和评量的方法来评价、测定德育的所谓实效，从根本上违背了德育的一般规律。发展性德育认为，德育的影响是潜移默化的，它发生在人的活动和人与人之间的交往过程中，它是个体内在感受不断积淀、内在经验不断重组、内在精神意向不断定向生成的过程。这个过程甚至是漫长的。正因为如此，我们才把德育与心理教育紧密结合起来，关注人的心理状态、心理发展水平与德性发展的关系，尤其关注认知以外人的情感领域，试图通过影响人的情感发展从内在系统上保证人的德性素质。我们相信，一旦对德性的情感层面加以开发、孕育和提升，那么这种支持、支撑的力量将会长久地发生作用。这也就是我们常说的人的"可持续性发展"。

三、发展性德育的形态特征

发展性德育在形态上应有如下几个明显的特征需要加以强调。

第一，它具有生活化的形态。学生是一个活生生的生命；生命是一个整体；生活也是一个整体，生活是生命的表现形态；学生有其各自完整而鲜活的生活。但是德育中存在过分地倚重学校的现象，甚至更为不妥的是倚重于作为一门"学科"的德育。这种将学校德育与社会生活彼此分离的现象，曾受到过尖锐的批评。戴蒙·考贝指出，于人的品德必须从人的社会活动经历中去培养，学校德育与学生社会生活的隔离阻断了学生德性发展的源泉和渠道；道德主要是社会生活的规范和准则，真正的学习必须在社会生活过程中进行；人们可以与社会生活隔离开来集中学习知识经验，却不能与社会生活隔离去学习道德。

所以，发展性德育必定要回归到生活。德育应作为根本的教育理念，贯穿到学生的真实生活中去，贯穿到学生的生命过程中去。德育要让学生在每日真实的交往关系中，得到有助于德性成长的及时而正确的指点与关照。这就要求学校生活的方方面面都有道德学习与运用的机会，校外的社区服务机构都有明确的德育意识和有效的德育措施。唯有如此，德育才能真正成为一个系统工程，道德才能成为人在生活中终生学习的内容。

第二，它具有情境化的形态。从来就没有抽象的道德，个体的德性总是具体的。道德是人在具体、真实的生存关系中，在特定的情境中，处理几种关系（人与自我、人与他人、人与社会、人与自然）的态度及能力，是经过一次次的力行、反思、体悟和磨砺而成就的稳定的德性品质。在以上几重关系的自我处理中，道德的需求便产生了。事实上，道德教育的过程就是适应、满足并不断提升这一需求的过程。在这一过程中，抓住适当的情境是至关重要的。所谓情境就是个体道德发展的外部条件和契机。情境既是社会性的，又总是直逼个人、与个人相遭遇的。只有当情境被充分彰显，个人的道德意义才得以发生，道德教育才得以现实化。利用和处理情境有两种基本的方式：其一为陶冶感通性情境，利用浓郁的情感氛围所承载的价值观吸引、陶冶和引导学生，通过情意感通机制产生情感教化性影响；其二为情感冲突性情境，将矛盾冲突展示于人，催逼和引起学生内心的激烈冲突，再使消极情绪转化为积极的情感效应。

第三，它具有互动性形态。人的发展是在社会生活发展变迁中实现的。道德标准从来不是一成不变的。现在，"反哺文化"的出现已客观地打破了成人作为道德权威的形象。在传统社会中，生活形态变动缓慢，因此道德教育往往只局限于前辈对道德文化经验的传递。但是，随着信息化社会的来临、现代生活节奏的加快和多元文化的呈现，传统德育的单向灌输方式必然失效。现在的孩子有一些值得成人学习的地方。"成人'化'孩子，孩子也'化'成人"，两代人的双向社会化将成为信息化社会中教育的一个突出特征。① 所以，"向孩子学习，两代人共同成长"，在现在应是一个值得大力提倡的教育观念。既然发展是成长，那么它必定有对新生价值的认同，也有对原有价值的内在认定。而这种认同和认定又必定是在双方敞开自己、相互接纳和理解的基础上发生的。

我们在不少实验学校所做的研究表明，"发展"只有在师生平等交往、人格尊重，甚至是在欣赏儿童的状态下才可能实现，儿童的学习欲望也只有在这种状态下才可能得以唤醒。对于教师来说，每一个学生都向他们打开了一个生命世界。生命的多样性对增进教师的教育理解，让教师领悟"做人、做教育"之道，无疑有着重要意义。

四、发展性德育的情感机制

发展性德育的心理机制包含多方面，有认知方面的，也有意向、行为方面的。鉴于过去在德育的情感机制方面的发掘不足，现在就发展性德育的情感机制发表一些意见。

在德育领域，逻辑推理和理性反思显然十分重要，但作为德育原

---

① 中国青少年研究中心：《向孩子学习》，200 页，昆明，晨光出版社，1998。

则却是不当的。越来越多的经验和研究发现，德性发展与智性发展的方式有着本质的不同。人的德性养成所需要的道德知识更多地是缄默性知识、意会性知识和生存技能性知识。学习这类知识的认知条件与学习明确性知识、命题性知识和原理性知识的认知条件是不一样的。道德知识主要是"见识"，其相应的学习方式也应当有别，更多是感受、体悟与认同。因此，人的情感发展状态、水平，人的情感品质和能力，对于德育而言显得特别重要。由道德的情感反应所构成的人的动机—态度系统，在一定程度上表征了人的道德发展水平。与此相对，主知主义的道德教育理论的局限性就在于，它可能发展人的道德认知—判断能力，但同样可能造就出道德冷漠者。20 世纪 60 年代以来的情绪—情感研究、认知心理学和儿童心理学的研究已经证明，情感对于人的发展具有正向价值，情感最真实、最内在地表征和表达了人的意识、意愿和意向。显然，它挑战着道德理论中的主知主义学说，为研究人的道德发展乃至整个人的发展提供了一个新的视角。

在发展性德育的理论框架中，我们不是一般地谈论作为人类心理活动的情绪、情感，而是在寻找哪些情绪感受、体验和情感品质对发展人具有深层次的、动力性的、动机性的和保证性的作用。首先，人的一些基础性社会情感，如归属感、依恋感、自我认同感、自尊感等与道德有着难以割舍的联系，有着丰富的道德意味。它们是人的德性生长的重要基础和丰富潜源，甚至可以说是最重要的起始性因素。对于这个问题，20 世纪初索洛维约夫在他的一篇非常重要的论文中提到，人类学家在对人类原始部落考察后得出这样的结论：人为了区别于其他种群生物，发展出羞耻感；人为了发展与同类的关系，衍生出同情感；人为了发展比肉身更高尚的品质，生长出敬畏感和仰慕感。索洛维约夫认为，由此可以得出，人类个体最早的三种情感就构成了道德的原始材料。这是一个重要的实证材料。

另外实证材料是人类对胎儿、婴儿的研究。过去借助心理学家的研究，哲学家认为人在 1 岁时产生与成人之间的联系感。而现在的研究表明，胎儿在母体中就产生了联系感。胎儿出生以后，在与其抚养人之间的正常、健全的情感应答中，联系感就生发为安全感和依恋感。特别是通过对依恋感的实证研究，可以令人信服地认定，这种情感是客观存在的。所以，可以不需要价值预设，就能说明人在道德上是可教的。蒙台梭利发现，幼儿在 1 岁半到 2 岁期间表现出对格局和秩序的敏感。根据这一理论，我们进行了关于秩序感的研究。像这样一类情绪表现都是重要的、辅助人类德性成长的起始性情感机制。

　　婴幼儿首先是以情绪、情感为沟通信号与成人进行生存联络的。婴幼儿正当的生理、心理需要所采用的情感表达方式如果得到成人及时、敏感和恰当的回应，婴幼儿便形成了他们的德性，并建立起稳定的依恋。这种在"人之初"建立起来的依恋感受、安全感受、归属感受，是儿童社会性、合作性行为产生的重要源泉。婴幼儿对照料者的依恋后来需要发展为更平衡的伙伴关系，以及在公众教育机构（学校）里的师生依恋关系、同伴依恋关系。这是个体从范围较小的依恋到范围较大的依恋，显示出其社会化的过程。

　　学校中的师生依恋、同伴依恋与家庭内的亲子依恋相比，虽非以血缘关系为基础，但在情绪感受的脑生理机制和心理反应机制上是异质同构的，是学生在学校这一社会性组织中形成归属感、信任感以及自我认同感、自尊、自信的基础。反之，儿童如果在母婴关系或师生关系中没有形成健康的依恋关系，那么不仅会将表达情感的正当需求错误地消退，以至形成包尔拜所说的"情感缺乏人格"，而且日后在社会适应性发展的过程中也会遇到问题。

　　道德情感的一个重要指标是人的同情、分享和社会性兴趣所指为何，以及所指范围、领域的大小。它是人超越自我中心的标志。根据霍夫曼的研究，儿童在 2 岁以后才能将自我中心性的同情发展为对他人的同情，6 岁以后才能进一步发展为对他人的普遍痛苦的同情。随着人的年龄、学龄的增长，社会兴趣的范围会逐渐扩大。在我国学校教育中，有些学生缺少参与社会生活的机会与兴趣，缺少师生、同伴间和谐温馨的依恋。其喜、怒、哀、乐情感所系，主要是在片面的但作为学校唯一衡量、评价指标的分数上。这在事实上造成学生的眼界和胸襟狭小，影响到学生健全的情感世界的形成。

在依恋感、归属感、认同感以及同情、分享和友谊感的基础上，人才有可能进一步生成责任感、使命感、敬畏感、崇敬感，以及不断地进行道德反思而升华出道德尊严感和人生幸福感。这些由基础性情感升华所形成的高级情感是与人的道德面貌、道德境界水乳交融而浑然一体的。这类情感经验在家庭教育和学校教育中都会出现，需要及时发现、及时应答。特别是要从生命早期对其加以关注，使其在人的发展过程中得以扎根、孕育、萌生和成长。研究发现，生命早期出现的情绪、情感经验和行为特征几乎都同道德发展相关。表 7-1 为生命早期的情绪、情感发展与德育策略。

表 7-1　生命早期的情绪、情感与德育策略

时间	关注要点	德育策略
0 岁	依恋	利用身心关怀，发展满足感、舒适感
1 岁	好动	利用支持性参与，宽松、放手，发展信任感
2 岁	冒险	利用安全性保护，发展安全感、自主性
3 岁	听话	利用尊重性引导，发展秩序感
4 岁	模仿	利用选择榜样，发展良好习惯和自主感
5 岁	好问	利用支持行为，发挥探究心
6 岁	合群	利用群体活动，发展认同感

这说明德育在人的生命各阶段都有独特的主题和方式。通过对不同年龄阶段生命状态的关注和主题开发，德育就可能使儿童从生命的无律态经他律态发展为道德的自律态。

　　环境是发展性德育中情感机制的有机组成部分。在此，环境是指与个体之外的大大小小的社会共同体，小到一个班组、家庭，大到国家、民族。这些大大小小的社会共同体为个体所提供的足够的、支持性的道德环境，是德性发展的重要保障。过去，我们总是强调德育工作做得怎么样、做得好不好。其实，个体在环境中的生存状态以及个体对此适应所带来的情绪上的感受，是德育的重要前提和条件。如果提供了支持性道德环境，个体就表现为顺遂。当然这是指比较健康和公正的社会环境对于同样健康的道德需求的满足。人在好的生存关系中容易产生出安全、依恋、归属、自信、自尊的生活感受，而这些感受构成了个体德性成长的基础。

　　人有没有安全感、归属感，是与其有没有自尊、自信联系在一起的。过去，我们往往忽略了这一点，总是着力于把规范当作知识教给学生，而轻视学生的生存关系，不能给他们足够的安全感、归属感、尊严感，结果造成了德育的事倍功半。现在学生生存关系中的一些消极情感，如恐惧、焦虑、不信任、侵犯性、逆反心理、不合作等对德性成长的破坏作用，也还没有引起教育者的足够重视。所以，学生正当的安全感、归属感、自尊感和自然情趣必须得到满足，它们是健康自我形象的重要内容。一个拥有健康自我形象的人，在人际交往中常常表现出积极、主动、开放的态度。这种态度健全的人格形成的首要基础，或者说是最重要的基础，是情感。没有这些情感基础，学生对在学校、班级、群体中的他人及相应的道德教育环境就没有基本的依赖，因此其中所引导的道德价值也就对学生构不成影响。

　　在一个有安全感、信任感的集体中，学生不会感到道德是外部强加的约束。在自然、轻松的气氛中，学生已经接受了这种气氛所蕴含的道德文化导向。在获得安全感、信任感的状态下，消极的情绪可以用人们易于接受、认同的方式宣泄。按照情绪心理学中情感产生及其相互转化的规律，恐惧、害怕容易转化为攻击和仇恨，而安全、信任则容易转化为同情和爱。因此，德育要给学生提供和谐、融洽、安全、有序的人际关系和生存空间。总体来说，如果这种互动构成的是正向关系，那么学生获得的顺遂感、自我认同感和悦纳感将有利于引起他们自尊心和积极自我形象的建构。这是发展性德育中非常重要的机制。

对于一种有自觉理念指导的德育而言，若要对学生发展有真正的意义，需要高度重视德育过程中学生是否有经历和体验的产生。这就需要学校和教师特别精心地设计和组织各种道德学习的资源，让学生以情感—体验的方式学习道德、发展德性。通过特殊的脑活动机制，情绪、情感化的经历给人们留下的是情节性的场景记忆，给人们创造的是难以割舍和忘怀的生活情结。情感机制所表现出的作用是多重的：一是可以使人的道德认识、判断、决定处于"动力—发动"状态，从而保证人在道德认识和即时道德行为上的统一。这是因为当一个人的积极情感体验不断积累之后，就容易在行为上产生某种偏爱的立场、习惯、意向和定势。二是经常性体验积累所导致的情感状态及发展水平所构成的稳定的道德心境，是人们德性面貌的恒常心理背景。

总之，发展性德育珍视并积极设计不同的情感体验。这无疑将成为道德学习和德性生长与培养的一条行之有效的道路。

第八章 儿童道德情感的
发展、发展与教育

随着经验的积累，人们对情绪、情感有了越来越多的认识，道德发展与情绪、情感之间的相关性也逐渐明朗、清晰起来。个体道德的发展不仅是道德认知学习和教育的过程，也是一个道德情感学习和教育的过程。而且情感在道德成长中具有十分特殊而突出的价值。儿童道德启蒙首先是情感的启蒙，儿童的道德教育要以道德情感的教育为核心和基础。因此，从情绪、情感这一维度研究儿童道德教育，建立教育理念、探索教育机制是很有必要的。

本章在综合多学科研究人类情绪和人类道德的基础上，力图较为完整地分析儿童道德情感的发生、发展过程，界定它们的性质、功能，描述它们的性状，揭示其中多种因素的关系，论证它们对儿童道德成长的意义，并且在此基础上探讨合乎儿童道德成长的教育机制，并且尽可能抽绎出某些幼儿教育的学理。

一、儿童情绪、情感的发展在个体道德成长中的特殊价值

儿童情绪、情感的发展在个体道德成长中具有特殊的价值，理由如下。

（一）情绪、情感对人的发展特别是早期发展具有重要价值

在相当长的人类历史发展过程中，情绪、情感对于人的发展的正向功能并没有得到系统的开掘和充分的估价。直到 20 世纪 60 年代，对儿童的研究才推动了情绪、情感正向功能的凸显。

1. 情绪、情感是儿童生存适应的工具

儿童先天地具有情绪反应的能力，这种能力是儿童早期得以生存的首要心理凭借。对于处于前语言阶段的儿童，包括语言表达不尽完善的儿童来说，他们与成人进行心理沟通以及建立稳固的联系的主要信号不是语言，而是情绪、情感。情绪、情感以情感性信息的形式，将儿童的生理性、心理性需要和愿望在儿童与成人之间进行传递。如果这一传递过程不及时、不顺畅和不得当，儿童的生存适应便会出现困难，他们不能建立起对成人的依赖感、安全感、依恋感，甚至连他们生存的生物学前提都会被破坏。

2. 情绪、情感是儿童认识发生的动力

情绪、情感作为认识发生的重要动力，主要体现在如下两个方面。一是作为认识发生的背景动力，对认识的发生、指向起发动和导向作用。情绪、情感决定着人对某种情境是接近还是回避，是喜欢还是厌弃，影响人对认识目标的选择，影响人的智能努力朝着什么方向去发挥，从而必然影响知识的获得：在某些方面获得的更多，在某些方面知道的较少；在某些方面不断得到开发，而在某些方面得不到刺激和成长。二是作为认识发生的即时动力，对认识发生、发展起发动、推进和整合作用。情绪、情感使人的想象、象征、直觉同常规思维、概念产生密切联系，从而成为认识创造的源泉。

3. 情绪、情感对人的行为起内部监控作用

人的认识并不一定导致行为。从认识到行为，其中介是情感为核心的意向系统。情感在其中作为评价的震荡机制，使人选择某种行为

并使它现实化。人的情感体验以满意、不满意的感受状态，把自我感觉、自我评价、自我监督、自尊心、自信心、自制力携带构成一个主体对自己活动关系(物我关系、人我关系等)的内部监控系统。内部监控系统的客观存在决定了人不是完全依据外部世界的客观要求，也不是根据主体自身的原发性需要，而是从内部世界反观自身，理解主体与客体之间各种现实的或可能的关系，审度其中的利弊，然后把各种心理能量有效地聚合起来、组织起来，在情感的基础上产生意志力，继而通过神经系统的下行传导通路将信息传向感受器和外围，使自身行为上升为随意的动作水平，即直接控制主体活动。

4. 情绪、情感具有生命享用价值

情绪、情感的生命享用价值是通过人的情绪基调具有的唤醒、调节以及满足人心理上享乐和享受需要的功能加以实现的。关涉人的生命享用质量的感觉基调有多种。其中较为重要的积极感觉基调是快乐以及具有快乐基调的自足、兴趣、憧憬、希冀等。快乐能增强人的自信心，增进人际的社会联系，不仅使人享受到亲密、诚实和相互帮助的人际关系，而且鼓舞人运用智慧、调动潜能，并享受到成功的愉悦。同时，快乐又是紧张的释放和适度的唤醒，调节人体的激素分泌使之趋于平衡，以维持生命的内稳定状态，防止疾病的发生。这些都是基本的生命享用价值。

如果我们把人的发展分为两大维度，即智慧的发展和个性的发展，那么这两大维度都离不开情绪、情感的发展。就智慧的发展来说，情绪、情感起激发和组织作用。可以说，儿童所有活动的动力都同某种情绪相联系。即使是在相对静止、新鲜刺激较少的情况下，情感性唤醒也能内在地激发儿童去活动。例如，兴趣作为一种先天地使人寻找刺激的内在潜势，是引发儿童探索学习的重要动力。就个性的发展来说，情绪心理学的研究已经得出结论，认为判断儿童早期个性的发展时，可以把情绪状态作为观察的指标。例如，有的儿童爱笑，表明他们处于身心适宜和健康的状态；情感淡漠、兴趣索然是一种消极适应的反映，很可能表明他们与成人之间缺乏亲密的情感联结。因此，人的发展，特别是人的早期发展，绝不是仅由智力因素决定的，而是智力水平与情绪健康发展双重因素相结合的结果。

(二)情绪、情感是道德本质实现及个体道德发展的内在机制

道德是人类社会特有的现象，是区分人与动物的标志。它使人在浩渺的宇宙中组成一个有秩序的和有利于自身生存、发展的社会群体。它是人在面对与自然的关系、与他人的关系、与社会的关系时返身对自己提出的命令和要求，是由自己自主做出的选择性反应。它可以表现为两个层次的自我要求和自我选择：一是人适当约束自己当下的物质和精神欲求，以适应、归顺并满足更大利益范围的需要；二是人对既定的利益机制及秩序敢于超越，创造出更具长远利益的、满足更大多数人生存、发展的新的社会秩序。总之，道德表现为人的意志自由、自律，即人认定并顺应于正当的社会价值体系及其规范而主宰自己的意向和行动。

问题在于，对道德所反映出的人的意志自律在个体心理机制上的奥秘千百年来虽有大量的研究与探索，但相当一段时期以来获得的主要是思辨性资料，而缺少实证性资料，并且其中的认知与情感的关系问题在观念上经历了此消彼长的对立与冲突。对道德的研究中更多地指向理性世界观的层面，强调道德规范和原则的意义，而忽略了道德情感的意义。对此，吉塔连柯曾有一个生动的描述："在这种情况下，主体的整个道德选择、调节其行为的全部命令、义务都被归结为简单的幻想：每个人头脑里都有一个小'道德家'，他'依靠义务'经常把自己'个人'利益和'公共'利益综合起来，把一切都归到'强制'他的规范的栏目下，'然后'才对行动进行道德选择。道德已不是人的全部心理

活动的财富，不是这一生活的社会规模上的创造性的、积极的因素的表现，而是被神化了的悟性自我意识能力的某种抽象程序。"吉塔连柯还指出："夸大道德反思的作用，是十八至二十世纪初伦理学的特征。""这对那个时代来说，是完全可以理解的。然而，重复这种夸大，不仅有碍于正确地理解理论中的道德，而且有碍于有效地安排好教育和自我教育的事情。"①

20世纪六七十年代以来，国内外哲学界先后重新认识马克思主义哲学的唯物主义感觉论原则，指出正是马克思主义明确提出人不仅通过思维，而且以全部感觉在对象世界中肯定自己。马克思主义创立的感性物质活动—实践的学说能够从根本上解决情感与理性的关系问题，揭示出它们相互影响的辩证法，并将感觉论原则提高到了崭新的科学方法论水平上，在物质对象性的、历史实践活动的规模上对各种样式的、各个层次的情感世界加以理解。同时，20世纪60年代中期以来，以情绪心理学、神经心理学、发展心理学、文化人类学为代表的学科领域收集到了越来越多的关于情绪、情感促进道德发展的生理、心理和文化机制的资料，并且初步描绘出了这些生理、心理和文化机制的轮廓。当代道德的主体性质、道德作为人的意志自律和人类自由精神的本质越来越被人们认识，情感与主体道德形成的内在关系、情感作为个体道德发展的内在机制也越来越清楚地显现出来。人们发现，道德活动作为人类生活方式中不同于理论活动、物质生产与技术实践的一种独特的实践方式，并不总以逻辑认知活动及其结果为主要前提。相反，它常以社会性认知、人际关系觉知以及由上述评价活动引起的情感为主要前提和伴随物。它所运用和依赖的主要是情感智慧，即对

① ［苏联］А. И. 吉塔连柯：《情感在道德中的作用和感觉论原则在伦理学中的作用》，石远译，载《哲学译丛》，1986(2)。

社会、人际生态关系的认识智慧以及对自我认识与管理的智慧。加登纳在 20 世纪 80 年代初提出了人格智能理论，丹尼尔·戈曼在 1995 年明确提出了情感智商的概念，他们认为人的同情心和情绪自制力是道德的两大重要支柱。这些理论研究的推进从更深的层面证明了卢梭、康德以及杜威等人提出的科学不能自行解决道德问题的基本观念。道德判断与事实判断的不同之处在于道德判断必须有主体对其价值的喜好、认同与信服。情绪、情感必然地成为道德本质实现的最基本和最重要的表征。

由此，在道德教育理论的新发展中，对于情感的认识已远不止于将其看作道德认识转化为道德行为的中间环节，而是认为它在个体道德形成的完整过程中始终具有特殊的地位和价值。它是个体道德发展最深刻的内在机制。

二、儿童道德情感的发生、发展是一个过程

按照伦理学、心理学一般意义上的界定，道德情感是人对道德原则、道德规范表示接受、认同而产生的一种感受和体验。现在看来，这种传统解释的片面性在于，它实际上认定情感是认知和评价性概念的产物，它在时间序列上滞后于认知活动。事实上，儿童对道德观念的接受、理解是在其抽象思维发展以前出现的。也就是说，儿童早期的道德性品质主要是以情绪、情感活动表现的，道德情感的发生、发展过程就是幼儿社会性情感逐步得到升华的过程。这个发展过程可以从两个维度，即质料（情绪、情感品种）发展和形式发展的维度加以考察。

（一）道德情感的质料发展及其变式

道德情感并不是脱离一般情感的抽象物。人的感觉、知觉、激情、

心境、热情、赞成和谴责、共同感受、同情、友谊、团结、忠诚、爱国情感等极为丰富、广泛的情感都是道德的心理机制。人的道德积极性和道德上的自我发展正是通过这一心理机制表现出来的。儿童早期许多情绪、情感的表现都可能与日后发展成熟的道德情感有直接或间接的关系。

索洛维约夫在文化人类学研究的基础上提出有三种情感是道德发展主要的原始材料。它们分别是羞耻感、怜悯感和虔敬感。他认为，羞耻感是人与自然界的绝对差别的所在，任何其他动物都丝毫没有这种情感。羞耻感决定着人与物质本性的伦理关系，表明人羞于物质本性对自己的统治，羞于自己对物质本性的屈从而体现出不同于动物性存在的人的尊严。怜悯感是人伦关系的根基，是每个人生命基本的物质本质。它是主体相应地感觉到他人的痛苦或需要，对他人的痛苦或需要有同情心而表现出与他人不同程度的联合。虔敬感同前两种情感一样原始，但不规定人对自己本性和与己相似的人的道德关系，而是规定与一种特殊的，被视为崇高的，既不感到羞愧也不能加以怜悯的，而应当加以崇拜的形象有关的道德关系。它是由爱，由服从，由强烈的依赖、恐惧、敬重感，由感激过去的幸福和期望未来幸福的情感，也可能还由其他要素组成。羞耻感、怜悯感和虔敬感这些基本情感，把人对低于他、等于他、高于他的生物应有的道德关系包括无遗了。超越物质的情感、对有生之物的同情和自愿服从超越人类本原——这就是人类道德生活的永恒牢固根基。一切所谓美德都可以被视为这三个根基的变式，或者是它们与人的智力相互作用的结果。①

20世纪六七十年代，由现代情绪心理学的实验研究和哲学现象学

_____

① 参见王岳川、刘小枫、韩德力：《东西方文化评论》第四辑，北京，北京大学出版社，1992。

方法相整合而形成的心理现象学的许多观点，与索罗维耶夫的看法惊人地相似，几乎完全吻合地认定道德情感的发展与依恋、同情或移情、羞耻感的关系最为密切。

1. 依恋及其发展

心理学用依恋这一术语来描述个体生命早期与照料者的情感联结。当代哲学家和伦理学家将依恋作为爱的关系的先驱物加以研究。鲍尔比认为，依恋与情感得到保证和忍受分离的能力之间有密切的关系；依恋在形成情感联系的能力和向儿童所遇到的挑战进行斗争的能力的过程中被认为是非常重要的。麦考比认为，母亲对儿童的反应的敏感性和接受性促进一种稳定依恋的形成；这种依恋对发展儿童的合作性、社会性行为以及表达积极情绪的能力最有帮助，当它发展为更平衡的伙伴关系后将有助于儿童自我导向及领会他人的情感和关切。

关于依恋感的发展，研究者认为，它是一个从自然依恋向社会依恋，从无区别的依恋到有区别的依恋，从范围较小的依恋到范围较大的依恋的发展过程。例如，鲍尔比描述了婴幼儿依恋发展的四个时期，即无区别的依恋（8～12 周），有区别的对一个人或一些人的依恋（3～6 个月），通过语言与运动寻求对某些人亲近（6 个月～2 岁），有目标的伙伴（3 岁左右）。马尔文认为，依恋的发展在 4 岁是关键期，因为到 4 岁左右儿童才把照料者看作有感情、有动机的独立的人。对躯体的亲近已不再是最主要的，相互的交流、在活动中相互适应变得更重要。他认为，道德包含着对他人的尊敬；为了相互适应，必须能够了解他人，能设身处地。因此，这个时期的依恋关系的转变对道德人格的成长最有意义。

2. 移情及其发展

国内外心理学界认为，对移情研究最多的是霍夫曼。他将移情定义为"代替性情感反应"，即更针对他人的处境而不是自己的情况的一种情感反应。它可以是愉快的移情（对他人的快乐的反应），也可以是不愉快的移情（对他人的困苦的反应）。怎样的移情才与发展道德相关呢？有研究者试图做出某种区分。他们认为，目睹他人的痛苦可以引起两种功能不同的情感状态：一种是同情性的关切，由同情、关切、热心、心地仁慈等情感构成；另一种是个人的痛苦，由震惊、担心、难受、羞耻和害怕等情感构成。个人的痛苦的情感将引起唯我的动机以减轻自己的痛苦，而同情性的关切的情感则引起利他主义的动机以减轻他人的痛苦。很多研究证明，比起为自己的不幸感到悲伤或没有产生悲伤情绪的被试，为他人的不幸感到悲伤的被试更乐于助人。但怎样使儿童从一开始的以自我为动机的痛苦转化为感觉到受害者，而且愿意帮助受害者呢？目前的研究有强调各自不同方面的理论，主要认为这与认知发展，即认知性觉察有关。例如，霍夫曼针对认知觉察与同情心发展提出了一个对应表，见表 8-1。

表 8-1　认知觉察与同情心发展的对应

年龄	认知觉察	同情心发展
0～1 岁	整体的同情：自己和他人融为一体	
1～2 岁	自我中心性同情：有能力认识自己与他人是分别的实体	假定他人的内心与自己的相同，首次体验到对他人的关切区别于自己
2～6 岁	对他人的情感的同情：很原始地觉察到他人的内心状态与己不同	注意力由自己转向他人；力图找到痛苦的真正原因；解除痛苦的动机，自我中心成分减少
6～9 岁	对他人的普遍痛苦的同情：把他人看作与外在现存事件一致，而且是连续的	同情性痛苦及他人的普遍痛苦的精神表象；每日痛苦的程度；将来的状态的综合

3. 羞耻感与罪错感及其发展

传统的伦理学和心理学一直认为羞耻和罪错的情绪与道德的关系密切。这些情绪中的自我意识和自我评价的认知性成分促使人们规避某些事或想把某些事变得更好，从而将其与道德联系起来，关心正确和错误的评价与判断。但早期的理论较多地认为羞耻感和罪错感是同一情绪，以同样的神经生理机制为基础。后来，有些心理学家，如阿苏贝将羞耻感与罪错感进行区别，认为羞耻感可来源于行为，这些行为并不与道德规范相联系。他把这种羞耻感称为"非道德的"。埃里克森也认为羞耻感与罪错感是不同的情绪，他较多地给予羞耻感消极的评价。阿苏贝、伊扎德、吉利甘对羞耻感和罪错感两者与道德的关系以及它们的区别做了较为系统的研究。其主要观点是，羞耻感来自他人的评价，罪错感主要是自我评价并包括对于自己的行为是否伤害了他人的自我责任意识。羞耻感之所以与道德人格的健康成长有密切关系是因为羞耻感以评估的方式注意自我。对自我的注意引起的自我形象感比罪错感或其他情绪多得多。羞耻感往往由他人的语言所引起，因此它发展了对他人意见和情感的敏感性。罪错感则更以它的明显的认知性成分而帮助人们提高社会责任感，完善人格，推动心理的成熟。霍夫曼 1982 年提出的罪错感的发展阶段框架具有参考价值。1 岁时，儿童觉察到他人与自己有区别，开始有早期形式的罪错感。由于这一时期没有形成真正的因果关系观念，全方位感（sense of orinipotence）使儿童觉得所有的事物都与自己有因果关系，对完全不在自己控制之内的事物也产生罪错感。后来，当儿童发展出更精确的因果关系观念及更复杂的人际关系概念后，他们产生人际关系的罪错感。2～3 岁时，儿童觉察到他人不仅是物理的存在而且有感情的，发展出一种因未能行动、未能做出减轻他人痛苦的行为的罪错感。年龄更大的儿童看得更远，对他们的行为和未做什么的长期后果感到有罪错感。

通过上述哲学的、心理学的引证和探讨，我们确认有三种典型的作为道德根基的情感，即依恋感、同情心、羞耻感或罪错感。其中依恋感来源于儿童对养育、保护他的成人的依赖、信任。健康的依恋感与尊敬、敬爱的情感相通。这三种基本情感覆盖了人对低于他、等于他、高于他的生物应有的道德关系。儿童日后发展的道德情感及各种美德都与这三种原始道德情感有内在的依赖关系。

当我们探讨道德情感的质料这一维度时，除将上述三种情感作为根基性的内容外，还可以发现另有两种重要的情感可以视为这三种根基的变式。它们分别是兴趣愿望感和秩序格局感。兴趣是人类具有正向功能的情绪、情感之一。在活动过程中，由兴趣支配的劳动或探索活动为儿童带来极大的欢乐。欢乐又反过来激发劳动或探索的兴趣，支持儿童的情绪专注，使活动持续进行，从而让儿童实现自己的目标，体现自身的价值和尊严。兴趣和快乐所构成的复合情绪模式不仅驱策儿童在劳动或探索中不断发展，随着认知成分的不断增加还使儿童产生更复杂的情感性动机。即兴趣尽管重要，但不再是唯一的认识动机；愿望、期待、希冀等逐渐成为更复杂的动机，驱使儿童劳动、交往、认识、学习。这不仅具有道德意义，而且必然对儿童道德人格的发展起积极促进作用。秩序格局感指的是在儿童天赋的秩序能力的基础上发展起来的一种情感。根据蒙台梭利的研究，1.5～2岁是儿童秩序感发展的关键期。它表现儿童对既有格局的把握，对格局打乱的敏感，对秩序、和谐、美好的追求。秩序格局感不仅对儿童审美心理及能力有开发作用，而且对发展儿童对秩序、和谐、自由的追求也极具积极意义。在传统的心理学研究中，出于研究的需要，研究人员对理智感、审美感和道德感进行了区分。实际上这些情感都是人类的高级精神性情感。在它们的早期发育中，它们往往是浑然一体的，在日后的发展中也是相互依存、支持和相互迁移、转化的。因此，我们在探讨儿童道德情感发展的质料维度时，有必要将上述两种情绪、情感纳入其中。

(二)道德情感的形式发展及其阶段划分

从形式发展这一维度研究幼儿道德情感的发展指的是关注上述与

道德性相关的重要的情感质料的特定内容在儿童的情感反应方式和表现方式上的特征。我们将道德情感的形式发展大致分为三个时期，即原伦理状态道德情感时期、前道德情感时期、他律性或遵奉性道德情感时期。

1. 原伦理状态道德情感时期(0～1.5 或 2 岁)

道德是什么? 道德不是人对自己以外的客体世界的认识，而是人对自己与他人构成的关系、人与自己构成的关系的认识。道德是在人际关系世界中发生、发展起来的。

儿童从降生的一刹那起就落入人际的、社会的环境。从这一意义上说，情绪的最初显露就是其社会化的开端，就带有伦理的色彩、携带着伦理的胚芽。具有原伦理状态的情感主要是心理学所说的依恋感，伦理学将它作为爱的关系的先驱物、作为具有道德意义的人的爱能发展的源泉；依恋感表现为儿童与成人之间积极、主动的情感联系，即儿童具有与成人交往、接近、亲近的情感需要。如果成人以及时而适当的方式做出情感应答，儿童便因情感上的满足产生对成人的信任感。获得这种满足的儿童表情丰富、情绪基调快乐和稳定、心情安定、勇敢、自信、敢于冒险、对他人友善、容易接纳。健康的联系感是人的社会性情感乃至高级道德情感最重要的基质。我们把这一时期称为道德感发展的奠基时期。就辩证发展阶段来看，这一时期是个体道德情感发展的肯定性时期。

2. 前道德情感时期(1.5 或 2～3 或 4 岁)

这一时期是儿童真正的对外动作阶段。儿童学会走路并开始说话，加深了对外界事物的认识，发展了知觉常性；不仅表现在知觉上有特殊的敏感性，如对秩序的敏感、对细节的敏感、对裂缝的敏感等，而且能觉察到他人的情感、掌握成人或同伴的喜好。这一时期的儿童表现出强烈的探索和要求行使自主权的愿望，由此就可能会出现侵犯、占有、具有破坏性的行为或不卫生的行为，从而惹恼成人或同伴。当成人用规则限制儿童的行为时，他们或者与同伴发生冲突，对规则产生争论、表示抗争，或者试探、测知成人的态度。这些现象可以看作儿童对习俗规则和与他人情感交往的社会适应过程。

由于这一时期是儿童认知和社会性认知迅速发展的时期，通过对因果关系的把握，儿童可以从母亲和他人的表情、周围的气氛中预测自己行为的结果。儿童的本能与理智成为他们心理发展的内在矛盾。在这一矛盾运动中，儿童逐渐接受好坏的概念，形成某些规则意识，并使其成为他们对社会生活的适应过程和控制过程。

由于认知、表象记忆能力的发展，儿童不仅在当下生活事件中产生情绪和伴随着情绪对规则有所认识，而且能够回忆和模仿早些时候看见过的动作，积累一些刺激性强、印象深刻的情感经验。埃里克森把儿童这一阶段的心理发展确定为自主对羞怯的阶段，认为如果成人处理得好，儿童就发展自主感，否则会发展羞怯感。异于西方传统，这一阶段是培育儿童规则意识，让儿童产生对规则的情绪反应，留下记忆，积累情绪经验的最佳时期。一定的羞耻感是道德情感的萌芽。同时，适宜的自主探索愿望同样也是道德情感的萌芽。父母的公正、民主可以使儿童在探索规则、适应规则中表达自主、自立的愿望，提高适应、控制和参与的能力。合理的引导可以使儿童道德情感中内含的自主与适应达到平衡。

因此，虽然这一年龄阶段的儿童尚不可能发展出严格意义上的道德情感，但这是由内在矛盾冲突孕育而形成道德情感的一个重要时期。

3. 他律性或遵奉性道德情感时期(4～6、7岁)

这是儿童道德情感发展经过内在否定之后的否定之否定，即肯定阶段。这一时期的儿童在语言、独立行动等方面的能力大大增强，渴求新知、渴求交往的情感需求进一步增强，同时自我表现、希望得到成人赞扬和认可的要求进一步强烈了。虽然这一时期的儿童的思维特征处于皮亚杰提出的前运算阶段，道德思维仍处于自我中心阶段，但儿童已有初步的责任意识，道德认知进入客观责任阶段，情感发展处于单方面尊敬阶段。成人的情感态度、是非标准是儿童情绪发展的参照系，是儿童注意力和兴趣发展的源泉。

由于这一时期的儿童已进入幼儿园，教育生态环境的改变使其活动范围、交往方式和价值观念比以家庭活动为主的时期有了非常大的变化。儿童受到更多的集体规则的约束、限制，有了自我发展的更为扩展的参照系。

由于生理年龄、心理年龄和学龄的特征，我们把这一时期看作儿童道德发展的黄金期，将其视为公共教育机构实施道德教育最有效的启蒙时期。有的心理学家把这一时期称为"好儿童、好孩子"时期。

这一时期儿童接受道德观念、学习道德经验是以服从权威的外部控制的机制完成的。儿童情绪上的易感性、表情的外显性、行为上的模仿性，是教育机构组织有目的、有计划的情感发展训练和教育工作的前提条件。但是这一时期儿童的学习和道德情感经验具有浅表性、即时性，道德认知的内容是一些常见的发生在特定场合的事，儿童的自我结构还不能将单个的自我特征有逻辑地组织起来，也不可能通过道德的普遍性特征来认识事件与自己的关系及事件的意义。因此，这一时期出现的有关道德的情感只能说是准道德情感。

三、儿童道德情感教育的基本思路与主要实现途径

阿扎罗夫指出，在情感世界里，任何什么东西也不会自然地产生，因为这是与学习或者其他工作一样复杂和费力的心、脑、精神工作。儿童的情感绝不是自然成熟的，尤其是道德情感，是在教育促进下才

能发展、成熟的。但是，由于儿童情绪、情感的特征和发展阶段的特殊性，教育应是循序渐进、因时因地制宜的，必须极其细致，讲究方法。

首先，不要把道德情感与一般心理情感截然分开。儿童的社会性情感的发展、儿童的情绪品质都与道德情感的产生、发展有直接的关系。例如，儿童的依恋感、信任感和自主感虽不等同于道德感，但都是道德感形成的重要基础，甚至是道德形成的基石性材料。再如，儿童的情绪品质诸如情绪的感觉基调、情绪的稳定性、内化水平、注意力是否集中等因素直接影响儿童与他人交往的质量，也与道德情感有关系。

其次，教育不仅能引导、培养道德情感，也能适应、满足和调节儿童的情感需求。因此为儿童提供一个有健康、和谐情感应答关系的精神环境就特别重要。它不仅包括温馨的家庭亲情关系，也包括亲切、友好的互动关系。健康合理的人际交往环境所奠定的儿童社会性情感和良好的情绪品质，是道德情感孕育发展的必要前提和基础。

最后，儿童最主要的积极情绪是兴趣和快乐。因此，教育在道德、科学、审美上的大量要求应在引起快乐—兴趣基调的前提下加以实现。儿童在感受、体验、实现道德行为时一般应具有肯定性、积极性的情绪、情感。对于消极的道德情绪体验，我们应适时将其转化为肯定性的道德情绪体验。儿童道德教育的任务主要在于考虑认识哪些道德现象以及用什么方法使儿童感到道德满足的乐趣。

（一）为儿童归属感、依恋感、信任感的形成提供一个良好的教育环境

现代心理学研究认为，人有获得归属感、依恋感、信任感的需要，它们是人的初级的社会性需求。归属感、依恋感、信任感虽然并不是道德情感，但这类情感的社会性本质使它们可以发展成为同情、友谊、分享、合群、尊敬，以至集体感、爱国感、责任感等更高形态的道德情感的重要基础。因此，儿童的家庭教育和学前教育中都应致力于营造一个温暖、安全、信任、互助的环境。这一环境表现出以下一些特征。

1. 有积极、适时、确当的成人与儿童之间的情感应答

如果父母、其他抚养人或教师关心儿童正当的情感需求，经常以目光、微笑或体态动作给予儿童积极的、适时的、确当的应答，儿童的情绪、情感就会比较安定、平和，产生满足、依恋、快乐、放松的感受。在这样的环境中，儿童对成人采取信任、合作的态度，表现得自然、坦诚、诚实、开朗。

相反，如果当儿童的情感需求及其种种表达情绪的信号得不到成人及时的关注、应答，或者被简单、粗暴的方式加以拒绝，儿童的情绪表达、情绪感受就会扭曲，情感能力便可能消退，以情绪为讯号的社会性需求、社会联系感会遭到破坏。这样不仅使儿童产生冷漠、孤独感、疏离感，而且为其日后发展亲善性、合作性品质带来极大的障碍。

2. 有是非、爱憎分明的情感态度及情感氛围

儿童尚无成熟的自我评价能力，成人对是非善恶的评价标准、情感态度以及由此构成的道德情感氛围是儿童道德情感发展的参照系。家长、教师的是非、爱憎分明的情感态度，细腻而有分寸的鼓励、赞许、支持以及温和而不失信任的提示与批评，使儿童易于形成健康的依恋，而不是回避、抗拒的不安全依恋；使儿童形成自主感体验，而不是自我中心的、不能延迟满足的任性。无论在家庭教育中还是学前教育中，不讲原则、不分对象、不负责任、不计场合的赞许与批评都会造成儿童价值评价混乱，使儿童或骄横、任性、缺乏自制力，或紧张、焦虑、压抑。这两极殊途同归，不能形成社会性发展以及道德发展的情感心理基础。

(二)对儿童的自然情趣给予珍爱、保护并精心开发

儿童道德情感教育与对其健康的自然情趣的保护、尊重不是对立的，而是协调一致的。这一思想在启蒙思想家、教育家时代已得到深刻的认识。他们提出，外界教育必须与儿童的天性自然发展相一致；按照儿童自然发展的要求和顺序进行教育；幼儿期的首要任务是锻炼儿童的感官，而不是急于形成各种概念。儿童有许多自发、自然的情趣是健康的，甚至是有道德意义的。例如，儿童自发地运用身体感官操作实物，有劳动、为他人做事的欲望；运用身体感官探索自然界，欣赏大自然的美丽，喜爱小动物；运用思维与语言与他人交流等。这种好奇、求知、善良、好客、勤劳、创造、爱美等都是人的自我本质确证的方式，儿童能在这些活动中获得极大的满足和快乐。如果我们尊重儿童的自发情感，保持、发展他们天真的乐趣，就能促进他们道德情感的良好发展。

(三)对儿童进行专门的道德情感教育与训练

专门的道德情感教育与训练指的是有目的、有计划地帮助儿童进行道德情感学习、积累道德情感经验的教育活动。

1. 道德情感经验的内容

帮助儿童积累的道德情感经验主要是同情、关心、分享、互助、合作等情感经验，羡慕、尊敬、向往好人善事，满意、愉快、自豪于自身的道德行为表现，以及对道德过失、道德评价、道德舆论的羞愧、不安甚至内疚的情感体验等。

2. 道德情感经验的类型

(1)情感引发性的道德情感经验

容易激发、易受感染，是儿童情绪、情感的一个主要特征。儿童积累道德情感经验的基本方式是情绪引发性的方式。心理学研究中的四种引发情绪的方式可以借鉴运用。一是由感染引发情绪。它源于移

情原理，可以在一定的现实情境中由教师或他人引发情绪；可以在再造情境中由表演引发情绪；也可以由语言描述引发情绪。二是由想象引发情绪。有的心理学家发现，想象中的情绪刺激所产生的内心骚动和生理反应与实际的痛苦刺激所诱发出来的情绪相类似。这一揭示为我们引发和调控儿童的情绪带来很大方便。三是由记忆引发情绪。人类记忆不仅能再现曾经感知过、思维过和操作过的事物，也能再现曾经体验过的情绪。四是由表情引发情绪。汤姆金斯等人认为，由于人类表情具有先天模式，而这些模式是贮存在皮层下中枢——下丘脑里的，当皮层运动区外导通路达到面部的神经刺激通向下丘脑时，下丘脑便激活表情的模式，并内导反馈达到皮层感觉区，整合情绪体验。伊扎德还进一步指出，面部表情的反馈比起单独的记忆、想象来，将引起下丘脑的活动和相应的更强烈的情绪体验；个体体验到的情绪是更精确和更完整的。这就是说，表情不仅能引发儿童自身的情绪，而且其引发情绪的效果比想象和记忆更好。显然，它是学前教育中特别有价值的一种引发方式。

（2）情感理解性的道德情感经验

随着认知心理学的发展，现代情绪心理学越来越强调认知评价在情绪发生中的作用。拉扎勒斯说过，信息或价值观等不能自发地成为情绪，它们必须进入那个情境，所以情绪依赖于人如何解释情境。[1]过去，我们对"道德认知可以促进道德情感的发展"这一命题的理解十分空泛，甚至也很片面，没有深入探究其中的具体机制。现在我们知道，认知性评价、理解可以改变客体同个体需要、个体预期之间的关系，从而引起不同的情绪体验。儿童由于其自身认识能力的不足，不仅需要教育者使用语言对情境加以解释，而且应当使用诗化的语言，

---

[1] 参见孟昭兰：《情绪心理学》，北京，北京大学出版社，2005。

即与概念语言并列的情感语言、与逻辑的或科学的语言并列的诗意想象语言；不仅用诗化的语言解释真实的情境，而且设法根据教育的需要创设各种再造情境、参照情境。相关研究认为，儿童对情绪感受的认知—命名、理解和运用是在参照情境中出现的情绪画面、儿童自身的情绪表现和成人的言语描述这三者之间产生联系的过程中获得的。只有在表露出这种联系，而且这种联系发生在一定的参照情境中，教育过程才有效果。因此，为了使儿童获得一定情感理解性的道德情感经验，教育者要教儿童用语言表达自己的情感，认识自己或他人的道德情感的内涵，会用语言指称它们。这有助于儿童将这一情感经验巩固下来，以记忆的形式储存起来。同时，教育者的指示语、解释语要紧紧利用参照物，情感词汇要丰富，语言语调要柔和多变，体态表情要鲜明。为了传达和培养儿童更细腻、更确切的情感体验，教师应运用扩展性描述、启发性语言等促进儿童的理解与共鸣。

（3）行为表现性的道德情感经验

不同于成人，儿童情感经验的稳定性弱、变动性强，内隐性弱、外显性强，体验性弱、感染性强。因此，教师可以充分利用这些特点，让儿童在自己的行为表现中获得经验、积累经验。儿童的利他行为、礼节性行为甚至一些属于个人生活习惯的行为，都是具有社会性含义的，本质上反映着对他人、团体和社会关系的态度。对一定文化中人们所接纳和赞同的行为、习惯的形成也就是儿童道德社会化的过程。道德教育的过程往往是制造一个特定的场所，创造一定的道德交往关系，帮助儿童去反复练习某些社会性行为。这个过程既是儿童观察学习的过程，又是儿童亲身体验行为本身及其结果中的甘苦喜乐的过程。一方面，儿童以他人为参照系，在行动中，在交往中，学习并掌握社会性道德评价的尺度；另一方面，各种情感体验留存在儿童记忆中成为情感经验。一次次的行动使儿童此后进行新的认知加工，唤起新的情感。上海市开展的"爱的操练"系列教育就是通过精心组织儿童爱父母、爱教师、爱同伴的活动，训练其行为，以交往行为中的情感传递为强化机制，将儿童的社会情感推衍、迁移和升华的有效方式。儿童除了表露积极的社会情感外，也常常会表露一些消极的社会情感。对于儿童的一些看似不合理的行为，成人绝不要简单地判断其是非而急于改变其行为。因为儿童在语言、举止行为中流露出来的情感常常有较为隐蔽、复杂的原因，如有没有安全感、信任感，有没有自信心、同情心、责任心，是否有病或紧张、焦虑等。对儿童不适当的行为和反映出来的消极情绪，成人应抱宽容、接受的态度（接受不是赞同），以理解的立场允其顺畅表达，可以用语言、不伤害他人的动作、运动、哭诉等方式表达，也可以用唱歌、跳舞、绘画、游戏等创造性方式表达。教育指导儿童表达、宣泄情感的过程，正是儿童学会识别自己的情绪、表达自己情感的过程，也是儿童合理处理、控制自己情绪，培育同理心、自制力的过程。

3. 当前幼儿园进行道德情感教育的主要途径与方法

道德情感教育实体化的途径是指有计划、有目的地安排集中、系统的情感教育课程，根据儿童需要的道德情感经验的内容、类型及范围制定出系统的课程大纲，有计划地加以实施。情感教育课程的优点是有理论依据、时间集中、目的明确、教育氛围好，如爱祖国、爱家乡的教育课程，社会交往能力的训练课程，认识自我与他人的个性培养课程等。这些课程组织形式本身具有较强的目的性和约束力，使认识与情感的结合比较自然，也注意道德行为的导向。

当下还有一种非实体化的、分散的、渗透在各种教育活动之中的情感教育。按照《幼儿园工作规程》中的德育目标，采取非实体化的途径，同样需要教育者具有强烈的重视儿童道德情感发展的意识，善于建构具有良好的师生关系、亲子关系、同伴关系的情感氛围，注意利用各种教学领域的活动，满足儿童的情感需要，因时、因人而异地实现道德情感发展的任务。

(1)随时注意每个儿童情感的流露与变化

儿童表现出的行为总是有原因的，成人要努力理解儿童的言外之意并接受他们的情感。无论是积极情感还是消极情感，成人既要乐意接受儿童的微笑，又要接受儿童拒绝、反抗的表情，理解他们的内心矛盾。成人的同情与接受会鼓励儿童敞开心怀，与他人交流。

(2)帮助儿童表达情感

自由表达情感可以减轻儿童的心理负担，使儿童更自信。表达的方式是多种多样的，哭、笑、唱歌、语言讲述、操作游戏材料或体育运动形式等都是有益的。如果儿童能用语言表达自己的情感，他们就向能够控制情感迈出了第一步，他们以后的反应就会更加理智。

(3)指导儿童调节与控制情感

儿童控制情感的能力较弱，而自制力的发展要依靠成人的引导。在生活中，儿童难免会遇到挫折、打击，遇到力所不及的事情。成人可以教儿童学会对待各种复杂的情境或难以解决的情感困惑，可以和儿童谈心，或组织几名儿童对同样的情感经验进行回忆、讨论，或讲故事暗示解决的办法等；也可以直接建议儿童在游戏中学会调节情感。

(4)创设民主、亲切、友好、互助的人际情感环境

成人应提供丰富多彩的、适应儿童成长的物质设备，让儿童经常与发展水平相近的同伴一起进行各种有趣的活动，使他们获得安全、自信和成功感。

更多的道德情感教育实施方法是潜移默化地渗透在儿童一日生活中的，是贯穿在品德实践过程中的。从组织欢庆节日、游览河山、升国旗、放风筝、种树苗的活动，到组织帮助迷路的小朋友的活动等，都是宝贵的道德情感经验积累的方法。

第九章　与人的德性发展相关的
情感开发与培育

一、秩序感的教育价值及其教育建构①

随着情感教育理论研究和实践的不断发展，我们把研究的视角逐渐深入那些个体生命中具有综合性的，能为真、善、美情感的发展起奠基和迁移作用的基础性情感，重视对生活中真实的、可直观的、能促进人格全面发展的基础性情感教育的研究和开发。秩序感就是这样一种基础性情感。本章力图对秩序感教育的开发价值、个体早期秩序感的发展阶段以及秩序感教育的原则和途径等进行初步的探讨。

（一）什么是秩序感

秩序是通过时空形式所表现出的事物或要素间和谐统一的运动状态，具体表现形态有均衡、比例、对称、节奏、韵律等。由此引出，秩序感是人的生命对秩序的感受和追求，是人类的文化心理结构的积淀，是自然—生物和历史—文化演变的结果。人的进化是从单细胞向多细胞不断分化、整合，从无序逐渐发展到有序的过程。无论是从肢体结构还是生命运动来看，人都是秩序的生命体。但是人毕竟不仅是

---

① 本部分是作者与南京师范大学教育科学学院易晓明博士合写的。

一个生物存在，还是一个社会存在。所以，秩序感也必然打上了人类与世界混乱作斗争，以求得秩序、求得生存和发展的历史烙印。可见，在把握和创造秩序的过程中，人们的诸多心理功能和谐运动，使生命结构与之发展同构和契合。此时人们会产生愉悦、兴奋、舒服的感觉，即秩序感。它是人类生命中的基本情感需求，它的满足使人类的生存和发展有了保障。

（二）秩序感是个体生命的宝贵财富，具有教育开发价值

秩序感是具有真、善、美价值的基础性、整合性情感，它能够促进人的认知、道德和审美的发展，是培养完满人格的重要教育资源。

1. 秩序感与求真

第一，秩序感可以开启智慧。皮亚杰的儿童智慧发展理论为我们揭示了人的思维发生发展过程。他把感知—运动阶段作为儿童认知结构发展的起始，认为这个早期的心理发展决定着心理演进的整个过程。皮亚杰以动作的普遍协调作用来表示感知—运动的智慧：在所有这些根源于天赋而后天获得分化的智慧里，人们从中可以找到某些共同的功能因素和某些共同的结构成分。功能因素就是同化作用；结构成分主要地就是某些次序关系、全部嵌套接合关系和全部对应关系。[1] 也就是说，在人的思维发展的起始阶段，智慧中普遍存在一种基本的结构成分——秩序关系。这使处于感知—运动阶段的儿童主要表现为靠自己的肌肉动作和感觉来应付外界事物。儿童通过不断与外界交往，使动作慢慢协调起来。儿童智慧的发生正是基于这最初的秩序性、协调性动作以及儿童对它们的知觉经验——秩序感。正是这种经验，才是后抽象逻辑的感情基础。[2] 自从有了符号功能以后，儿童的这种秩

---

① ［瑞士］皮亚杰：《结构主义》，倪连生、王琳译，44页，北京，商务印书馆，1984。

② 王振宇：《儿童心理学》，145页，南京，江苏教育出版社，1987。

序化动作就不断内化，智慧由感觉运动向心理意象活动过渡，即向运算阶段发展。只有到了具体运算阶段、形式运算阶段，儿童的认知结构具有可逆性、同一性时，他们才会有分类、对比、序列等思维形式。运动实质上也是一种动作，是一种内化了的、可逆的秩序动作，是形成逻辑思维的标志和基础。由此可见，秩序感是开启智慧、促进逻辑思维形成的基础性情感。

第二，秩序感可以激发求知欲。规律就是一种秩序，它反映了事物间和谐运动的关系。中外许多科学家都相信自然界是有规律可循的，它是按照优美和谐的原则组成的秩序系统。所以，他们怀着这样的信念，即通过对自然秩序的追求，通过对秩序形式的感知去发现真理，去探索世界的奥秘。日心说理论的提出者哥白尼发现，地心说创造的本轮太复杂，不具备和谐美的形式；如果以太阳为中心就能使行星轨道的大小、运动速度和排列顺序关联起来，形成一个紧密有序的整体，充分显示出宇宙秩序之美。正是一种强烈的追求秩序的欲望，使哥白尼敢于推翻由教会支持的地心说理论，创立了不朽的日心说。数理化中的许多公式、定理都是以对称、均衡等秩序美的形式展现出来的。在数学教学中，教师通过激发学生对形式美的感受和喜爱，调动他们的生理、心理系统，增强他们的学习兴趣。秩序感可给学生提供解决问题的思路和方法。例如，对秩序形式的感受和追求可以激发学生的创造性思维，促使学生寻求简洁明了的方法。

2. 秩序感与求善

道德是人类一种特殊的社会现象。它通过人类的实践主体性的发挥，利用立法来规范行为，从而使人类不断完善自我，创造出人类赖以生存和发展的秩序社会。对社会秩序的追求既是道德的出发点，又是其最终的归宿。秩序感在人类求善的过程中究竟起着什么样的作用呢？

第一，秩序感促进个体社会性需要的产生和发展。婴儿在出生三个月后就会出现有意识的微笑，这预示着他们最初的与他人交往、沟通的社会性需要产生了。婴儿与他人的交往首先是从人们的面孔和声音开始的。因为人脸所体现的是一种对称、比例和均衡，而人的声音则以有节奏的声波传入婴儿的耳朵。这样的格局与秩序对婴儿有着较强的吸引力。每当看到人脸，听到人声，婴儿会报以微笑，会手舞足蹈。渐渐地，婴儿会由对面孔、声音的喜爱，发展到愿意与他人进行多方面的交流与沟通。在这样的交流过程中，婴儿的社会性需要得到了满足，基本的社会性情感和人际联系感等得到了发展。这些为其日后道德的成长奠定了良好的基础，因为道德就是从人类早期的社会性交往中发展起来的。

第二，秩序感促进个体道德从他律向自律的过渡。个体道德水平的提高除了必要的思维能力的发展外，还有相应的社会认识能力的发展，也就是对他人、对关系的意识的发展。儿童社会化发展的理论以及儿童的绘画资料都表明儿童在七八岁时就有了对社会成员的认识，即个体意识到自己与他人存在双边关系；而且这样的关系不是杂乱、无规则的，是存在明确的秩序的。道德发展理论告诉我们，人的道德从他律向自律转化的时间是七八岁，由此发现道德发展水平与个体的认识之间确实存在明显的对应关系。为什么会有这样的对应关系呢？因为，当个体意识到自己与他人之间的联系并对空间秩序有了明确的感受时，个体就获得了走出自我中心的条件。在群体中，个体初次感受到群体间和谐、有序关系所带来的喜悦，意识到人与人之间的信任和尊重，并且也表现出团结、合作的态度，遵守群体的一些规则，尽力去维持这样的秩序关系，维持群体的整体性。这促进了个体道德水平的发展。个体的一些道德观念往往是在个体之间形成团结等秩序关系时才产生的，如平等的公正感。① 随着人际秩序感的扩展和丰富，个体对规范行为、维持社会秩序的道德的需求逐渐变得自觉、强烈，道德人格也将得到不断的提升。

3. 秩序感与求美

我们把具有美感价值的秩序感称为秩序美感。从美学的角度讲，秩序美感是人类史上最早的审美情感。在原始的生产劳动、制造和使用工具过程中，原始人逐渐发现和掌握了自然秩序形式，如次序、对称、节奏、韵律等。当他们利用规律去改造世界并达到了自己的目的时，合规律性与合目的性就得到了统一。从此以后，对称、均衡、节奏、和谐等美的形式被抽离出来，成为一种独立的、完全的审美对象，由此有了原始艺术。在对自然秩序形式规律的观照中，人的感官和情感与之同构对应，产生了情感愉快。这便是人们获得的第一次审美体验。它是人类审美意识史上的重大事件和质的飞跃。

审美心理结构积淀于个体，使个体在婴幼儿时期就表现出了朦胧的秩序美感。例如，婴幼儿会为一个和谐、有序的物体形式结构发生了变化而大哭不止，直至恢复原有的状态。婴儿甚至在两三个月时就对有节奏的声音特别喜爱。秩序美感作为基本审美经验，它本身的发展就是一种美感的成长。所以，不管是艺术创作，还是欣赏艺术作品，我们都需要有对秩序形式的感受和领悟。这样的秩序美感应是一种基本的审美情感能力。它的发展能够进一步提高我们创造和欣赏艺术的水平，提高我们的审美情趣。

---

① 魏贤超：《道德心理学与道德教育学——柯尔伯格研究》，94 页，杭州，浙江大学出版社，1995。

（三）个体秩序感的早期发展阶段及表现形态

秩序感在个体生命中具有早发性。在胚胎和婴儿初期，它主要表现为个体的生命秩序需要的满足。因为，对于一个非常柔弱的个体来说，它首要且基本的需要是维持生命，使身体各个循环系统处于有序的运行状态。例如，当怀孕的母亲情绪失调、身体不适时，胎儿也可能躁动和不安。这反映了胎儿对秩序已有了生物感应。当然，这时胎儿对秩序的感应是极微弱的，是无意识的。随着生命的诞生，秩序感在个体的身上日渐显露，个体会以喜、怒、哀、乐等基本的情绪来表达外界的环境是否符合他们的生命节律。这样的情绪反应来源于个体对生命秩序的要求，他们希望求得外界秩序与内在秩序的统一。这已经是秩序感的萌芽了。尽管这时的秩序感较多地表现为具有生物性的自然感性特征，但它是个体情绪的正向表达，是合乎生命的表达。在这个时期，我们可以以安全感和归属感来表征秩序感。马斯洛在谈到人的安全感时指出："儿童在安全方面的另一种表现，是喜欢某种常规的生活节奏。他们仿佛希望有一个可以预测的有秩序的世界。"[1]其实个体对于预测的有序世界的渴望就是为了满足生命秩序的需要，他们安全感、归属感的获得正是基于内在生命秩序的实现。

1~2岁是个体秩序感发展的敏感期。此时个体从一种向内的秩序感受逐渐转向对外在事物的秩序形式、格局特别关注，有强烈的追求外在事物秩序化的欲望。如前所述，当事物已有的秩序被打乱时，1~2岁的幼儿会表现出极度的不安和焦虑，甚至大哭不止。我们用格局感来表征此时的秩序感。幼儿的秩序感在于认识到每样物品在它的环境中所处的位置，记住每件东西应该放在哪里。这意味着一个人能够

---

[1] ［美］马斯洛等：《人的潜能和价值》，林方主编，165页，北京，华夏出版社，1987。

适应自己的环境，在所有的细节方面都能支配它；这是一种内部的感觉，这种感觉区别各种物体之间的关系，而不是物体本身，由此形成了一个整体环境；在这种环境中各个部分相互依存；这样的环境为一种完整的生活提供基础。[①] 此时幼儿具有一种较强的细节记忆能力，这使他们对事物的秩序关系特别敏感。

5～6 岁时，个体的时空秩序感初步形成。研究表明，儿童对时间秩序的感受和把握是随着年龄的增长逐渐发展的。5～6 岁儿童对一日之内早、午、晚时序能进行正确的区分，4 岁儿童仍较难进行正确的区分。4～6 岁儿童对一日前后延伸的时序和时序的相对性感受水平较低，直到七八岁时才有明显的发展。并且他们能够识别跨周、跨月以至跨年的季节延伸时序，能感受到时间有规律的交替变化。对于空间秩序的知觉就是具体对自身或物体所处位置和方向的反应，如对上下、前后、左右等的知觉。研究表明，3 岁儿童能正确知觉上下方位；4 岁儿童能正确知觉前后方位；5～6 岁儿童能以自身为中心知觉上下、前后方位并开始对左右方位有知觉。[②] 由此可见，5～6 岁是个体时空秩序感发展的关键期，而时间和空间正是运动物体的存在方式。所以，时空秩序感的获得有助于个体对事物间、人际秩序关系的感受和把握。

7～8 岁是个体秩序感发展的又一关键期。此时除了对物的秩序关系、对时空秩序的感受越来越明确、越来越深入外，个体还逐渐感受到人际秩序关系。随着年龄的增长和社会交往的不断扩大，7～8 岁的儿童走出了以自我为中心而进入群体，在与同伴的游戏中开始自觉地

---

① 参见[意]玛丽亚·蒙台梭利：《童年的秘密》，马荣根译，北京，人民教育出版社，2005。

② 高月梅、张泓：《幼儿心理学》，127 页，杭州，浙江教育出版社，1993。

遵守规则，力图在群体中维护和协调人与人之间的和谐关系，由此获得人际关系和谐所带来的愉悦。所以，该时期是个体形成人际公正感的重要时期。它是个体协作和相互尊重的结果。

我们把安全感、归属感、格局感、时空感、公正感等都看作秩序感的表现形态。尽管它们在具体的内容、表达上有所不同，但它们有其内在共同性的价值，即反映了人们对物与物、人与物、人与人之间和谐、有序关系的感知觉。简言之，这些情感的获得在本质上都是人对某种秩序的需要得到了满足。

总之，个体的秩序感随着年龄的增长、生活—心理范围的扩大以及社会文化的发展而不断提升，从纯粹的生物性感知觉发展到具有社会意义的复杂情感体验。这正如荣格所说，人的内在无意识秩序在其初级水平上是使我们的机体保持着与自然的有机规律和宇宙的物质规律之间的一致（生物性）；在发展到高级水平之后，使人与人之间的相互交流与联系保持集体的统一—社会性。

（四）秩序感的开发与培育

1. 秩序感的培育原则

（1）及早实施教育的原则

前面已经论述过，秩序感具有早发性。它在个体的婴幼儿时期甚至胚胎时就已通过自然感性的形式表现出来。所以，及早对婴幼儿实施秩序感教育是可行的。个体年龄越小越具有原初的相对完整性，具有发展的各种潜能。当然，潜藏于每个人内心深处的秩序感只是一种"善端"。一个胚胎还不完善、不成熟，这要求我们要在后天注意呵护和培育。教育者要珍视这种有价值的情感，及早地实施秩序感教育，这是非常必要的。

（2）注重关键期开发的原则

在关键期，个体处于非常积极的准备接受状态，存在某种特殊强烈的需要。若能及时地给予刺激和满足，个体的这些能力、行为就会得到很好的发展。在上述几个关键期，个体表现出对某种特殊秩序的喜爱和追求。这时教师和家长要特别关注他们的这种需要，多提供适当的刺激、帮助，使其得到满足。

（3）尊重自然、适应自然的原则

人是有血、有肉、有感觉的生物体。只有尊重人的自然感性，使其在理性的指导下充分、合理地表现和发展，人的本质才能真正地凸显。因此，对儿童秩序感的教育必须遵循尊重生命秩序感受、适应秩序感自身发展规律的原则。首先，秩序感的本质是一种精神，是生物性与社会性的统一体。它的发育和成长不能脱离生物载体，不能脱离生理上的满足和愉悦。它也必须有生物学层次的表达方式。例如，在个体的婴幼儿时期，秩序感就较多地以生物形态的情绪来体现。所以在教育中，我们必须尊重秩序感的自然感性性质。其次，秩序感作为人内在固有的情感，有其自身的发育、成长规律。它在不同的年龄阶段会有不同的具体内容，会以不同的情感形态表现出来。这就要求我们的教育不能超越规律，必须适应秩序感发展的内在过程。教师和家长要善于抓住秩序感发展过程中的生长点，对其采取不同的教育方法，促进其发展。

（4）综合培养的原则

秩序感是生命中的基础性情感，它辐射在人们平时学习、生活和工作的方方面面。所以，对学生的秩序感教育就不应局限于某一渠道，局限在学校和课堂里通过专门的情感教学来实施，而应该渗透到他们日常的生活起居、劳动、交往、娱乐等诸多活动中去，使学校、家庭和社会三者相互配合，为学生提供一个多维度、多层面的和谐、有序的环境，让他们在这样的共同体中感受秩序、追求秩序。另外，秩序感是整合性的情感，它渗透于人们的认知、道德、审美活动中。因此，我们要综合地培养学生的秩序感，充分发挥知识教育、道德教育和审美教育之所长，从不同的角度丰富学生的秩序感体验。

2. 秩序感的培育途径

(1)间接途径

间接途径包括教育关系的和谐化和教育活动的节奏化。前者指教育者与受教育者要共创一个人与人之间、教学之间、各学科之间、课内外之间的和谐，以及学校、家庭与社会之间和谐统一的最佳教育空间环境。后者指在教育中要有缓急的交替和周期的间隔，使教育活动适应教育者的生命节奏。间接途径只是为个体秩序感的教育提供一个有序的时空环境，让他们在这样的环境中潜移默化地受到影响。

(2)直接途径

①自然感性教育。秩序感教育要及时抓住儿童期这个感觉极为敏感的时机，让儿童积极地去感受生命秩序，发展身体各部分的节奏能力和协调能力，体验自身的新陈代谢规律；引导儿童感受自然秩序，亲身体验现象世界，如昼夜交替、四季变更、阴晴圆缺等表象中对称、均衡、节奏有机统一的秩序模式。经大自然中无数秩序的陶冶和熏陶、通过内在秩序与外在秩序无数次的相互作用，儿童对自然秩序的感受才会更加丰富、持久和稳定。

②日常生活教育。实施秩序感的教育应立足于儿童的日常生活。第一，通过走、站、坐、跑、跳、吃等基本动作的练习，协调儿童的大脑、神经以及肌肉的活动，使它们具有整体性和秩序性。第二，让儿童学习一些社会礼仪和规则，养成一种自觉遵守人际规范、维护人与人之间的和谐秩序关系的意识。第三，让儿童学会美化和整理自己的户内、户外环境，养成爱劳动、讲卫生的习惯，同时也获得清洁感、秩序感。第四，对于儿童的睡眠、饮食都要适当地进行控制和调节，保持一定的度，培养他们有规律的生活习惯。

③学科知识教育。教师要让儿童在知识的学习中丰富秩序感体验。对于数理化知识，教师要在教学中尽量遵循形象化的原则，大力展现美的形式，把它们转化为具体可感的形象和生动的模式，让儿童在感受和谐、对称、均衡、节奏的形象、模式时获得丰富的秩序美感，并且轻松自如地内化知识。对于文科知识，如我国古代诗歌，教师要让学生反复朗读、吟诵，让他们自然而然地体会其中的节奏、韵律，并逐渐培养语感。

④审美教育。审美教育是着眼于生理心理、感性理性、认知道德审美综合发展的教育，它的功用在于造就"内具和谐而外具秩序"的人。[1] 也就是说只有人自身各种心理结构达到了一种均衡、和谐的状态，才会更好地感受和追求自然秩序、社会秩序。审美教育中的艺术教育能更好地培养儿童的秩序感，因为艺术最直接、最集中地体现了秩序的形式。而且人们进行艺术创造的过程也是追求秩序的过程。因此，一方面，我们可以进行独立的音乐、美术、文学教育，充分发展各自的独特性，培养儿童的旋律感、格局感等。另一方面，由于音乐、美术、文学间又有相通之处，它们审美形式的基本法则如对称、均衡、节奏、和谐等基本上是一致的，我们可以提取三个领域中共同性的审美要素，以综合的方式加以统整和沟通，使其充分发挥作用。也就是说在直觉体验的基础上，我们通过艺术作品间的形式同构，让儿童对艺术的形式规律有丰富的感受。例如，我们从音乐欣赏入手，让儿童感受、理解和表现作品的旋律和节奏，继而发现文学和美术中的旋律和节奏。这种综合的艺术教育模式十分有利于儿童从多角度感受秩序，尤其能极大丰富他们对秩序形式美的体验。

---

[1]　朱光潜：《朱光潜美学文集》第二卷，505页，上海，上海文艺出版社，1982。

二、羞愧感及其教育意义[①]

(一)羞愧感的内涵

伦理学和心理学对羞愧感有过一些研究，但教育学对它的研究较少。教育学关注羞愧感的操作意义，它不是将研究停留在结论上，而是要尽力把研究结果应用到促进人的品德的发展中去。在心理学上，羞愧感常被认为是消极情感。精神健康专家传统上一直认为羞愧感阻碍了精神健康，是一种病态心理。弗洛伊德由于把人的利比多冲动看作人的本质和真实，因此把"审查"和抑制这些冲动的羞愧感当成了人成长中的消极情感。羞愧感在他那里只是人隐藏真我的自我欺骗的形式。相反，舍勒并不同意弗洛伊德把人的本性局限在感性冲动上的做法，而是赋之以更多的社会精神内容，认为较高级的精神自我即我们的生存的"超意识的"领域。所以羞愧感所抑制的只是局部、暂时的感性冲动。羞愧感在削弱了感性冲动的欺骗力时，同时也就照亮了我们更深沉的存在和生命。因此舍勒断定，羞愧感并不是一种自我欺骗的形式，而是一种解除自我欺骗的力量。正是由于羞愧感，人才成长为人。但是就教育学来说，羞愧感既会带来害处，也会带来益处。如果"撇开与之相联系的表象来考察羞耻感，那么它在道德意义上说就是中性的"[②]。教育就是要避免羞愧感的消极性，发挥它的积极性。要使羞愧感教育得到良好的实施，我们首先要弄清羞愧感产生的条件和内在机制。

---

① 本部分是上海师范大学教育学院刘次林博士撰写的，得到了本书作者的指导。

② ［俄］康·德·乌申斯基：《人是教育的对象——教育人类学初探》下卷，张佩珍、张敏鳌、郑文樾译，192 页，北京，人民教育出版社，1989。

(二)羞愧感产生的条件和内在机制

羞愧感以人的自我意识的产生为基本条件。在没有自我意识时，人是不会有羞愧感的。鲍德温认为儿童的害羞可以分为两个阶段：在早期阶段，由陌生人在场引起，在大多数 1 岁的儿童身上有所表现，被等同于恐惧；在后期阶段，儿童能够把注意力集中到自己身上，这是真正的害羞情感。真正的害羞行为与恐惧无关，直到儿童 3 岁才普遍地表现出来。① 达尔文说："我的一个小孩，在其两岁零三个月时，我就看到他出现那种所谓感到'羞耻'的痕迹。"②我国心理学工作者对儿童的情感研究发现，3 岁组儿童有羞愧自我体验的占 33.3%。③ 马克斯·舍勒认为，尽管动物的许多感觉与人类相同，譬如畏惧、恐惧、厌恶甚至虚荣心，但是迄今为止的所有观察都证明动物似乎缺乏害羞和对羞愧感的特定表达。人的自我意识的暂时消失也会使羞愧感暂时消失。当一个害羞之人沉浸于、专注于某件事或某个人时，他自己的表现就不会出现在他的意识之中，他的"失态"就不会使他产生羞愧感。但是，一旦他"醒"过来，将意识返回到自我，他就会对此感到非常羞愧。

当前处境与平时自我意识的落差是产生羞愧感的关键条件。自我意识实际上是人对自己的社会定位。某种质态的自我意识意味着与之相配套的构成内容：一定质态的身高、体重、性别、兴趣、性格、能力、人际关系、社会地位和角色类型等。人是社会动物，人类的生活往往要自觉或不自觉地为某种质态的自我定出某种"标准"。例如，一

---

① ［英］威廉·麦独孤：《社会心理学导论》，俞国良、雷雳、张登印译，113 页，杭州，浙江教育出版社，1997。
② ［英］查尔斯·达尔文：《人与动物的情感》，余人等译，302 页，成都，四川人民出版社，1999。
③ 《心理学百科全书》编辑委员会：《心理学百科全书》上卷，705 页，杭州，浙江教育出版社，1995。

定的年龄有个基本的身高标准，特定的性别也有与之相应的行为特点，特定的社会角色也有其相应的品行规范。正是这些内容构成了某个"自我"的价值形象，对这些内容的认识就构成了自我意识。如果一个人的行为符合、肯定了这些既定的内容，他就会获得一种积极的自我感，就会获得他人的尊重；相反，如果其行为低于标准，他人就会降低对他的评价，他的尊严就会受到损害，从而产生羞愧感。所以羞愧感产生于当前的行为表现低于自己所认同的自我价值标准。这个价值标准不管是自己确定的，还是他人设定的，都必须为自己所真心信奉。学生如果在教师面前表现出某种无知，似乎并不觉得难为情，因为学生本来就是求知的。但是，教师如果在学生面前表现出无知，则会生羞。有些教师即使表现出无知，也不肯承认，就是因为羞愧感给了他们太大的压力。

羞愧感的强度是个体的"失当"行为与其道德水准的乘积。一个人如果出现了低于自我价值形象的行为，但他采取无所谓的态度，则不会产生羞愧感，至少不会产生应当强度的羞愧感。他能够采取无所谓的态度，说明他对自我的价值缺乏坚定的道德信念。换言之，他实际上并没有在道德水准上认同自己的"位格"。同时，一个人"失当"的行为也必须是他自己选择的结果。如果这个"失当"行为不是出于他的自主选择，从道德上讲，他就可以不对它负责。也正是在这个意义上，出于强迫的或无知的甚至偶然的"失当"行为，不会导致羞愧感，至少不会导致较大强度的羞愧感。至于遗传或不可自控因素造成的"不当"（如过矮）所产生出的羞愧感，对人的道德成长则既无必要，也无任何裨益。羞愧感的强度会受到场景的影响。我们在他人面前所感到的羞愧感的强度与我们尊重他们意见的程度成正比。

自我感以尊严为正向内容，以羞愧感为负向内容。所谓尊严就是个人对自我存在的社会价值的自我意识。根据库利等人的"镜中我"观念，自我是一种社会现象。每个人都是通过他人这面镜子的反应来认识自己，从他人的眼光中审视自己行为的合理性。自我感建立在对他人的评价的想象基础上。通过他人的评价，我们看清了自我，并据此调控自己的行为表现。每个人都有一种先天的倾向，使自己被他人注意，引起好感，并从中获得尊重感。其中被我所尊重的人的尊重对我最为重要。虽然羞愧感是尊严可能被降低时的感觉，但一个人的羞愧感的强度可从反面映射出他想获得尊重的强度。真正的羞愧始终建立在对肯定的自我价值的感受上。一个没有羞愧感的人常常表现为麻木、冷漠和空虚，他目中无人，不顾社会监督，因而也就丧失了为人之本的自我感。

人唯有感到羞愧，才会在羞愧的行为中把自己同所羞愧的对象分离开来。人的羞愧对象标明了人的自我层次。正如索洛维约夫所说，人羞于对自己本能欲望的屈从，从而表明了他不只是这种自然物质的生物，而且是更高级的生物；因此他应当占有自己的物质本性，而不是被物质本性占有。① 人的自我是一个由多级价值形象构成的价值体系。只有发展出了较高级的价值形象，人才会对较低级的价值形象产生羞愧感。在自我理论中，有的人把自我局限于人的自然属性（如荀子和弗洛伊德）；有的人把人的认识、心灵而非肉体当作自我的真正内容（如笛卡儿和康德）；也有的人只是把人的伦理精神属性当作人的自我主要构成（如孟子）。实际上，人的自我只是在社会实践中不断生成的，它集生理属性、心理属性和伦理属性于一体。这些因素构成一个既不断超越，又内在统一的整体。人的这种不断的自我超越自然有羞愧感的功绩。羞愧感使人避免堕落，追求尊严。所以舍勒指出，真正的文

---

① 参见王岳川、刘小枫、韩德力：《东西方文化评论》第四辑，北京，北京大学出版社，1992。

化绝不会使羞愧感减轻，而只会导致风俗习惯上的羞愧感表达的缓慢转化，从较强制的形式到较灵活的形式，从偏重身体的形式到偏重灵魂的形式。随着人的理性和德性精神的发展，自我摆脱了过去那种局部的、僵化的形式，自我不再是先验的或遗传下来时的构成样式，也不只是单纯的个体形式。不仅理想的我已经被纳入自我的范围，个体所热切关心的他人也被赋予了自我的价值形象。由于有了自我和自我意识的这种扩展，人于是便可以"替他人感到羞愧"。当我所钟爱的人的所作所为低于我的自我价值标准时，我便会感到同样的羞愧。因为此时的他已然成了我的自我（意识）的内在构成，他的行为可以用我的道德水准来评价，他的过失就是我的过失。我们可以看到子女因父母的失当而羞愧万分，也可以看到父母因子女的失当而满心羞愧。一个爱国者由于把国格当成了自己的人格（位格），所以国格的丧失足以使他感到无地自容。人在多大范围内能够替他人害羞，表明了他的自我圈的大小和层次。自我的层次性说表明了羞愧感的相对性。一个只有发展出了精神素质的人才会对自己的动物性感到羞愧，一个只有发展出了高度德性的人才会对自己的自私行为感到羞耻。儿童有自己的自我层次，成人足以自羞之事在儿童那里未必也能引起同样的感受；成人若只依自己的价值标准来想象儿童的羞愧感，往往只能看到儿童的"麻木"反应。儿童有自己的世界，成人也不能以自己的行为标准来判定儿童的行为。例如，在成人看来是攻击性行为；在儿童看来可能只是想借以引起对方的注意，并渴望与之交往。

（三）关于羞愧感的教育建议

根据前面对羞愧感的条件和机制的揭示，我们提出教育上的几点具体建议。

第一，羞愧感是内向的愤怒。人因为有躲避羞愧的动机，所以才有发展道德品质的动力和完善道德品质的潜力。羞愧感和荣誉感是相反相成的两方；没有羞愧感，也就无所谓荣誉心、进取心。因此，当学生做了应该感到羞愧的事，而却没有羞愧的反应时，教师就应该唤起他们的羞愧感。羞愧感的教育意义在于阻止学生的道德堕落，但又不妨碍学生的道德进步。如果教育使学生的羞愧感强烈到使他们丧失自信、不敢革新的地步，则是走到了教育目的的反面了。羞愧感教育的目的不应该是表示教师对学生失当行为的愤怒和报复，而应是既表明社会不承认某一行为，引发学生的后悔感，又表明社会还是原谅他们、接受他们的。不把学生拒之于社会之外，是学生接受社会改造的前提。

第二，帮助学生确立自我价值形象，使之成为学生的道德信念。作为信念，其道德要求首先必须符合学生认知发展的阶段特点。如果学生不能理解，其价值形象就不可能成为学生行为的坐标。同时，道德要求还必须是学生所真心认同的。没有情感上的认同，价值形象就只能停留在"了解"上，不可能深入学生的个性而成为道德动机。皮亚杰的研究表明，逻辑认知的发展是道德价值发展的必要条件，但不是充分条件；人的逻辑认知发展阶段可以高于其道德价值发展水准，即人可以知道为什么，但未必能将所知的变成自己的道德信念。

第三，指导学生在当前行为表现与自我价值形象之间意识到差距，以便做出恰当的反应。自我价值形象实际上是一种社会的形象，而社会对个人来讲是相对的概念：儿童的社会与成人的社会在层次和范围上是很不相同的。只有在个体的社会层次和范围之内，个体的行为才具有道德意义；超过了社会边界的行为，原则、规范等对个体便无道德意义。只有在个体的社会边界之内，原则、规范才有可能构筑个体的自我价值形象、积淀成个体的道德信念和坐标；只有在个体的社会边界之内的行为才可能是自主的、可以自负其责的行为。教师不仅要让学生知道是非善恶，还要通过对是、善行为的肯定，对非、恶行为的否定，在学生头脑中把对荣辱的认知转化为对荣辱的情感反应定型。

第四，树立威信，形成品德生成的优良环境。除了要树立教师的威信外，对个人具有重要意义的集体也是制止学生行为失当的重要环境。道德的生成一靠社会舆论的督促，二靠自我良心的支持。所以树立自己对自己的威信也是至关重要的。一个人若是自己管不了自己，他就不可能达到慎独的品德境界。

第五，创建良好的学习氛围，避免羞愧感对学生成长的负面影响。首先，教师要敢说敢笑、敢于出错，避免给学生造成心理上的压力。其次，教师要让学生明白学习者角色的意义。勇于发问既是学习的有效方式，也是学习者的正当权利。再次，教师应创设一种支持性的气氛，使学生既不会因为立异标新而受到嘲笑，也不会因全身心投入自己的感情而受到伤害。最后，教师要着力营造一种体验性的教学氛围。体验使师生忘记自己的角色自我，全然浸于观念的世界。在体验教学中，师生没有了距离，既没有清醒的审视者，也没有被动的注视对象，主客体得到了消解。学生在"失我"状态中悄然冲破既有的自我，提升自我的位格层次，从而实现自我超越。

第六，重视羞愧感的扩展价值。这里有两方面的含义：一是通过建立学生之间的生存联系，使他们能够替他人的失当行为感到羞愧；二是通过对失当者的教育，让其他学生接受观察学习，最大限度地发挥失当行为的教育效益，避免失当行为在其他学生身上重复出现。

三、敬畏感的教育价值及其培育[①]

(一)敬畏感的内涵

个体在现实社会中的生存总是面临着三种不同的我—他关系：与

---

① 本部分是作者与南京师范大学教育科学学院 1996 级硕士生王靖合写的。

比自我低下的他者的关系；与和自我平等的他者的关系以及与比自我高尚的他者的关系。其中，个体在与比自我高尚的他者关系的建立与维系过程中，常常会产生出一种试图超越现有不足、渺小的自我、融入高尚的冲动。对这一冲动产生的心理过程的感受就是敬畏感。

敬畏感是个体在面对蕴含在社会、自然和他人身上且较之自身更为高尚、深刻、广阔的意义与价值时，所产生的一种对意义、价值的敬仰、谦恭、赞赏而对相对渺小的自我却试图净化、超越、提升的内心体验。

只要我们每个人细心地回顾自身的成长历程就会发现：每当我们面对一些崇高、神圣、超越于自我之上的他人与他物时，内心中常常会涌动着一种非常复杂的情感。这其中有感动、惊叹，自我的渺小感、卑微感、惊惧感以及一种被推动的感觉、一种试图跳出自我的冲动……这种复杂的综合性情感就是敬畏感。

第一，敬畏感是一种矛盾的综合性情感。敬畏，从字面上理解，应该是一种由尊敬和畏惧综合而成的姿态。但是，尊敬直接导致的行为方式应该是趋近，而畏惧则带来逃离。这完全相反的一组行为是如何共存于一体的呢？我们都知道心理学上有一术语叫作趋避冲突，它是指"当事人在同一时间由于同一情境而既受到吸引力又遭到排斥力"①。与此相似，"敬畏"也是指个体在面对客观对象时，内心既尊崇对方又希望和对方保持距离的一种状态，即"欲趋近"与"欲远离"同时制约着某一个体。斯普朗格曾经说过，凡是值得尊敬的不仅是吸引着我们，同时也会形成一种距离，有谁想要接近它，会为自己的卑微而觉形秽；有谁想要远离它，却又深感与所悦者分离有怅然若失的感觉。敬畏正是如此。而敬畏感则是因敬畏这一行为的生成而形成的一种感

---

① 叶浩生：《西方心理学的历史与体系》，456页，北京，人民教育出版社，1998。

受。在这种感受中，个体面对所尊崇的对象时会情不自禁地感叹、喜悦、兴奋，会由于敬（指向对象的敬）而希望能够接近、缩短自身与所尊崇对象之间的距离，以提升自己。但是，当个体欲接近所尊崇的对象时，却又发现自身与其所尊崇的对象相比存在不足。当个体意识到这种不足很可能毫无遮掩地暴露出来时，自我的畏惧油然而生（指向自我的畏）。个体会因此而羞愧、焦虑、惊恐，希望能够独处以改善自我的渺小。这样一进一退，一边是喜悦、感叹、兴奋，一边是羞愧、焦虑、惊恐，个体的内心就形成了一种张力。虽然这一张力两边是一对矛盾的情感，但它们却因主客体之间的差距而能够共存于一体。这一矛盾的综合性情感就是敬畏感。

第二，敬畏感是一种与价值、意义紧密相连，因价值、意义的存有而生的一种情感。人类的世界是一个意义的世界。人作为一种经验性存在的同时，更是一种意义的存在。这是人之为人而区别于动物的根本。赫舍尔曾经说过："人的存在从来就不是纯粹的存在；它总是牵涉到意义。意义的向度……是做人所固有的，正如空间的向度对于恒星和石头来说是固有的一样。"①可见，人类生存的实质不在于生理上所必需的吃饭、睡觉，而在于确定自己所归属的意义和价值，并为其实现而行动。人的生存在于人对意义、价值的追寻，而这种追寻又是以个体试图建立一种自我与社会共同认可的内心价值秩序的方式具体存在的。人的生存行为是与价值秩序交织在一起的。脱离了价值秩序，人也就失去了内心的依托和平衡。只有当个体内心的价值秩序与其所赖以生存的整个社会的价值秩序相一致时，个体才是真正赢得了生存的实义。但是，个体在确定内心的价值秩序时常常会发现，在价值、意义的世界中，总有一些深层的价值和意义是自己想尽力触碰、理解，

---

① ［美］赫舍尔：《人是谁》，隗仁莲译，46～47页，贵阳，贵州人民出版社，1994。

但在当前却无法企及的。意义、价值的平白与深刻取决于每个个体人格的浅俗与高尚。但无论如何，每个个体总会在价值秩序中发现一类或几类对自己而言是更为高尚、深刻、暂时无法达到的意义与价值。（这就好似人类总在追求完满却又永远无法完满一样，这些悖论的存在构成了人类前进的基础。）那么，对于这些我们渴求却又暂时无法达到的意义、价值，我们唯一的行为只能是默默地敬畏。可见，敬畏是一种行为，是个体在面对较之自己而言更为深刻、高尚的意义与价值时，采取的一种姿态、一种行为方式。这种行为是认识，也是理解。伴随这一行为所产生的感受、体验就是敬畏感。

（二）敬畏感的心理基础

敬畏感生成的外部条件在于"被敬畏者"之中蕴含着比"敬畏者"内在更为高尚、深刻、广博的意义与价值。但对于情感的生成而言，除外在刺激之外，它还需要个体内在的心理品质的支撑。敬畏感生成的内在心理基础是个体认知、思维的发展以及依恋感、归属感、自我意识等心理特性的发展。

依恋感、归属感是个体在成长过程中寻求身体或心灵依托的一类感受，体现了人类生而具有的寻求安全、保护、关爱、依从的需要，是人类成长过程中得以与他人、群体建立良好情感联系的基础。依恋感的最初生成是在婴儿两个月左右，并将持续一生。在不同时期、不同阶段、不同场合，它分别以依恋感、归属感、安全感、信赖感等不同的形式体现出来，而贯穿始终的则是人的"爱感"与寻求安全、保存、依赖的需要。例如，鲍尔比认为，依恋蕴含着情感，不仅含有安全感、焦虑、恐惧和愤怒，也含有爱、悲伤、嫉妒；而这些都是个体在寻求安全、保存、依赖的过程中的真实反应。

对于敬畏感的形成而言，依恋感、归属感是个体"敬"得以生成的基础。由于归属的需要，个体会主动寻求一种或一系列自己所认同的意义、价值，以此来满足精神上的依恋与归属。而在找到价值与意义的归属感之前，个体首先要确定自己是否需要建立这种归属；在确定自己的需要之后，个体还必须先确立"爱"这个归属（个体所认同追求的价值与意义），积极主动寻求获得与所依恋的对象的亲近与接触。最终，个体才能够达到自己所认同的意义与价值，即找到精神归属。

依恋感、归属感是人的自我保存，人希望找到归属、找到安全的本性的体现。在敬畏感的形成过程中，依恋感、归属感促发着个体去积极寻求一种精神的归属。而这种精神的归属的召唤，也会对个体形成了一种引力，引发个体去趋近、去喜爱、去调整完善自我。但只有趋近、追求，敬畏感并不完整，它还缺少方向，缺少个体对自身不足而产生的畏惧。而这些都是在个体的自我意识的基础上形成的。

自我意识是个体对自身内在、外在特性及自我与外界关系的一种认识，包含了自我认知、自我评价、自我调节等成分。对敬畏感的形成而言，个体对自我当下状况的认知、对自我期盼的内容、向往的意识以及对自我完善的需要的意识共同构成了一个整体，奠定了敬畏感形成的基础。其中，自我认知使人们可以清晰地意识到自我当下的状态，构成个体对当前自我的了解、判断；对自我期待的认知则使个体在自我认知的基础上产生了期盼、追求，试图跳出原有陈旧的自我，促发了个体的变化；个体对其自我完善的需要的意识确定了个体对高于自我、优于自我的他者的追求（包含经验层面与价值层面的双重追求），决定了人的敬畏感的最终生成。

由此我们可以看到，当个体的自我意识与依恋感、归属感维持着一种较好的张力时，敬畏感就得以生成了：归属感指导着个体清晰地认识到自己所追求、所向往的价值、意义，并由衷地尊崇、爱戴；而自我意识则使个体能够在自我追求的同时冷静地反观自我，清晰地认识到自我的不足，从而实现敬畏的生成。

(三)敬畏感的教育价值：与道德形成的同步与契合

作为一种复合的高级情感，首先，敬畏感是一种情感存在方式，总是个体在当下所体验到的情绪感受。这种感受伴随着个体在当下的意识与行为，更作为一种动力机制刺激着个体的进一步举措。其次，敬畏感还是一种情感认知方式。它作为一种较为稳定的、常驻于心的情感意识，能够较为自觉地觉知着个体自我与他者之间的关系（主客关系），并引领着主体对这一关系的存在做出进一步的反应。最后，敬畏感更是一种情感生活态度。它作为一种内化的、人格化的情感品质，决定了个体稳定而持久的行为方式、生活方式。敬畏感的这三种状态反映的是其由形成到发展、再到最终成熟的三个阶段，三者层层递进。同时，这三种状态还反映了个体道德形成的阶段性，体现了个体道德由混沌、懵懂到逐渐形成再到最终道德人格生成的过程。可以说，敬畏感形成的过程也就是个体走向道德化的历程。

我们来看看个体道德的形成。个体道德的形成一般总要经历以下三个步骤。第一，个体内在冲动与社会道德规范之间形成矛盾、冲突。我们在前面提到，个体本性冲动与其扩张自我的欲望总是利己的。但作为一个身处于社会之中的个体，外在道德的力量又在引领着个体，个体身边的实例总在呈现这样一个事实：只有遵从道德，才能得到和谐。因此，个体内在冲动不断"怂恿"着个体按自我的意志行事，而外在的道德力量又在呈现另一种和谐的"希望之光"。两种状况共同作用于个体，将个体推向了道德冲突的情境之中。第二，个体原有的内在平衡被打破，生成道德焦虑、恐惧、疑惑。个体内在冲动试图实现自我的欲求，而外在道德规范又已然形成，促使个体要遵从它，就必须放弃自我的欲望；不遵从又恐被社会离弃，不能进入和谐的人际交往。这种两难道德情境逼迫着个体，使个体内心原有的平衡被打破，而生成了一种道德焦虑。道德焦虑的产生有如下原因：一是由于内在的无力感，个体唯恐丢失了自我的恐惧；二是个体内在平衡被打破，面对自我内在价值体系失衡时产生的紧张；三是缘于个体不能肯定自己是否能融入某种价值规范的担忧。这几种复杂的情绪感受交融在一起，共同汇聚成了道德焦虑。道德焦虑的生成是个体走向道德的必然阶段。"没有这种认识，人就无法实现自己的潜能。"[1]而个体道德的形成也正是个体的心灵、精神走出有限，走入广博、深刻、完善的历程。道德焦虑的形成将个体逼入了道德抉择的关口。第三，个体克服焦虑，超越内在自我冲动，内化外在道德规范。面对焦虑，个体最终要冲破它的逼迫而走向一个新我。长期处于焦虑必然完全损坏个体的心灵健康而带来病症。健康的自我面对焦虑，会使用意志努力，收敛、超越自我的内在冲动，接受社会道德价值规范，从而实现内在自我道德体系的重建，重新走向一个新的自我平衡。在这个阶段中，个体的意志努力至关重要，因为"道德很典型地（尽管并不总是）与克服内在冲突或者不愿为而为之的努力紧密相关"[2]。没有努力，个体内在超越就无以产生。

由这三步个体道德形成的步骤，我们可以看到，个体内在道德体系好似一个道德生态系统，总是由平衡走向不平衡再走向平衡，呈现螺旋式上升。而每一次内在平衡的打破与重建都是由个体内在已然形成的道德价值体系与外在社会道德价值体系的碰撞、冲突而起，最终以个体协调自我与社会的冲突，超越内在自我冲动，实现道德升华为结束。在个体由此走向道德更高层次的同时，社会的道德价值体系也实现了进一步的发展。这也就是作为个体精神现象的道德与作为社会

---

[1]　叶浩生：《西方心理学的历史与体系》，602 页，北京，人民教育出版社，1998。

[2]　［加拿大］克里夫·贝克：《学会过美好生活——人的价值世界》，詹万生等译，17 页，北京，中央编译出版社，1997。

意识活动的道德之间的互动。

在敬畏感的研究中，个体道德形成的历程与敬畏感生成、发展、成熟的过程是相契合的：在敬畏感的形成过程中，个体所体验到的自我内在与价值的冲突，认识到自我不足而带来的畏惧、羞愧以及试图净化自我、提升自我所带来的超越感，都同时是个体道德生成所必经的体验与感受。可见，敬畏感的形成与发展不仅为个体道德的生成奠定了内在的基础，还与此同时引领着个体走向道德。

首先，作为一种情感存在方式，敬畏感本身就是一种道德情感，支撑着个体道德认知、信念与行为的发生与展开。

从以上分析中我们知道，敬畏感最终指向的是具有终极价值的"善"，是促发个体追求"善"的力量。而任何指向"善"的情感都是道德的。从这一点来看，敬畏感本身就是一种道德情感。再从敬畏感的形成来看，敬畏感的形成是一个复杂的过程。它包括：个体对较自身更为高尚、深刻、广博的意义与价值的尊崇、钦羡，是一种向善的追求；个体在价值与意义的面前意识到自身的不足与渺小，由此产生的畏惧，是对原有自我的担忧；个体内在的渺小与外在意义、价值相对时，个体所感受到的冲突、矛盾、焦虑，这种由于指向"善"而产生的冲突、矛盾本身就是一种道德冲突；个体战胜自我，融入高尚价值而产生的超越感、提升感、净化感。这种融入价值虽并不一定意味着个体是融入了道德，但这种由于超越而带来的快乐与满足一定会影响着个体在道德超越中的感受。可见，以上所描述的尊崇感、钦羡感、畏惧感、冲突感、超越感等不仅构成了完整的敬畏感，也引导个体感受道德生成所必须面对的冲突、矛盾、焦虑、超越与提升的过程。在敬畏感的形成过程中，个体已然经历了道德形成所必须面对的道德冲突与抉择。这样的经历是个体道德形成的必要基础。

其次，作为一种情感认知方式，敬畏感对主客体之间关系的清晰意识是道德形成的重要基础。道德的产生是建立在主体所具备的清晰的主客关系意识的基础上的。没有主客体关系的意识，个体无以感受到外在道德的显现（道德总是体现在具体的个人生活、行为方式之中的），无以在感受到外在道德之外还能够复归自我，进行自我反省、建构。

作为一种情感认知方式，敬畏感对主客体之间关系的意识增强了道德形成中主体对客体及自我的把握，为道德的发展奠定了基础。敬畏感的最初萌发是主体认清了外在客体所蕴藏的高尚、深刻、广博的意义与价值，这是主体从自我出发走向客体的第一步。如果主体的意识、情感反应只停留在这一层面，那么这其中没有任何道德的含义，因为道德一定要复归自我。而敬畏感正是主体走向客体之后对自我的复归：意识到了外在的崇高、伟大，主体与此同时感受到的还有自我相对不足、渺小所带来的畏惧感。这是主体回归自我之后的自省。正是有了对客体与自我的双重的清晰意识以及进一步的对两者差距的认识，才有了主体最终的自我超越、自我净化与自我提升。可见，敬畏感的产生是建立在清晰的对主客体关系的意识上的。而正是个体不断践履着这种主—客—主的关系，为道德的形成奠定了坚实的基础。顺着这样的路径，不同个体重新建构着自己的道德体系，实现了自我的道德提升。

最后，作为一种情感生活态度，敬畏感支撑着个体稳定、持久的生活、行为方式。这一行为、生活方式体现着个体内在稳定的道德意识与追求。

道德发展成熟阶段是个体已然形成了较为稳定的道德人格特质，这些道德品质支撑着个体的道德行为与道德追求。一个真正的道德决定恰恰反映了去做我们认为我们应该做的欲望和去做其他事情的欲望之间的内在冲突；正是这种冲突的解决体现了人们的"道德品格"和"道德力量"。① 道德的形成是主体对一个又一个道德冲突的超越，而支撑、促使个体实施这种超越的力量就在于个体内在稳定的道德人格品质。它是一种背景，更是一种源泉。因此，个体形成了稳定的对待道德的态度以及稳定的道德追求。

作为一种稳定的、内在的、人格化的情感，敬畏感慢慢在个体内部积淀成一种情感生活态度。具有这样情感品质的个体，能够清晰地认识到自己需要什么、追求什么、自己在发展过程中所处于的态势，以及如何克服自我内在的不足以充分实现自我的净化、提升。它不再像初始形成的、尚不稳定的敬畏感，必须在特定的客体刺激下才能生成。发展至此，敬畏感已不再指向特定的外在客体，而已成为一种内在人格特质。它使人形成一种"常性"的敬畏之心，即自觉的、自律的情感，支持个体在面对外物时总能发现它们蕴含的意义与价值并努力追求。在这种品性的支持下，个体会走向日益的完满。而在作为稳定人格品质的敬畏感的支持下的对价值、意义的追求，体现的也正是人的道德追求。道德本就是一种向上、向善的力量，它体现的是个体希望突破旧有自我，实现更高的追求。从本质上讲，道德并不是为约束而生，而是为人自身的发展，为满足人自我认识、自我肯定、自我完善的需要而生。② 这一点与敬畏感所支撑的人的自我完善的追求是相契合的。敬畏感产生的基础本就是人自我完善、寻求心理归属的需要。因此，具备敬畏感的个体始终保持着对更高层级的意义与价值的追求，直至达到最高的善。

综上所述，我们看到，敬畏感的形成与发展不仅为个体道德的生

---

① 戚万学：《冲突与整合——20 世纪西方道德教育理论》，441 页，山东，山东教育出版社，1995。

② 戚万学：《冲突与整合——20 世纪西方道德教育理论》，479 页，山东，山东教育出版社，1995。

成奠定了坚实的基础，同时还在某种程度上实现了道德发展的同步。它为个体提供了面对道德冲突的机会与情境，使个体能够自我反省、超越自我，主动追寻更高尚、更深刻的价值。并且这一切都是个体实实在在地在情感形成过程中经历着的。这些都是我们当代道德教育所希望达成的目的，即培养真正践履着道德的人。

(四)敬畏感的年龄阶段特征及培育

敬畏感在个体身上的发展遵循着由萌芽到生成再到逐渐成熟的过程。

在3岁时，个体的敬畏感以"爱与怕"交杂的形式体现，处于萌芽状态。

到了7~10岁，个体的思维发展进入了具体运算阶段；依恋感开始从父母转向教师，并随着年龄增长逐步转向同伴；自我意识逐步加深，自我中心主义的倾向逐渐减弱。此时，儿童的敬畏感发展的特征易受外在具体事件的影响，具有外向性、短时性、易变性。

到了13~14岁，随着自我意识的深化、强化、内化，交往范围的进一步扩大，个体开始强烈地要求脱离"孩子"的行列，寻找真正属于自己的世界。因此他们进入同伴群体寻求认同与归属，而且这种归属是建立在共同的思想、行为方式上的。同时，由于个体思维进入了形式运算阶段，他们已能够脱离开具体、形象事物的限制，利用概念、判断、推理等抽象逻辑思维的形式进行思考，已能够透过表象去获取事物确切的本质。因此，13~14岁个体的敬畏感的发展已指向自我内心、指向外在事物的本质，但仍具有情绪化、无方向感、游移不定等特征。这是因为在13~14岁阶段，个体的情感发展还处于较为情绪化的阶段，个体的情感发展不稳定、波动幅度大、易动荡、冲动、不善自控，情感的极端化倾向明显，目的性、方向感都不明确、不稳定。这些都在一定程度上制约着个体敬畏感的形成。

进入青年期(十七八岁),个体的抽象逻辑思维高度发展,已能够清晰地认识到事物的内在本质,同时还能够较为辩证地来思考问题。在这样的思维支撑下,个体的自我意识发展进入了"自觉期",更自觉、更深刻、更主动地认识自己、评价自己以及完善自己。除了依旧在同伴群体中求取归属感之外,个体已能够寻求纯精神上的归属感了,开始树立理想,摆正人生坐标,确定追求。这些都体现了个体的心灵向往。此时,个体的敬畏感的发展达到了丰富、全面、较为深刻的程度,对情感本身形成了意识,方向感较强。

敬畏感总是在自我与他者的相互作用的关系中生成的,是主体内在精神、价值需求在与外界客体相互作用时,受到客体蕴含着的价值、意义的感召、引领而生发出的自我反省与超越。没有主客体之间真实的相互关系,没有两者之间的互动,敬畏感就无以生成。而关系并不是凭空存在的,总是反映在具体的情境、活动、事件之中。因此,提供真实、具体的情境,在情境中引导学生与他人形成互动的、相应的关系,是敬畏感培育的关键。

一直以来,教育关注的都是要培养真实、完整、健全的个体,培养出能够真实地融入现实社会,在其中得以自如生活的人。因此,除了给学生呈现来源于现实生活、在人类具体实践中积淀下来的价值与意义外,教育同时还要为学生创设一种真实的、能够反映现实生活状况的情境,为学生提供切实感受生活的机会与条件。而教育情境正是教育者按照其教育意图创造的一种人为优化的、可以促使学生能动活动的环境。① 其中,教师按照其教育意图,选择现实生活中与其教育意图相匹配的具体情境,将其创造性地移植到教育空间中来。为了使

---

① 朱小蔓:《小学素质教育实践:模式建构与理论反思》,46 页,南京,南京师范大学出版社,1999。

情境更具代表性，教师一般会采用渲染的方式，增加或突出某些教育要素，以形成目标指向，通过学生全面发展来实现其教育意图。而在教育情境中，真实的、具体的生活要素形成了一个舞台；学生通过扮演各种角色，在舞台上尽情发挥，通过自我情感的融入、与他人的交流，感受、体验其他教育情境所不能提供的独特的心理活动过程，从而生发出新的情感。

由于教育情境真实反映了生活，学生在其中切实经历了生活中真实存在的一切，因此学生生发的情感也是真实的、基于现实生活的、得以在现实生活中支撑个体一切行为活动的。那么，对于个体的敬畏感的培育而言，所创设的教育情境应该具备哪些特点呢？

首先，教育情境多样化。敬畏感是在个体与他者的关系中生成的情感。这里的他者不仅指具体的他人，还指具体的物、具体的环境等。价值的存在是极为广泛的：小到一幅艺术品，大到广袤的自然宇宙，这其中都蕴含着价值。因此，在培育敬畏感时，我们不仅要创设有利于学生与他人相互交流的情境，还要拓展教育的空间，将教育情境放置到自然中去、社会中去，尽量扩展学生的视域，扩大他们的接触面。这样多重关系的显现才足以形成真正意义上有深度、广度的敬畏感。无锡市一所中学曾举行了一次"我与院士通信"的活动。学生可以自主选择任意一位中国科学院院士给其写信。而绝大多数院士在收到来信后，也都认真地给予了回信。在这一案例中，我们似乎看不到什么教育情境，但事实上这是一个超越了时空限制的教育情境的设置：城北中学通过帮助学生接触院士，从而实现了学生对科学、对崇高的向往、希冀。这样一种关系的建立为学生感受价值、意义提供了一次良好的机会，让学生切实地感受到了伟大力量的引领，因此而产生的敬畏感才是真实的。可见，为培育敬畏感而设置的教育情境绝不应该受限于固定的教育空间，应该多方位、多角度、多层次地为人与社会、人与他人、人与自然的接触创设条件。这是因为价值总是无处不在的。

其次，教育情境必须为学生提供体验内心冲突的机会。对于其他情感的培育而言，也许提供一种和谐的教育环境才能实现其生成。例如，秩序感的培育就应该更多地给学生呈现规则、和谐。但对于敬畏感而言，为其培育所创设的教育情境应更多地体现出主客体之间的冲突与矛盾。作为一种道德情感，敬畏感是外在客体蕴含的价值意义的高尚与主体内在自我的渺小相互碰撞冲突后，主体超越自我所实现的自我提升的感受。在这种感受中，主体同时体验到了"受限制的痛苦"与"战胜自己的崇高"。而正是这种既痛苦、又快乐的感受才促发了主体的意志努力，使主体最终实现了自我超越与提升。感受体验冲突与矛盾、直面超越冲突与矛盾是敬畏感形成的必经之路。那么，在为培育敬畏感而设置的教育情境中，教育者应该有意识地呈现适度的冲突，通过引导学生超越焦虑、不安，实现他们真实敬畏感的生成。

最后，教育情境中师生相互理解。敬畏感生成的基础是学生对意义、价值的认同与追求。而价值意义是不能够传授，只能够体验、理解、内化的。因此，在敬畏感培育过程中，教师只能作为一名指导者帮助学生去正视价值，引导他们去追寻具有更高意义的价值，而不是作为一名灌输者。价值的发现需要的是探究、挖掘，价值内化需要的是学生自主的理解与选择。教师只能提供某种价值准则，只能通过对话与讨论和学生共同去面对价值。教师对价值准则的提供并不是凭空的、抽象的，总要通过呈现一件事或某个榜样来呈现价值。由此，教师与学生的对话也才有了基础。通过对人物、事件的具体剖析，教师和学生都可以清晰地表达自我的观点。通过暂时放弃自我的聆听、积极的同情、自觉地反省、深入地探究、热烈地讨论，师生之间形成互动，共同促成意义与价值的内化，促成对彼此的内在价值的关注。这样敬畏感也就自然形成了。

第四编

教育中积极情感与德性目标的实现

第十章　学生学习活动中的情感维度

　　在小学阶段，学生的学习活动不仅要运用语言符号或操作技能，而且要运用态度、动机、需要、情绪状态、情感特质、价值观、目标等因素。由于小学阶段是一个人学习态度、人生态度形成的关键时期，也由于小学基础教育有特定的任务及要求，因此我们有必要珍视学生学习活动中情绪、情感的发展。其实，关注学习过程中的情感及对这一情感性的学习方法的具体指导，也就是在关注渗透在学习活动中的道德目标的现实达成。

一、学生学习活动中情感表征及活动机制

　　学生的学习活动具有的基本特征是具有情绪—情感的正向运动。这一正向运动表现为四种形态及作用方式。

(一)作为即时的学习动力

　　情绪是儿童这一生命活体的重要能量。儿童的情绪系统不是处于抑制的、沉睡的状态，而是处于唤醒的、有一定兴奋度的状态。心理学家研究认为，一个人情绪唤起水平过低，会因得不到足够的情绪激励能量，智能操作效率不高。随着情绪唤醒水平的上升，智能操作效率也得到提高。但当该水平超出一定的限度时，情绪激励能量过大，

会使人处于过度兴奋状态，反而影响智能操作效率。最好的情感学习方式是有中等适度的情绪唤醒水平。

情绪的极性影响学习过程。一般来说，诸如快乐、兴趣、喜悦之类的积极情绪有助于促进学习过程，而诸如恐惧、愤怒、悲哀之类的负情绪会抑制和干扰认知过程。首先，积极情绪自动调节儿童知觉的选择，使他们主动选择并在行为上趋向一类学习目标。其次，儿童在情绪快乐时对信息的加工处理过程敏捷、顺畅，思维分析判断的准确率高，并且易于调动原有记忆中的贮存信息，迅速加以重新编码，以整合知识。这种积极情绪对认知学习的影响不仅表现在认知加工的速度方面，而且可以在等级层次上改变认知反应。也就是说，快乐的积极情绪不仅在量上，而且在质上影响认知结构的改变。

（二）作为较稳定的学习动机

积极情绪—情感运动不仅作为即时的心理背景为儿童学习提供动力，而且可能作为较稳定的情绪品质、情感品质，形成儿童的学习动机，影响儿童的学习。与即时的情绪状态相比，学习动机更多地被解释为激起学生学习行为的内部过程或动态方面。它不但伴随着人的情绪表现、内在情感活动，而且揭示其心理需求、欲望、外部行为、目标、信念及价值观方面的一些特征。具体来说，它首先表现为儿童对学习对象有浓厚的兴趣，有好奇心、惊异感和求知欲望，有情感移入，情绪和思维活动的指向明确、集中而持久，对趋向学习对象（目的物）的活动有耐心，能控制自己。其次，儿童有主动参与学习活动并在学习过程中与教师、与同伴进行应答和交往的愿望、积极性和能力。这是积极学习动机的外在行为表现，包括主动地、有创造性地回答教师提出的问题，主动做学习操作示范，主动向教师、同学提出疑问，主动预习学习内容，学习与课内所授知识相关的扩展性知识。最后，儿童有获得肯定评价、获得能力及效果、获得友谊和理解、获得信任与尊严的需要，并以此为相对的独立于生理内驱力的心理动力，驱使学生追求学习成功的目标。

(三)作为艺术化的思维方式与思维能力

在其他类型的学习方式中，儿童主要运用的是逻辑—理智的思维方式，并在此过程中培养逻辑思维能力。相反，态度的学习方式主要是情感思维方式或者叫作艺术化思维方式。学习的过程就是艺术化思维能力提高的过程。

首先，艺术化思维方式不同于逻辑化思维方式。它是整体性思维，不把客观知识条分缕析加以抽象地、分割地加工和记忆，而是做整体、直观的把握和理解。和其他类型的学习方法（如用语词概念、判断、推理理解知识）不同，它是儿童对学习对象感性形式的直观，达到的是对知识内容的意会性理解。虽然儿童对知识的这种掌握形式可能并不是忠实于教师和书本原有的要求，但儿童经常运用艺术化思维方式，可以提高思维方式的独特性、灵活性、整体性、创意性。

其次，艺术化思维方式是把客观对象主观化，把动物世界拟人化，把主体性渗透到客体之中，使知识对象带上明显的拟人的、情感的色彩，使儿童自己领略到自己的喜好、趣味、影子、力量。

再次，艺术化思维方式是一种对艺术表现形式的感受、理解方式。那些体现自然和人类创造的知识体系中崇高、细腻、优美、曲折、变化等以及艺术作品中工整、和谐、色调、节奏、冲突等的特定外在形式，存在同形同构的关系，从而让儿童产生一种特定的感受。这一过程不是对形式符号意义上的推断，而是对其中能动情感的感受和把握。

最后，艺术化思维方式用的是超越现实的想象。想象丰富活泼起来，调动表象储存，进行重新组合，构成现实中没有的新意象。审美心理学把这种表象、意象的出现和储存称为"内在图式"，它产生的部位是丘脑和丘脑周围的网状组织。艺术化思维过程有如"链式反应"，瞬间将"内在图式"像电影镜头一样闪现在思维的屏幕后。如果"内在图式"储存丰富,屏幕上的信息密度就大,可供选择的范围就广,铸成新意象的质量就高。

(四)作为健康的自我意象与自我处理能力

儿童有健康的自我意象和自我处理能力。这一能力既是学习活动中情感维度的重要表现特征,也是上述几种表现形态及作用方式根本、深厚的心理基础。

什么是健康的自我意象呢?自我意象是指人感知外界客观事件,并赋予其一定的意义。在那些知觉和意义的总体中有关个体自身的部分使个体形成了对自己的基本估价和形象。这一基本估价和形象就是人的自我意象。心理学家认为,自我意象变好或转坏并非由智力与知识决定的,而是由人的体验决定的。一个人会借由过去创造的体验,有意或无意地发展自己的自我意象。同样,一个人也可借由体验来改变自我意象。

儿童的学习活动在一定意义上是儿童根据自己在生活、学习中积累的情感体验所创造的自我意象在学习过程中表现出自己独特的个性和行为的过程。有健康自我意象的儿童一般表现为积极、开放,愿意探索和冒险,信任老师、同学,也充满乐观、自信,其潜能发展的可能区域不断扩张。同时,儿童也能将自我愿望与实际的学习能力协调起来。暂时的失败并不会动摇儿童的信心和信念,而是让他们合理地调整自己,使失败转变为成功。由于儿童并不天生具有自我评价能力,儿童的自我评价经验是由成人世界的外部评价通过儿童的情绪活动及其体验构成的。因此,家庭和学校对儿童的正当鼓励,为儿童创造成功的机会,让儿童获得积极的情感体验。这对形成儿童积极的学习态度显得特别重要。

除了上述所列情感运动的四种表现形态及作用机制外,可以认定,情感在儿童的学习中具有独特的加工方式和独特的作用。

第一，现代认知科学明确揭示出创造性学习过程不是人的认知系统单独工作的结果，而是认知系统和情感系统共同工作的结果。例如，儿童学习中在认知层面的流畅性、变通性、独创性和精密性一定是与情感层面的好奇心、冒险性、挑战性、想象力同时发生作用的。

第二，人运用大脑的感受系统，并不是完全依赖逻辑推理系统进行加工运作的。情绪心理学研究发现，有些知识信息加工甚至可以不依靠认知系统的操作，而是通过表情的线索，通过体验的方式就可在大脑皮层留下痕迹。

第三，积极的情感体验所产生的安全、快乐、愉悦、适度紧张的情绪基调不仅能促进和保证人的生理健康、机体平衡，使人有充沛的精力投入学习，而且有很高的享乐度，给儿童带来力量和魄力，使儿童处于与外界事物和谐共处的境地，处于超越和自由的状态，容易接受外界事物并对事物产生兴趣。

第四，有体验不同于有知识。知识是被授予、被给予的，在变为个体的信念体系的一部分之前，具有普遍性、大众性、客体性，对于个体本身是被动的。体验则不然。体验是个人的真实感受，是个体自己的、主动的、独特的，是个体获得的宝贵经验的一部分。

第五，如同知识及其认知加工的经验积累不断发展一样，情绪经验、情感体验也可以不断积累、扩展、迁移。以前的情感体验可以对此后的行为起"情感预期"的作用，之后的情感经验也可以对先前的行为起"情感校正"作用。更为根本的是，由于趋于正向积极体验、回避消极体验是人的先天本能，因此积极、快乐、愉悦的感受促使儿童再次地、不断地追求这类体验，重复易于产生这类体验的行为。因此，相比其他类型的学习方式，态度的学习方式更属于学习者个人所有的独特财富，是主体自觉的行为、自主的意志。即使学习过程中的"苦"

也会因个体的自觉自主让个体产生坚强的耐挫力和吃苦精神，从而战胜学习中的各种困难。

二、从情感维度指导学习活动的具体经验

从情感维度指导学生的学习活动可谓方法各异、技巧繁多。在小学教育实践中，我国各地的小学教师，特别是那些有敬业精神，又具有丰富教学经验的教师创造了许多宝贵的经验。这些经验可以从不同的层次、不同的维度来加以分析、归纳。下面以教学过程中三个重要的因素——动机、情境、理解为基本线索，概括、提炼、整理出以下三方面的经验。

(一)诱发兴趣和愉快情绪，帮助学生强化学习动机

兴趣和愉快是人的主要的两种积极情绪。由于它们的享乐度很高，紧张度很低，会使人处于与外界事物和谐共处的境地，处于超越和自由的状态，容易接受外界事物以及对事物产生兴趣。它们有很高的智力活动价值，为人类的学习探索活动增添了自信、勇气和魄力。

要使儿童产生兴趣情绪，需要弄清楚兴趣产生的基础。心理学认为，兴趣与需要有密切关系。皮亚杰说过，兴趣实际上就是需要的延伸，它表现出对象与需要之间的关系；我们之所以对一个对象发生兴趣，是由于它能满足我们的需要。[①] 所以，兴趣是在需要的基础上发展起来的。小学生的年龄为 6～12 岁，他们的各种社会性需要处于生长时期，尚包含许多属自然本能层次的东西。或者说，他们的社会性需求尚处于初级阶段。因此，教师应照顾到儿童心理需要这一特殊性，

---

① 参见［瑞士］皮亚杰：《发生认识论》，范祖珠译，北京，商务印书馆，1990。

用适合他们心理特点的方式，在满足他们基本的心理需要过程中引发他们对学习的兴趣，使他们保持、强化这种兴趣，使作为情绪状态的兴趣和愉快变成作为个性心理倾向的学习兴趣，从而成为儿童自觉学习的内在动机。具体来说，我们可以用四种心理满足方式来激发儿童的学习兴趣。

1. 满足儿童的好奇心

一般来说，学习兴趣是在人的感知需要的基础上产生的。而求知需要又是从动物的探究反射的基础上发展起来的。求知需要的初级表现或儿童期表现就是好奇。儿童的好奇心特别强。好奇是人类与生俱来的对新异或陌生事物的一种反应和反射，还是科学的种子、知识的萌芽。教师应首先是从满足儿童的好奇心、保护和发掘儿童的好奇心开始的。

作为情绪状态的兴趣与作为较为稳定的个性心理倾向的兴趣不完全相同，前者的产生主要来自刺激的新异性和变化性。刺激的新异性和变化性往往导致客观事物超出主观预期，产生惊奇一类的情绪。一般的惊奇情绪停留的时间很短，只是一瞬间使整个有机体转向并指向刺激来源。如果这时的刺激足以使有机体继续对它维持注意并对它进行探索，惊奇就转化为兴趣情绪。教师应使用以下一些方法。

第一，用引人入胜的方式，如有趣的故事、生动的实验、离奇的悬念等引出需要讲授的教学内容。巴班斯基把它们称作"教学上情感刺激方法之一"。

第二，不断调整、变换教学进程的节奏，或改变讲授方式，或改变学生的练习方式，或改变教师的语调、声音，避免教学过程的枯燥单一。

第三，根据教学内容的要求，恰到好处地使用设疑、提问、演示、对比等方法，创设问题情境，揭示儿童认识中的矛盾，刺激儿童思维的积极性。

第四，用儿童喜闻乐见的方式，让儿童直接参与和创造学习过程。例如，让儿童自己使用学具操作；让儿童根据教学内容编歌谣唱颂；利用儿童强烈的游戏欲望设计丰富多彩的游戏，并突出游戏的象征性、表演性、竞赛性、对话性等。

2. 满足儿童的归属心理需要

儿童对学习的兴趣不仅可以由对知识本身的兴趣直接诱发，也可以由其他心理需要的满足而间接诱发。儿童可以从爱老师、爱同学、爱学校迁移到爱学习、爱某门学科上来，而这类爱的情感又必然是建立在儿童被爱和归属心理需要得到满足的基础上的。儿童在家庭中由于父母的亲情关系而获得归属感和依恋感的体验。教师应善于以他们本人对儿童的热爱，通过他们的表情、语言、体态姿势传递情感信息；同时通过组织创设班级友爱气氛，使儿童离开家庭后依然生活学习在一个温暖的集体中。在这样的教育环境中，儿童从依恋父母到依恋老师、同伴，有安全感、归属感，有校园如家的感觉，精神有所依托。

上海市第一师范学校附属小学和江苏省无锡师范附属小学都明确提出愉快教育是一种渗透着爱的教育，是用爱进行的教育。只有透过爱，教育儿童才有可能。教师的爱应体现三方面的内容，即关心、尊重和要求。只有严格要求而没有关心、尊重的爱，并不是爱。只有关心、尊重，而没有要求的爱是溺爱。只有关心和要求，而缺乏对儿童尊重的爱，也是有缺陷的爱。

关心就是细微的体贴之心，就是主动觉察儿童表现出来的或尚未表现出来的各种需要，并给予及时、适时的应答，为之操劳，使之发展成长。对于小学低年级儿童来说，父母型教师以及他们所教的学科总是特别得到儿童的喜爱。

尊重就是要认识每个儿童不同的个性，去发现、了解他们，发掘他们身上的闪光点。教师的尊重会消除一些儿童对自己不适当的低评价，使他们对学习重新燃起兴趣和希望之火。

许多行之有效的经验都证明，只有在关心和尊重的基础上，教师对儿童严格的要求才可能被儿童接受。学习中发生的困难也才可能由儿童自己的意志去战胜。

3. 满足儿童的趋美需要

儿童作为学习的主体，其天然就有一种趋美需要，即对美的样式的敏感性和选择性。如果这一需要在学习活动中得到满足，儿童就会对学习活动产生兴趣。在漫长的自然演化过程中，人的生命结构和形态经受了自然的选择和塑造。人类适应环境、避免危害的反应功能为整个人类提供了一个先定的形式美的条件——良好的功能只能产生于精巧的结构中，生命进化必然发展出规整、平衡、对称、简化、秩序等美的形式。

儿童时期是人一生中对美的形式最为敏感的时期。因此，所有的教育因素只要符合美的形式，按固有的规律组织在主体的目的性活动之中，儿童就易于接受，就容易产生兴趣，如校园环境中美的形式、校纪教规中美的形式等。比如，数学课中变换式子、变换图形过程的动态结构美体现在：在变换式的操作时伴有音节整齐的口诀，每句口诀按音乐化的铿锵节奏来朗诵等。又比如，在识字教学中，学了某个基本字形（如"每"）以后，教师要求运用这个字形来组成许多的新字（如梅、霉、酶、海、悔、晦、敏、繁、侮）。儿童对这种教法感兴趣的原因仍在于其中的形式美与人的生命形式有同形同构的关系。

由于各学科内容中的形式美是十分丰富多彩的，儿童对美的兴趣常以本能的方式流露，容易停留在短暂、肤浅、狭窄、零散的水平上。教师如果满足于此，可能会成为对儿童智能发育的干扰（功能性障碍）。因此，教师有责任把这种爱美兴趣引导到对自然、社会中规律性形式的热爱，使其发展为对规律的强烈求知欲和对规律在人类实践中的重要意义的深刻领悟。

4. 满足儿童的趋优本能需要

人的趋优本能是与生俱来的，最初与人的生理构成直接关联。在日后人的不同发展中，由于不同层次的心理因素的渗入，人的趋优本能才获得社会性，并且有了高低之分。教育是在满足儿童的趋优本能需要的基础上促进儿童发展。

教师特别要重视为儿童创造学习过程中成功的机会，让他们在早期生活中获得成功的体验，养成勇于成功、勇于竞争的习惯，培养战胜困难的信心。对于那些暂时尚未展现学习才能而又有自卑情绪的儿童，教师更要为他们安排一些容易成功的工作，为他们创设外部鼓励赞扬的环境，使他们体会成功的欣慰。

一般来说，儿童在哪位教师那里获得的积极鼓励和肯定性评价多，儿童就会对那位教师及其所教的课表现出学习兴趣；在哪个环境中受到尊重，体会到自身存在的价值，就愿意留在哪个环境中。为此，教师不仅应用鼓励性语言、眼神、身体姿态给予儿童鼓励，而且应通过变换评估的方式、变换儿童小群体的组成结构、变换班级小干部人员、设置难易不等的困难情境等不同方法让每个儿童都能得到获取成功的机会。

当然，对成就的满足也需要适当的限制。教师在满足儿童的趋优本能需要的同时必须把这种满足欲求引向"社会兴趣"，引向"善良意志"。教师要让儿童得到集体成功的快乐，学会分享他人成功的喜悦，鼓励儿童在学习探索过程中不为浅近的成就所满足，锻炼延迟满足的能力和韧性精神。

总之，以上四个心理满足方式的共同要旨是通过教师的帮助，刺激、激励儿童内部的成长。我们明确反对用外在的奖励和惩罚的压力来作为儿童学习和行为的动力。只有内部的积极因素调动起来了，学习行为的活动体现儿童自己的主观愿望、主观状态了，才说得上儿童有了学习的内在动机。

（二）运用情感活动的特殊机制，帮助学生在充满积极情感的状态中学习

从情感维度指导儿童学习要帮助他们强化学习动机，同时还要在学习方式上帮助他们理解知识。由于情感理解及其思维是与逻辑—理智思维不同的一种学习认知方式，它的发展同样不是一个自然成熟的过程，而是教育促进其发展提高的过程。所以教师首先应当探索和努力掌握情感活动及其在人的学习过程中的特殊机制，将其运用到教学过程中，帮助儿童提高学习水平。在这方面，有几条基本经验及其机制可供参考。

1. 教师本人感情充沛地教学，儿童容易接受

我们在实践中常常发现，讲述同样的内容，教师是充满感情且富有表情，还是毫不动情、表情冷漠，会产生截然不同的教学效果。其原因在于，人的情绪以及附着在知识信息上的情绪色彩有可能在儿童逻辑—认知系统尚未参与加工的情况下先期传递并到达儿童大脑的丘脑部位，由感受系统进行加工；也可以在儿童无意识的情况下进行加工。教师的表情、语调、身姿本身就是一种携带文化信息的信号，具有传递功能、感染功能，能使儿童产生相应的情绪活动，更容易接受教学内容。特别是对于小学低年级儿童，他们使用语词概念进行抽象加工的能力较弱。教师在讲解词汇概念时，如果使字词句带有浓郁的情感色彩，无疑将有效地改善儿童对知识的接受状况。特别是那些具有丰富道德内涵的教学内容，在儿童尚未形成抽象的道德概念之前，都是通过情绪表情的携带，通过拟人化的情感想象，使儿童产生基础性道德情感的。不少学校对教师提出"微笑教学"，提出教师教学时在

表情、用语、声调、姿态方面的技能技巧，都是为了使教学感情充沛。

2. 用艺术化的教学内容来养成儿童学习理解的情感模式

儿童的学习绝不只是对知识的逻辑认知，也不只是为所学的知识体系找到事实的逻辑。理解性学习既有逻辑—理智的加工，又有情感体验的加工，是人的认知系统、情感系统共同作用的结果。儿童由于其年龄、阅历的限制，生活经验的缺乏，对情感的认识能力不足，通常仅仅从字面意义去认识、理解知识系统。这种学习不仅使学习活动方式本身枯燥无味，而且限制了儿童大脑整体地、协调地发育，影响儿童心理活动的全面性、完整性、和谐性。

为此，教师应对所教内容的情感载体所负载的情感含义有较深的体认与理解，对情感表达力的样式，即情感形式十分熟悉，如散文中词汇的细微差别，诗歌中的节奏、韵律，音乐的形象、旋律，小说人物的对话与内心独白，美术的色彩、线条、对比，数学中的数和形及其构成的空间关系和数量关系等。教师凭借自己的理解力找到的不仅是教学内容中事实的逻辑图画，而且是情感的历史图画。他们不是用逻辑概念来传达自己的理解，而是用语言、语调、扩展性描述、姿态语言，用直观展示的方式，用人为创设的情境，把情感的形式化特征凸显出来，使教材所负载的情感内容寓于形式情感之中。这种艺术化的教学使儿童唤起与教师相似的情绪。这一相似的情绪可能是受到教师情感的直接感染，也可能是对自己以往"情感储备"的回忆和再度体验。如果儿童经常接触具有丰富情感内涵的教学内容，接触教师用自己的情感理解传递的情感形式，其情绪感受形式、情感评价倾向即情感模式也就渐渐形成了。

3. 善于接受儿童的感觉和情绪，引导其情感的健康发展

儿童的感觉和情绪状态乃至情感品质，都与学习质量相关。因此，教师还应善于识别和体察儿童的情绪，辨别他们在情绪特质上的个体

差异，引导他们情感的健康成长。

首先，教师要明确人类存在各种感觉，感觉是自然的、健康的。教师应尊重儿童的感觉，教会他们用合理的方式表达感觉。教师应给予儿童用语言表达感觉的机会，并且对他们表达的场合、表达的准确与否以及表达的流畅度加以指导。此外教师应引导儿童进行创造性的活动，教育儿童控制情绪，让儿童充分地表达感觉和情绪。

其次，教师应善于区别不同神经类型的儿童和不同情绪特质的儿童。有的儿童外表沉静、安稳、不爱说话、羞怯，但其感觉与情绪极度敏感、细腻。如果教育处理稍有不当，儿童很容易受到伤害。有的儿童顽愚好动，情绪表现外向且激烈。教师要善于对其情绪能量进行合理引导，将其激昂、好动和攻击性引向正当的学习活动。还有少数儿童性情怪僻，或孤独闭锁，或狂躁不安。教师应当谨慎地对待此类儿童，因为有些有特殊才能的儿童可能同时伴有情绪特质上的怪异。

最后，教师应主动、积极地支持儿童发展其感受系统。具有特定含义的感受或体验，其意义和内容不是指语词意识本身，而是指在语词意识中出现的情绪感受基调。它们不是从认知加工系统获得的，而是从个体在同环境相适应的过程中对生存和需要满足与否的感受状态下发展来的。当代研究一致承认，情感信息的加工方式与认知信息的加工方式不同。前者依赖于感受状态的发展，依赖于情感体验在意识中出现的性质。如果没有感受现象，就不存在情感发展的机制，就不会有任何情感经验作为印记留存在记忆系统中。美国哈佛大学"零点课题"研究已经提出这样的问题：在一定的年龄以前，逻辑思维的发展与非逻辑思维的发展是否存在相互抑制的关系？研究表明，人在精神情感不发达、直接印象贫乏的情况下形式主义地掌握大量知识，必然导致人的感受萎缩。因此，教师应特别珍视人在童年、少年时期敏锐的感受能力、强烈的感受欲望及细致性和独特性，防止儿童在逻辑思维迅速发展期感受能力的发展受到抑制。在小学阶段，教师应创造各种机会，让儿童感受自然、感受艺术形式、感受人际的情感，形成对自然美、艺术美、人际情感的高度的情感投入。通过训练和教育，人对情境、对他人、对自己的情感经历从识别粗糙到细腻，从分类不当到恰当，从判断错误到正确，其情感经验经历从缺失到丰富，其情感理解经历从肤浅到深刻。如此，儿童的学习活动就有了丰厚的情感认识背景，对知识进行情感理解就有了基础。

（三）引导价值判断和选择，帮助学生逐步提高自我处置学习情境的能力

学习最终是儿童的自我需求、自我处理过程。教师的任务和作用是促进、引导、帮助儿童学会自己处理学习过程的各个阶段和各种事件。特别当儿童由小学中年级升入高年级以后，这方面的要求应当更加明确起来。教师应逐渐培养儿童自我处理学习的能力，为他们今后自觉学习、适应环境、认识和改造世界奠定基础。教师的教学可从以下一些环节着手。

第一，全部教学阶段应从俯瞰全貌式的概览开始，以提供关于问题的简明的变式结果。

在全部教学阶段，甚至在每一节课，教师都应该从俯瞰全貌式的概览开始，通过介绍主要论题、目的、预期的学习结果等为新学习提供一种背景关系。遵循这样的步骤，教师能帮助学生探究、领悟及培养他们对该情境主要成分的意识，在传授新知识和技能时突出重要的方面。根据儿童的特点，教师应用儿童熟悉的语言、引人入胜的小故事、事例、具体的形象、譬喻、类比等揭示新知识和技能与先前学习之间的关系，与儿童进一步学习、掌握新知识和技能，指出其价值意义及其与儿童生活经验的关系。这样的介绍性导入工作应尽可能地唤起儿童的情绪感受和注意。在教学结束时，教师应用一个具有吸附作

用的高度浓缩、简明的核心式样（如纲要信号）去统领全部教学资料。它是蕴含完整内容的单纯结构，是压缩复杂的学习过程的结果形式，是饱蘸情感趣味的理性直观。核心式样可以是一个图式、一张表格、一段故事、一句警言，可以是一曲旋律、一阕诗赋、一个悬念，也可以是一个具有提示性的再生问题。简化的核心式样能够成为儿童当时心境的异质同构的类体，仿佛一面镜子让儿童欣赏到自己在学习过程中智力劳动所显示的力量。这样，教学就是在伴随儿童高昂、兴奋情绪和领悟满足体验下结束的。它比在沉闷的气氛中，在匆忙的收场中留给儿童的情绪记忆要美好得多。

第二，帮助儿童在特定情境中意识到自己，自我参照性地学习。

许多研究表明，那些能够意识到自己的长处、短处、需要、价值准则和目标，发现自己的学习习惯、学习风格，并按照自己的个性条件学习的儿童，比那些缺乏这种意识，只能被动地、应付地学习的儿童，能取得更好的学业成绩。了解自己知道什么、不知道什么，了解自己能做什么、暂时不能做什么，了解自己认为什么是重要的和什么是不重要的，了解自己为什么而快乐和为什么而懊丧等，都是有效学习的基础。教师应该提供帮助儿童获得自我知识的内容和活动；应该开设一些专门的课程帮助儿童理解个人情境如何影响学习，同时也提供一些让儿童对待自己个性特征的方法。例如，指导儿童学会了解自己的感觉，用适当的方式表达自己的感受；了解儿童喜欢什么样的教师、课程及教学方法，不喜欢什么样的教师、课程及教学方法，让儿童有表达自我愿望的机会；鼓励儿童自己安排课余学习活动，根据不同学科的学习特点和个人的生物节律、学习习惯确定自己的学习方法和具体时间安排。

此外，座谈、对话、小组讨论、兴趣小组以及走出校门参观、访问、劳动等都是锻炼儿童自我处理能力的好办法。因为在这种合作性学习、交往性学习的过程中，儿童之间出现了在师生之间、同伴之间多向交流的情境。儿童以他人为参照背景，通过各种行为之间的协调和各种意见的比较，可以从中寻找到自己的情感、态度等方面的生长点，更加了解自己、激发新的认知需求和规范认同的自觉性。在这类体现价值判断的信息交流、情感交流和儿童之间相互施加影响的活动中，儿童自我处理的经验得以积累。

第三，教儿童学会把概括化的知识和技能迁移、转换到新情境中去。

教学过程的最终目标不仅是使儿童掌握特定的知识和技能，而且要保证能将其迁移、转换和应用。为此，只是向儿童提供具有概括力的概念、原理和过程是不够的，只是让儿童有足够的练习以保证其对概念掌握的熟练程度也是不够的。教师必须引导儿童进行扩展性学习、转换式学习。最初，教师要求儿童在理解概念、原理的基础上做某种定向的训练，但随后的练习就应置于一个更广泛、更自然的背景中。教师必须引导儿童对概念、原理及其应用尽可能多地举出例证、做出类比、提出应用的尝试。教师应引导儿童练习将概念、原理或过程应用于一个完全不同于列举的背景或任务中，以表明可能做出概括、转换和迁移的范围。教师还可以通过测验检查儿童是否能将概念、原理或过程应用于另一个完全不同的背景或任务中。研究证明，学习中的列举、背景和应用的范围越是狭窄，以后发生迁移的可能性就越小。原有的学习体验越是具体、狭窄，其过程和结果与机械学习的性质越吻合。这类概括性学习的过程绝不是内容不变的重复和机械练习，而是要求在教学内容发生变化的过程中重复，并且是令儿童在反复使用概念、原理时能将其运用到不熟悉的新情境中以达到不确定的结果。这样的练习是通过情绪记忆，从过去和现在的情境中寻找各种同类事物的。儿童期待重新唤起在相似的情境中取得成功的情绪反应。由于情境总是不断变化的，为了满足新条件的需要，儿童就要扩展原有的概念、规则，转换它们以顺应不时更新的情境。这时儿童必然寻求教师帮助自己创造一套更能广泛使用、更抽象的新的概念系统。至此，教师在帮助儿童提高迁移能力的同时实际上是激发了儿童新的学习动机。教师和儿童共同提出了新的学习要求。

第十一章　课程改革与教师的道德情感向度

一、课程改革中的道德教育和价值观教育[①]

　　长期以来，我国的道德教育、价值观教育主要依靠专门的政工系统和政工队伍（包括党、团、少先队组织）通过专门的课程开展。虽然有日常的教育空间（如班主任工作系统及方式），也将德育渗透在学科中，但将道德教育、价值观教育从课程功能的完整性、整合性的角度去规定，从而建立起新的基于完整课程功能观的学校道德教育理念还是第一次。这样就将学校道德教育、价值观教育的空间大大扩展了。本章试图从以下几个方面对此加以阐发。

　　第一，中国教育政策研究对课程的本质较之以前有了认识上的极大进步。

　　关于教学过程的教育性功能，赫尔巴特在他的《普通教育学》中明确指出他不承认有任何"无教育的教学"。在他看来，教育的本质就在于道德教育；只要是真正的教学，就是教育性教学，即必定是以意志的陶冶为目的的。这就是赫尔巴特的"教育性教学"学说。

---

① 　本部分是作者发表在《全球教育展望》2002 年第 12 期上的文章。

为什么知识教学过程的认识价值与道德价值、审美价值具有统一性？按照当代有机论的、生态论的、复杂科学的思维方式来理解，一切存在物都是关系性存在物。它们之间不仅存在具体复杂的网络式而非线性的关系，而且一切关系都具有价值关系，即具有某种肯定和否定性质的关系。人在关系中具有感觉价值的道德经验、审美经验是重要的，甚至是首要的经验事实（如艾弗雷格·怀特海的后期哲学的观点）。当代一些重要的教学论、课程论专家开始重视教学过程中人的价值感受及其定向，强调课程是具有政治性、伦理性、文化性、实践性的活动（如日本佐藤学的课程思想）。反过来说，道德教育又必须建立在各门学科所呈现的多样认知性知识的基础上。道德的知识并不是或主要不是关于道德的知识，而是建立在广泛认识世界、认识人的基础上的。杜威对道德的知识和关于道德的知识的区分，有精辟的思想。他反对道德教育只教授关于道德的知识，强调道德教育要以人的生活经验为基础，道德是生活的智慧。苏霍姆林斯基说过，学生在学校学习的自然、社会、思维方面的知识是世界观和正确道德行为的基础。至于托马斯·里考纳更加明确提醒大家各科教学对道德教育的意义。他认为，各科教学对道德教育来说是一个"沉睡的巨人"，潜力极大。所以，不利用各科教学进行价值教育与道德教育是一个重大的损失。据我们所知，美国在经历一个主要强调道德思维及认知发展的学校道德教育思路之后，再度回归强调美德和品格教育。卡内基教学促进委员会前主席波伊尔主持的关于基础教育的报告提出，学校要以环境塑造品格，以服务塑造品格。看来，这些思想和实践的主张不断有人提出绝不是偶然的。

　　第二，重视教学结构改革并做了重大改变。

　　教学结构一般是指课程板块、体系、模式、时空等。现行教学结构新设置了综合活动课程，并作为必修课程。这是一个重大的结构性改革。课程改革提出课程体系在结枚上的均衡化要求。所谓均衡性是指人文社会学科类课程与自然科学类课程的平衡、学科课程与课外活动的平衡、理论课程与实践课程的平衡。综合活动课程包括信息技术教育、研究性学习、社区服务与社会实践和劳动技术教育。它作为一种课程类型，其本性是活动课程。活动课程又称经验课程，是指以学生从事某种活动的动机与经验为中心组织的课程。活动课程不能取代学科课程，但它是学科课程的重要补充。这类课程可以提高学生的探索愿望、动手能力，特别是可以提高学生的社会认知水平，发展学生的社会兴趣，提高学生的个人素质及社交能力。社区生活实践、志愿活动、在社会团体中的服务等都可以成为有深度的课外活动，让学生有机会接触成人，与家族之外的成人交往，以增长社会知识，发展新的社会关系。

为什么活动性质的课程有助于落实道德教育、价值观教育的目标呢？这在于道德并不具有先验性，而具有实践性。道德教育作用的真正发挥主要不是以原则输入的方式完成的，而是个体以自己原有的经验为基础，在扩展新的经验、发现道德及价值的意义的时候或者是个体对情境中的道德难题予以解决的时候。在这两种情况下，个体都获得了成长。杜威当年挑战康德的纯粹伦理学，强调实验的（行动的）伦理学，表达的正是上述意思。

第三，各学科课程标准都强调了实现道德及价值观教育的目标，并且尽可能全面、深入地挖掘、展示出不同学科在实现道德教育上的不同价值。

尤为突出的是，各学科课程标准都强调培养学生积极情感（体验）的态度目标，概无例外地明确陈述出来。这在新中国成立以来也是第一次。《全日制义务教育语文课程标准（实验稿）》第三部分的"教学建议"第三条内容如下。

重视情感、态度、价值观的正确导向

培养学生高尚的道德情操和健康的审美情趣，形成正确的价值观和积极的人生态度，是语文教学的重要内容。不应把它们当作外在的、附加的任务，而应该因势利导、贯穿于日常的教学过程之中，通过熏陶感染收到潜移默化的功效。

《全日制义务教育数学课程标准（实验稿）》第二部分"课程目标"关于"情感与态度"方面的阐述如下。

情感与态度

①能积极参与数学学习活动，对数学有好奇心与求知欲。

②在数学学习活动中获得成功的体验，锻炼克服困难的意志，建立自信心。

③认识数学与人类生活的密切联系及对人类历史发展的作用，体验数学活动充满着探索与创造，感受证明的必要性、证明过程的严谨性以及结论的确定性。

④形成尊重客观事实的态度以及独立思考的习惯，能够进行合理的质疑。

《全日制义务教育音乐课程标准（实验稿）》第三部分"内容标准"第一条内容如下。

感受与鉴赏

感受与鉴赏是重要的音乐学习领域，是整个音乐学习活动的基础，是培养学生音乐审美能力的有效途径。良好的音乐感受能力与鉴赏能力的形成，对于丰富情感、提高文化素养、增进身心健康具有重要意义。教学中应激发学生听赏音乐的兴趣，让学生养成聆听音乐的良好习惯，逐步积累鉴赏音乐的经验。应采用多种形式引导学生积极参与音乐体验，鼓励学生对所听音乐有独立的感受与见解，帮助学生建立起音乐与人生的密切关系，为学生

终身学习和享受音乐奠定基础。

【内容】音乐表现要素

【标准】1～2 年级

①感受自然界和生活中的各种声音。能够用自己的声音或打击乐器进行模仿。聆听歌声时能做出相应的情绪或体态反应。

②能听辨童声、女声和男声。

③感受乐器的声音。能听辨打击乐器的音色，能用打击乐器奏出强弱、长短不同的音。

④能够感受并描述音乐中力度、速度的变化。

【内容】音乐情绪与情感

【标准】1～2 年级

①体验不同情绪的音乐，能够自然流露出相应表情或作出体态反应。

②体验并说出音乐情绪的相同与不同。

【标准】3～6 年级

①听辨不同情绪的音乐，能用语言作简单描述。

②能够体验并简述音乐情绪的变化。

【标准】7～9 年级

①能够主动地体验音乐所表达的各种情感，并能运用音乐表情术语进行描述。

②能够感知音乐情感的发展变化，并能简要地表述或通过多种形式表现出来。

为什么强调情感态度的重要性？这与人类对情绪、情感作用的价值有新的认识有关。情绪、情感有许多正向的价值在现在被凸显出来。比如，它的生长早发和根基性作用，它的沟通、传递、感染、分享作用，它的强化、放大、动力作用，它的从内部监控、激励和长效性的支持作用等，使它成为生命需要最重要的标识。而且只有当情感本身得到发展、提升，德性品质才有最基本的保证。

课程占用的学校大部分时间、空间所实际构成的学生学校生活现状，必然引发和形成学生的各种情感、态度。过去，在应试教育的影响下，学校及教师关注及主要评估学生在知识学习上的情况，而较少关心学生感受到什么，有什么情绪、情感的需要和表现，情绪、情感是否顺畅地表达出来了，是否在生物社会性情感的基础上发展一般社会性情感并进一步发展到自主性明确的精神文化性情感。根据巴克的报告，即使是道德情感，也是由社会性情感、认知性情感两个基本方面构成的。社会性情感是人由生物性亲社会情感（主要是依恋，它由期待和爱的需要产生），经过不断接受社会环境的挑战，积累社会经验，向更高级的社会情感发展的；认知性情感的生物学基础是个体的奖惩系统，是由人受物质环境的挑战，不断发展认知能力，产生和不断成熟的具体化了的认知感。

总之，现在情感、态度的线索被凸显出来。这是十分重要的。它们本身标示、表征着人的心理品质、精神品质、人格品质，而这些正是教育及其课程实施的基本目的。相反，情绪、情感若不向好（善）的方向激活、表达、成长，则必然向坏（恶）的方向激化、滞存、固着（固结）。

第四，课程对道德与价值观教育目标的实现最终依赖于由教师主持、学生与教师共同建构的教学过程的展开。

课程改革十分重视教师培训，强调教学在本质上是具有道德性质的。教师首先要充分利用和挖掘不同学科内容和材料所蕴含的道德教育资源。托马斯·里考纳列举过各科教学中可以利用的一些价值因素，如数学和科学课中科学家的生平业绩、生活和治学态度，语文课中文学上榜样人物的道德作用，历史课中历史人物的德行与自律精神，体育与健康课中展示适度的自我控制对个人健康和品行的重要等。此外，教师要从教学设计、结构、策略、方法等方面加以研究、开发和创造，并对这诸多环节中的自我表现加以反思和调整。例如，泰勒1996年的研究曾指出，价值观教育得以实现的形式方面比价值观教育的内容本身更为重要，事情怎么说的、做的要比说了、做了一些什么更有影响力。[①] 教学过程是师生交往频率最高的时空段。教师本身是否尊奉并践履着诸如平等、尊重、公正等价值观，教师本人对做人、做事推崇什么样的价值观，都显性或隐性地传递着价值。鲍伊德指出，任何教学行为固有道德判断，不能忘记师生关系的道德性质。现在，有一种观点认为，教师也是普通的人，不要把教师"圣化"。当然，教师确实不是完人，但教师一定要求善、向善。不管是否有自觉意识，教师作为学生的榜样客观存在。尤其对于未成年的孩子，教师在言谈、行为中实际表露的德性品质和价值观对他们的影响是深远的。因此，改变智德分离的现象，将德育落实在课堂上是十分重要的。

二、关怀伦理、教师关怀与道德教育

我们常常困惑于学校道德教育的有效性。教师依据自己的教育经验发现，教师关怀与教育成效有着某种关联。但什么是教师关怀呢？什么样的教师关怀才具有伦理性，才能够体现出道德教育的价值呢？这似乎需要反思。

我们一直希望，课堂教学活动和日常师生交往关系充满着道德性；我们一直在追求着一种内在的具有道德价值的教育，即注重教育过程

---

① 朱小蔓：《道德教育论丛》第2卷，367页，南京，南京师范大学出版社，2002。

本身的道德性，而不是更多地诉求于各种冠于"道德"的名目而实不具有道德性的形式化的"教育"活动。

（一）关怀伦理学给我们的启示

诺丁斯是美国斯坦福大学教育系的教授，她所倡导的关怀伦理学继吉利根之后，也提出与康德的义务论伦理学相反的主张。与义务论伦理学强调遵从规范、听从道德的律令不同，关怀伦理学更重视某种行为选择会有什么反应，即关注该行为是否有助于维系彼此充满关怀的关系。

关怀伦理学最重要的贡献在于，它重视关怀者与被关怀者之间的关系，并特别关注被关怀者角色的主动性。诺丁斯认为，关怀绝非完全取决于关怀者一方的态度与目的，而必须考虑关怀者的关怀在被关怀者身上产生了什么样的效果。这样将被关怀者当作主动的角色纳入关怀的体系，便使我们无法为关怀这个行为套上固定的模式。我们不可能以逻辑的方式推算出自己该怎么做，也不可能用某一条道德规范来印证自己的行为；既不能以功效论的方式计算行为的合理性，也不能仅凭心中的道德感做出为大众尊崇的行为。

（二）关怀伦理学中教师关怀的含义

教师关怀并不是一味地要求教师去关怀学生，而是必须通过教师与学生之间的关系来阐明关怀，即以自身的行为让学生感受到关怀的意涵。所以，这种关怀不是权威式、教训式、控制式的，也不是恩惠式的，而是以建立和维持彼此充满关怀的关系为宗旨的。

因此，教师关怀是以一种开放且诚恳的方式在接纳他人，是一种许可他人与自己建立关系的非选择性关怀（平等关怀）；它涉及人与人之间完全的接纳、深刻的反省、审慎的评估、不断的修正以及深入的探索。

（三）关怀伦理视野下的道德教育

具有上述特性的教师关怀与道德教育究竟有什么关系？为什么说

这种教师关怀就是道德教育呢?

关怀伦理学认为,道德教育有四个重要的组成部分:一是以身作则,即以自身的行为让学生了解什么是关怀。二是对话,即经由对话更深入地了解对方,并借由这种了解进一步去学习做个更好的关怀者(通过对话,可以以对方的反馈来评估我们付出关怀的成效,帮助我们以更恰当的方式去照顾、关怀对方)。三是实践。因为经验会改变人们对事物的看法,所以应该多让学生参与学习及反省如何关怀他人的实践。四是肯定。马丁·布伯将肯定描述为一种对他人的确认和鼓励,即肯定意指确认他人一份好的本质,并鼓励这一本质继续发展。

诺丁斯认为,首先,关怀者需要对对方有相当的了解,并与对方有深入的相处。其次,不能用单一的标准要求每一个人。再次,必须认定是值得推崇的优点,然后才加以发掘、倡扬。最后,同意德里达的"让他者成为他者"的观点,即在帮助他人时把他人当作他者(即独立的个体),帮助的目的是让他者做得更好。相反,如果在他人身上看到不好的事情时,不能直接对他做判断,直到我们确定这份不好确是他的原因导致的。因此,关怀所应对的不只是向外,还包括向内的反省。

关怀伦理学强调,教育工作者应致力于改善他人的作为,但以不妨碍别人的"他者性"为原则,同时避免为他人决定应该做的事情。

反思我们的教育现实(特别是道德教育),单方面的"导善"目的、权威自居的"关怀"、不允许"他者性"的提升,以及僵化固定的"关怀"模式,所缺少的是尊重、宽容、平等与对话。那种不经由自我反思调整的"关怀",往往不自觉地就变成了家长式的关怀、包办式的关怀、控制式的关怀。而这些所谓"关怀"无不是权威中心社会、民主化低下社会的产物,需要受到质疑甚至拒绝。

总之,新教育伦理学中的教师关怀需要重新释义,而全新释义的教师关怀就是道德教育。

三、创建情感师范教育

　　情感师范教育是国外 20 世纪 70 年代对师范教育提出的教育改革思想与实际操作。其兴起与发达国家当时的教育现实中缺乏情感教育，对师资队伍的培养偏重认知素质、忽略情感素质，以致影响到教育促进人的全面发展有关。考察我国各级各类学校教育的现状，有必要将他国教育运行中某些共同的规律性问题作为借鉴，引进情感师范教育这一概念，根据我国教育的实际加以运用，在我国师范教育体系中建立起有我们自己特色的情感师范教育。

　　情感师范教育指的是在各级师范教育中，加强对师范生情感素质方面的培养，不仅使师范生的认知、技能水平和一般的思想政治素质达到国家的要求，而且使师范生在情感素质方面具备其他类别目标没有的、特殊的职业条件，在未来的师范职业中善于与学生顺利进行情感交往，能够胜任对学生情感导向的教育工作。

　　本章就我国建立情感师范教育问题提出初步的论证与设想。

（一）建立情感师范教育的必要性

　　师范教育的目标是培养合格的、能胜任各级各类学校教育教学工作的教师。现行师范教育体系主要是按中小学和学前教育的学科门类设置专业及其配套课程，为未来师资培养奠定专业知识基础，同时安排基本的教学方法论及适应师范职业的教育学和心理学方面的知识教育。总体来看，培养目标与培养方法主要着眼于教师的专业知识水平及认知教学技能的训练和提高。虽然我们强调对师范生政治思想素质和道德素质的培养，但并未认真发掘其情感素养这一层面。对于教育实际运行中认知过程与情感过程相互区别又相互联系的特殊关系、把握这一关系的必要性以及教师在这一运行中如何驾驭这一关系，我们还没有比较清晰而自觉的意识。

我通过这些年来对情感教育的研究，初步获得以下认识。

第一，学生的认知学习并不是对客观知识的机械接受，所以要进行有意义的学习，使学生在对知识理解的基础上不断形成新的认知结构，必须有师生在情感上的共同介入。从教师方面来看，教师只有把全部感情投入教学，对教材中既有的客观知识的逻辑联系实现意义接合才可能整体地把握教学内容。隐性的接合意义整体形成了，表层的形式总体才可能形成，学生才可能跟随教师给出的形式总体进入教材内在的隐性的接合意义整体。换句话说，把握这样联系背后的意义联系不仅是形式的、分析的接受过程，还是意义的、综合的体验过程。学生有效的学习只能是意义的发现，客观知识只是学习的开端。直到客观知识的个人意义被挖掘出来，变为个人信念体系的一部分，它才开始影响行动。根据情绪心理学和教育心理学专家的研究，儿童接受教学内容的含义、指标，选择注意的目标，形成情感上的反应，进而接受、理解知识，都必须有情感给予的前提。从学生方面来看，学生的情绪—情感作为主要的非认知因素，制导着认知学习。它以兴趣、愿望、热情等形式构成学习的动机，在学生的学习过程中起驱动、诱导、调节的作用。因为情绪既是一种客观表现，又是一种主观体验，情感状态所构成的经常心理背景或一时的心理状态，都对当前进行的信息加工起组织和协调作用，促进或阻止学习记忆推理操作和问题解决。因此，一方面，教师应该具有生动的和对世界的感受，为自己的教学内容而激奋，对它产生爱的情感；另一方面，教师以自己对学生的合理期望与评价为指挥棒，调动着学生的兴趣与热情，使师生双方在选择—理智与情绪—感受方面相互促进。

第二，学生在学校求学的动力不仅来自对知识本身的兴趣，出于认识上的需要，而且伴随其他的心理上的欲望。心理学家认为至少有三种欲望：①求知欲望，即期望理解自己周围的事物与观念世界；②社会归属或团体归属欲望，即期望归属于团体，得到团体的承认，取得应有的地位与他人的尊敬，并且期望得到他人的理解，要求自我表达；③情感欲望，即寻求依赖、孤独与确认等。教师正是充当着对学生各种心理欲求满足、调节和提升的重要角色。在家庭早期教养中，如果抚养人的情感应答方式正确，儿童就会有健康的依恋感、安全感、信任感和积极的兴趣——快乐情绪的享受能力及初步的移情能力。但这些自然—适应性情绪品质如果在学校环境中不能得到满足和延伸，人就难以顺利地完成向社会—适应的发展转化。只有教师本人的信念及价值体系所支撑的教育爱，才能使学生从血缘爱的情感发展链条上得到更高形态的心理满足，或得到对早期情感发育不足的补偿，从自然依恋感发展为社会团体归属感，从安全感、集体感发展为合作和谐、友谊的愿望心，从同情、关心发展为责任感以至终极关怀。

第三，学校教育不仅要使学生掌握知识和技能，而且要为学生全面的人格发展打下基础。学生的思想品德、情感素质和行为习惯的培养，不是依靠认知教学过程来完成的，而是学生自发地向教师模仿，在不自觉的情况下接受教师的影响，建立行为的制约，即潜移默化。现在学校德育工作效果不明显的原因有很多，但至少有一点是值得注意的，即把德育过程、情感品质培育、教养过程认知—教学化了。由于教师主观上的原因以及客观上教育大背景的原因，由教育者个人的价值体系，包括信念、情感、态度、价值观构筑起来的教养环境不具有情感上的吸引力和导向力。

第四，无论是认知教学的质量，还是人格、情感引导上的成功，都不是由专业知识水平和认知教学能力决定的。它们与教师的情感特征和情感交往水平有很大关系。梅索特、伯利纳和泰库诺夫发现，教师的情感特征（而非认知特征）最能区分"效率较高"和"效率较低"的教师。阿斯巴和罗巴克发现，具有较高（人际关系）技能的教师负责的学生极少出现捣乱活动，极少招致严重问题。他们总结为：教师的人际关系水平与学生的成绩、出勤率、自我认识、对学校的态度和在校行为有直接关系。

综上所述，实际的教育过程客观上存在对教师情感素质、情感交往能力与情感导向能力的要求。而且它们并不是自然成熟、提高的过程，与师范教育的其他目标一样，是一个教育培养的过程。那么建立情感师范教育的设想便在情理之中了。

(二)关于情感师范教育的操作思路

建立情感师范教育既有办学体制、制度、规划、招生改革、课程设置、教材更新、师资培训方面的硬件建设，又有办学思想、价值观念、校园文化气氛等方面的软件建设。它们都必须围绕情感师范教育的具体目标来进行。

情感师范教育的目标可以分解为以下两个方面。

其一，强调师范生应具备正确的价值观、人生态度和个性气质。

①注重精神文化价值，尊重知识，乐于做传播人类精神文化财富的工作。

②有积极的自我观念，能以积极的态度正视自己。

③有广博的、增进的及过程导向的理想、志向与个人兴趣。

④能以善意、信任、友谊等态度对待他人。

⑤具有自我坦露及真诚、率直的人格特点。

⑥善于了解他人的知觉情绪、愿望，分享其情感，并进一步依此来引导其行为的参照结构。

概括来说，情感师范教育培养的教师应当充满教育爱，具有温情、理解、接纳的态度和积极的自我观念，善于了解并培养学生的思想人格素质。

其二，强调师范生应有情感交往的能力与技巧。

①善于观察和识别学生的情绪反应，妥当地对这些情绪做出相应的应答。

②善于让学生坦露情绪，灵活地处理其情绪宣泄问题。

③能够自然地与学生平等相处，进行情感交流。

④善于用语言、体态、手势等激起学生的积极情感，引导学生的情感方向和情绪强度。

⑤用语上与有关交往模式相匹配，善用鼓励性语言，慎用惩罚性语言。

⑥善于营造良好积极的情感氛围，并用幽默机智调节情感气氛。

⑦能够初步诊断学生的情感病症，并给予初步的教育治疗。

第五编

关注道德学习主体的学校德育新视角

第十二章　学校道德教育与人的协调发展

一、道德、道德教育、学校道德教育

时代发展到现在，人们对于道德教育的重要性和迫切性大都有深刻的感受，但对于诸如"什么是道德""什么是道德教育""学校道德教育旨在达到何种目的"等一些更本源的问题，却很少做进一步的追问。在我们看来，如果缺失了思想根基，道德教育实践只能是"以其昏昏，使人昭昭"。

关于"什么是道德"，在人类思想史上曾经有过很多讨论。德罗布尼茨基在 20 世纪 70 年代把对道德概念的分析建基于人类发生和发展的全部历史，从人类的真实历史进程中把握道德起源的实际脉络。依助于这一研究成果，更可以确证道德是人的一种文化性的创造。人之所以要创造道德这种文化形式，是出于人自身的需要。而人的各种需要是在人作为一种高级生命的演化过程中不断产生和变化的。现代生物学研究表明，从低等生命到高级生命的进化，从哺乳动物到灵长类动物，从猿到人，真正的发展标志是脑的进化。和古猿的脑部结构相比较，人的脑细胞数量成倍增加，神经元相对活跃，神经元之间的突触明显增多，各联合区得到迅速发展，每个区域之间都建立了紧密联系，并且这种联系使人脑聚集信息的密度特别高。脑科学的研究还表明，把人和猿区别开来更多的是大脑额叶皮层的发展。正因为额叶皮层的生成和发育，人才能面对复杂的问题情境做出最恰当的反应。换句话说，额叶皮层的条件越好，人对复杂情境做出反应的基础条件也就越好。进言之，正是由于生物种系的不断进化以及相伴随的大脑构造和机能复杂程度的不断提高，人才具备了对复杂问题做出准确判断和适当反应的能力。

大脑作为一个基本的生理条件，毕竟只提供了一种可能性。人脑基于人体，人体则基于文化环境，甚至人一出生就在某种社会关系中生活。哲学家根据生理学的研究提出，人在1岁的时候产生联系感。而美国加州大学伯克利分校的神经心理学家进一步发现，胎儿在发育到3个月的时候就已经开始与他人产生联系。如果胎儿的父亲每周有两次对着胎儿说话，和胎儿进行交流，那么胎儿出生后对人的声音和生命气息就特别敏感，想要与他人联系的愿望就比较强。这证明人作为高级生物，由于其脑部的特殊构造，与生俱来地就有一种要和他人发生联系的需求。据此，可以说人的社会性本身就是一种自然天性。传统的观点往往把两者割裂开来：似乎人的自然天性与生俱来，而社会性则完全是后天环境和教育给予的。所以过去常常把教育的目的规定为把一个自然人变成社会的人，似乎人天生没有社会性的人性。其实，在人类进化过程中，其社会性联结的需求也是与生俱来的。从这个意义上讲，人的社会性的需求和自然天性的需求在基础层次上是一致的。当然，越往上发展，它们之间的矛盾会越突出。而教育存在和发生作用的根据也在于此。

既然人需要结成一种关系，要靠集群的方式生活，于是就渐渐形成了彼此间的契约关系。在考察道德起源时发现，契约概念最早出现在古希腊罗马时期。它和人类早期的经济生活相联系，起初是一个经济学概念，后来发展为政治学概念，最后才被引入伦理学。可以说，道德就是在这个过程中逐渐产生的。由于日常生活中的相互交换以及交换中的彼此交往需要一种相互承诺，进而要求守信和遵守规则，从中就演绎出一系列的风俗习惯，形成一定的社会舆论。之后，舆论又演变为更大范围内的社会意识形态。考察道德的起源时，我们发现存在两个视点。一是社会视点。由生活中的契约关系生发出诚实、守信、善待他人等日常生活要求。这种要求又不断积淀发展成风俗、习惯、舆论和社会意识。二是个体视点。生理学和文化人类学的考察都一再证明，在高级生命中人是最孤立和最弱小的，因为人的很多器官的外在功能在进化过程中以大脑的发育为代价丧失了。为了生存，人需要一定的受教育期，也更需要他人的扶持。在这个过程中，人和外部世界构成各种关系（包括人与自然、人与社会、人与他人的关系）。在关系中生活的个人需要有一种自我要求，于是便形成了道德的观念。可见，道德所要求的规则终究要靠个人把握并主动遵守，道德应当归属于个人。如果道德不是个人能够遵守的，那它就会成为外部的强加和强制，因而也就不能够变成个人真正的德行和内在的习惯。实际上，对道德理解的分歧在亚里士多德时代就已经产生了。归纳起来说，亚里士多德的德性论道德哲学和后来康德的律则论道德哲学的取向是不同的。亚里士多德强调，道德是习惯，是在人的早期生活中养成的，通过个人持守变成内在态度；它并非依赖于外在的规约和要求。他很重视道德习惯和道德态度，重视个人美德，甚至也重视道德情感。他提出，人对外部情境的情感反应模式会逐渐变成对道德的一种态度。可见，亚里士多德的德性论道德哲学突出的是道德形成的个体性线索。而康德的律则论道德哲学开启的则是社会性的视角。它强调道德是维系人与人关系的准则；由准则而至舆论，由舆论而至社会意识形态，并进而成为一种道德律令。

当我们在对道德起源的考察述及道德概念的时候，有必要对道德的基本范畴做一个梳理。加登纳在七智理论的基础上又相继提出自然生态智慧和道德智慧。他认为:"一旦我们继续研究多元智慧的观念,迟早会有人提出'道德智慧'的看法。事实上,如果我们把智慧的标准推广至包括对全人类的知识,那么在道德范畴内的智慧是很可能的。"①加登纳承认,在建立原始的智慧清单时并没有认真考虑道德智慧,而把智慧看作道德中立的,但后来发现人在道德领域中的确存在智慧高低的差异。这一命题的提出迫使我们必须考虑,学校教育中是否存在道德作为智慧而不仅是社会品性的培养问题。当然,加登纳也认为提出这一问题在理论和实践上都是有风险的,因为至少目前还无法对这种智慧进行测量。他尝试把道德范畴和其他范畴区别开来,认为物理范畴是探讨支配物体以及物体彼此之间的关系的规则;生物范畴是探讨支配有生命个体的基本生理现象的规则;社会范畴是探讨支配人类所有活动和人际关系的规则;心理范畴是探讨支配个人思想、行为、情感和行动的规则。但当一个人考虑到尊重人类生命(或任何生命)以及如何对待其他人、探讨个人生存机会和如何生活得更好这样一些问题时,这个人就进入了道德的领域。显然,加登纳是想提出一种独特的并且能够表达道德特殊意味的范畴。按我们的理解,其中两个核心范畴为:一是尊重,主要指尊重生命,包括尊重自己的生命,以及他人和其他物种的生命。二是公正。因为人在社会生活中要过得美好和幸福,必须依赖制度安排和其他社会条件是否有益于个人生活和成长,所以道德必须关注人怎样去追求一个好的、比较善的社会秩序。当一个人尊重生命,追求公正的社会秩序,并进而把它们内化为对自己的根本要求时,我们就可以说,这个人已经有了道德的考虑。值得

---

① [美]H.加登纳:《道德的范畴》,李心莹译,见南京师范大学道德教育研究所:《道德教育研究》,2001(1)。

注意的是，道德不是法，道德本质上要求的是在各种关系中个人的自觉行动，即自持。既然人必须过社会集群性生活，那么社会生活就必然存在某种规约，存在更大社会关系中更多人的利益。所以道德或多或少地就一定包含着对自我的约束和自我牺牲。当然，在不同时代条件、不同文化条件下，对尊重和公正的具体解释和它们的具体表现方式都存在客观差别。不仅如此，不同年龄段的人对这两个核心范畴有不同的理解。由此可见，道德的范畴虽然是思维抽象的产物，但它们绝不是道德教条，因而不能抽象地在道德实践中加以运用。换言之，对道德范畴的具体把握首先需要对不同的道德生活情境给予必要的、适当的尊重和理解。这才是我们提出道德核心范畴的本意。

基于对道德概念的厘清，我们可以把道德教育的内涵界定为"指向人的德性培养的教育"，以区别于过去人们对道德教育所做的笼统理解。这样来说，当我们意在开展道德教育的时候就有必要反躬自省：我们究竟在做什么？这样做的目的又是什么？众所周知，现代学校教育立足于完整生命的塑造和健全人格的培养，道德教育是主宰、凝聚和支撑人的整个生命成长进而获得幸福人生的决定性因素。倘若缺失了德性的生长，那么人生命的其他部分的发展都会受到限制。教育中人的生命的完整性规定了道德教育的统摄性，居于统摄地位的道德教育必然是通过渗透的方式而非主要依赖于独立时空展开的。在这个问题上，有些人存在误区，认为只有安排单独的时空，道德教育才有现实的抓手。其实，正如德罗布尼茨基认为的那样，道德并不是一个独立的社会现象，它无时不在、无处不在，浸入社会生活的各个方面；而且道德的表达方式也是多样的。因此，真正的道德教育更多地只能借助于各种复杂的渗透的方式完成，由此产生的影响最终将变成人的内在、稳定的心性品质。

那么，学校对道德教育的作用何在？20 世纪六七十年代以来，人们在反思制度化教育的各种局限性的同时提出了"非学校化"的主张。针对这一思潮，联合国教科文组织认为学校的功能是不可以取消的，青少年一代不能够拒绝学校教育。2001 年，我国香港教育署明确提出学校是社会发展的摇篮，认为学校教育对青少年发展具有不可替代的作用。研究表明，人的道德发展存在三个台阶：第一个台阶是人在早期发展中对自己父母或养护人的道德标准加以内化；第二个台阶是人在扩展了的公共生活中由于不断做出同情共享的反应而掌握价值标准；第三个台阶是人能够主动判断、选择价值标准并加以持守。显然，家庭是人发展的第一个摇篮。而学校作为公共教育机构超越了家庭教育中包含的血缘关系，为现代人的成长提供了最初的公共生活领域。与家庭教育不同的是，学校教育有明确的价值导向，不光要考虑教什么和怎样教，考虑为什么而教的问题，还要考虑在此之后学生去过何种有意义的生活。所以学校教育始终是和价值、追求生活的意义相关联的。就此而论，只有接受过完善的学校教育的人才能够适应未来社会，并不断创造出新的生活样态。

学校道德教育从根本上说是为着人的发展。在我们看来，道德教育是发展性事业，着眼于学生的整体发展。学校道德教育应当通过创造一个合乎人性、宽松、健康、向善的环境发展人。如果道德教育的结果是使受教育者恐惧道德或者厌恶道德，那就恰恰违背了道德教育的初衷。这是因为道德教育的根本在于尊重生命、尊重生命成长的自然规律、尊重人的正常需求。学校道德教育不应当是外部强加给学生的，它是学生主动理解规约、选择价值和体验意义的过程，是一种重要的学习经历。从这个意义上说，现在的道德教育需要始终坚持以人的发展为目的。倘如此，道德教育就会与人的生命息息相关。

二、道德人和知识人的统一

（一）人文教育与广义教育相一致

人类对人文主义的追求可追溯到古希腊时代。发展至今，人文主义有两个特征不能忽略。其一是联合国教科文组织有关报告中经常提到的一个思想，即现在的人文主义是"新人文主义"，以科学的人道主义为标志。它是关心人以及人的福利的，它又是追求科学的，因为它的内容需要通过科学对人的认识领域做出不断的新贡献而加以规定和充实。其二是经济全球化进程。这一进程慢慢走向对全人类利益的维护，进而出现了全民教育运动、终身学习社会、学习型组织、学习型社会等。这两个时代性特征应进入关于人文教育的思考背景中来。归结起来看，人文主义概念是随着人类社会的进步、发展而不断产生新的诠释的。基于这样的考虑，现在的人文教育应是与广义教育相一致的。现在的人文主义已包容、已历经科学主义与人文主义的整合。按联合国教科文组织的解释，人文教育是把一个人的体力、智力、情绪、伦理各方面的因素综合起来，使教育对象成为一个完善的人的过程。

这种人文教育具有这样几个特点：第一，它已不再是古典人文主义时期的精英教育，也不只以古典教育的内容如古典音乐、语法、修辞、历史等学科为主；第二，它是培养完整的人的；第三，它应致力于开发人的整个大脑，不只是左脑或右脑。

（二）人完全可以在学知识的同时学道德、在学道德的同时学知识

就我主持的"十五"规划课题"社会转型时期道德学习的研究"来说，道德教育一定是在个体生活中学道德，在个体的全时空生活经历中学道德。高等职业教育的潜力在哪里？我认为，情感性资源、情感性价值、情感性品质是今后走向全民教育的重要的人力资源宝库。研究发

现，脑发育得不好有多种原因，其中与缺少人道主义关怀有很大关系。如若个体所处的环境不太人道、不太平等，造成人的恐惧、过分紧张、不安全、没有依恋感，就会产生脑发育缺损问题。这种缺损不亚于营养不良所造成的伤害。我们呼吁人道主义，要求使个体的脑神经元及其网络的形成得到良好的、有方向性的发育。

长期以来，中小学教育和高等教育中都存在如何处理知识学习的问题和如何处理学知识与学道德的关系问题。我在研究道德发展与情感、与脑的关系中发现，其实人是完全可以在学知识的同时学道德、在学道德的同时学知识的。培养具备道德的人和培养具备知识的人在健全的社会和教育中是可以统一的，这是教育追求的最高目标。19世纪建立的那些学科标准使完整的人变成了支离破碎的人，一些人因为过不了学校学习这一关而受到社会的歧视。这一问题也成为现在谈教育、谈人文主义的一个重要主题——知识和知识之间如何产生联系，如何在知识与知识的联系中学习，如何在知识与生活的联系中学习，如何在知识与人的联系中找到学习知识的意义、获得学习的能力。如果不能在学知识中找到知识与人的联系，学习就没有意义。这是因为与人没有联系的知识不能使人享受幸福和快乐。

（三）由浓厚兴趣带来的快乐体验是道德的起点

我主张学校教育的根本是育人，学校有明确的德育目标。但德育不是与智、体、美、劳诸育并列且相互分割的。德育是可以生长在智、体、美、劳四育中的，是全时空的、内在性渗透的。现在的学校道德教育还存在与生活实际脱节的问题，原因之一是没有把学习道德与学习知识变成一个整体。其实，在儿童的学习中，当他们对某个目标感兴趣时，他们就表现出浓厚的兴趣。这种浓厚的兴趣带来的快乐体验和随之而来的他人的肯定以及自尊自爱的感受，可以成为道德教育的起点。我希望人文教育走进新时代，道德教育不再脱离个人的生命和生活感受；希望教育坚实地扎根在生活的土壤里以及提高每个人的生活质量。个体对生活的满意度和幸福感应当成为判断社会综合发展情况的一个指标；我希望我们的教育让所有的人都有幸福的体验。

三、学会欣赏孩子

为什么一些家长"望子成龙""望女成凤"的愿望却往往收不到好的效果呢？这值得引起全社会的关注和反思。我认为根本的原因是传统的家庭教育观与现代人的多元化发展之间的矛盾和冲突越来越明显。即有些家长主观强制性地把孩子纳入社会模式化的那种希望轨道。这违背了生命的多样性、生命潜能发展的多样性以及现代人成长的多样性。

其实，每个孩子都有成功的可能。如果家长和教师对此没有清醒的认识，总是按照一个期望、一个模式要求孩子，就会造成家长或教师与孩子的关系变成一个矛盾的对立面，然后导致冲突由此而起。

（一）重视孩子多样化的感官经验和灵性表达

现在的社会环境和学校教育在导向上存在的一些不健康的因素以及缺陷，会使家庭教育陷入误区。一是学校教育对人的要求过于模式化。学校教育没有完全从应试教育中调整、解脱出来，产生、积累的负向效应波及、延伸到家庭。二是受中国传统文化中的望子成龙、唯有读书高的思想影响等，家长在这种孩子培养的目标和期待上失去了协调性和和谐性。人的健康发展是一种和谐的、协调的、整体的发展，尤其是儿童的发展更应当如此。如果儿童前面的发展出现问题，就会给儿童后面的发展带来负面的影响。

片面追求认知发展，过分重视智力教育，如让孩子很小就开始识字、背诗、数数等，都是违背儿童认知发展规律的。一些家长对儿童发展的知识知之甚少，只是主观地以自己的经验和标准去要求孩子，投入大量人力、财力、物力对孩子进行各种各样的训练。由于不符合儿童的发展基础，这种训练往往收不到预期效果，反而有害于儿童的生理和心理健康。实际上，孩子早期的语言能力、符号能力、逻辑思维能力不强，主要是靠感官来接触、认识和判断外部世界。在孩子的早期教育中，家长应该帮助孩子学会运用多种感官来感受外部世界。孩子的认知过程是从整体的、模糊的到精细的、细化的一个过程。家长如果不遵守这个规律，孩子的认知就会产生很大的片面性。比如，无论是用手、用味觉、用嗅觉，还是用肢体语言，都可以产生感觉。这些感觉都可以变成经验和知识。而有些家长根本就不重视孩子的这些经验，或者还未认识到这是经验和学习。因此，他们没有重视让孩子多闻一闻、碰一碰、尝一尝、做一做，也谈不上积极开发孩子这些应有的学习、感知能力，也不让孩子利用所有的感官来表达自己。

意大利一位教育家曾写了一首诗。他说孩子的语言有 100 种，但是我们现在只利用了一种，丢掉了 99 种。这就是因为家长不理解儿童的发展是用全部的感官来认识世界的，也不知道孩子的表达方式有多种，造成了对孩子发展的不合理期望。当然我们不可能要求孩子所有方面都发展，而是说孩子在每一个方面都可能有发展，都可能表现自己的能力，只要孩子在某一个方面表达、表现出能力，我们就应该去肯定他们，鼓励他们。这样就会使他们获得自尊心和自信心。每个孩子都有特殊的表现方面，特殊的感觉能力，特殊的才能、方向。所以每个孩子都应该由此获得自己充分的自尊、自信、自爱。孩子只要有了自尊、自信、自爱，就完全可以自我发展。

（二）学会赏识孩子表现出的多元化兴趣和生命潜能

每个孩子都有极大的潜能。对于一个正常儿童大脑的利用，有人认为只开发了 5%，或开发了 10%，最多有人说是开发了 15%。不管怎么说，绝大部分是尚未被开发的，潜能是较大的。因此，可以说，所有的儿童完全可以发展，没有一个儿童不能发展，每一个儿童都能发展成优秀的有用之才，甚至包括那些特殊儿童都可以通过一定的补偿(这方面有缺陷，就用另一方面才能来代偿)达到正常的发展水平。既然每个人都能发展，那为什么大部分人又没发展好呢？可能是因为从孩子的小时候起，家长和学校就给孩子在某一方面的发展贴了标签，使孩子的心灵受到了影响。

　　每一个孩子都可以自主发展，但并不是说每一个孩子都可以发展成一样的人，因为不同的人的脑的机能确实不完全一样。有的孩子某方面的智能更加突出一些，更加早慧一些，比较早地表现出来。对孩子表现出来的某些智能，并不是所有的家长都能发现，只有细心的家长和教师才会发现。其实，凡是孩子感兴趣的事情都是他们这方面能力比较强的，他们才会表现出一种很自然的兴趣。他们小时候喜欢哼哼唱唱，表明他们的艺术感觉比较好；喜欢拆拆弄弄，表明他们的动手能力较强；喜欢跳跳动动，表明他们的身体动觉能力比较强。有的孩子语言能力比较强，他们就会对词语很敏感，家长的话一学就会。那些逻辑方面比较好的孩子学习连接词时就比较快，运用起来得心应手。每个孩子是不一样的，就像是世界上没有完全相同的两片树叶；每片树叶都各不相同，都有各自的风采。加登纳提出了七种智慧，现在有学者提出了第八种智慧，还有第九种智慧。这个重要的思想告诉我们，人的智能是多方向的、多方面的。而孩子如果某方面的智能比较强，他们就会对某些方面、某个领域有浓厚的兴趣。孩子自然状态下已经有某些才能是突出的。而且已经可以证明他们能自主发展。如果我们不去限制他们的兴趣，不去打消、挫伤他们的这种兴趣，他们的这种兴趣一定可以发展下去。家长和教师应尊重孩子成长的自然规律，这种尊重自然规律的教育是和谐的、协调的、尊重的教育。现在我们的教育还存在人为性过强、功利目的性过强的问题，希望短期出效益的这种求切心和求成心就可能会使我们的教育发生偏差。

每个生命都是多样的。生命的多样不仅表现在智能方面是多样的，还表现在其发展速度是多样的。每个人的发展没有固定的轨道，不能要求采用一定的模式：今年这样发展，明年那样发展。有的人可能在一段时间里发展得比较慢。例如，个子长得很慢，智力发展上可能也比较缓慢，但到一定时候可能突然爆发性地发育，智力在某个时期也可能突然上升了。每个人的情况是千差万别的，加上每个人的心理年龄也有差别。可能有的 12 岁的孩子只有 8 岁的心理年龄。反过来说，可能也有七八岁、八九岁的孩子就开始早期发育了。当然也可能孩子 10 岁了，还会有尿床的毛病。因此，对于家长来说，最好是发现和遵循孩子的这种发展规律，不能揠苗助长。孩子就像花一样，当他们处在花苞的时候，我们就不能硬让他们鲜花怒放。对孩子的成长而言，家长保持耐心是最好的教育方式。

(三)家庭教育的关键是促进孩子人格、情感的全面、和谐发展

现在的家庭教育潜存着一种功利主义倾向，注重比较和竞争。这种文化观及其衍生出来的价值观已经影响到了部分家长。较为集中和典型的反映就是部分家长对孩子的智力发展非常关注，对孩子的学习成绩极为重视。这些家长对孩子寄予过高期望，并且盲目攀比；而对孩子的非智力因素，如情感、道德品质、生活态度等却缺少关心或者放任不管，甚至有时漠不关心。这会使孩子的情感、性格的健康发展受到影响，使他们产生心理疾病，造成严重的后果。

孩子就像大自然中的花草树木，千姿百态，争奇斗艳。他们有着不同的成长过程和规律，而有些家长却看不到这点，认为给予儿童一切好的东西，儿童一定会产生良性的感受反应。事实则常常相反。在

家庭教育中，人格道德态度的教育要远远比知识、智力的教育重要。家长不仅要教给孩子各种各样的知识，还要教孩子怎样在需要的时候取得知识，准确地估计知识的价值，让孩子认识到爱真理胜于一切。家长要从小在孩子心灵上播撒理智和善良的种子，让他们具有爱己爱人之心。只有孩子童年时有善良的同情心，长大之后才有仁慈的品质，才能成为富有道德情感的正直的人。这既是一个人立身之根，也是家庭教育之本。

不能使具有成功潜能的孩子成长为有用之才是教育的失误。如上所述，失误显然不在于孩子，而在于家长和学校。而家长的问题就是没有认识到生命的多样性、独特性。病态、过度、幻想、强加、放纵、畸形的期望和爱都是不可取的。要培养孩子，最关键的是全心全意地爱孩子。这种爱孩子，不是爱自己，不是为了向他人炫耀自己家孩子有多么优秀。我们呼吁要给孩子健康完整的爱，尊重、读懂孩子，倾听他们的愿望和要求，平等地对待孩子，让孩子在宽松自由的环境中健康发展，引导、促进孩子自主发展。

第十三章　道德学习与脑培养

一、关于如何改善不尽如人意的德育的三个观点

这是一个关于道德教育领域研究的课题。关于青少年道德成长的问题，已经成为党、政府和全社会特别关注的事情。作为教育研究者，我研究比较多的是道德教育、情感教育、教师教育和道德教育哲学。在1992年去莫斯科大学做访问学者时，我做的也是道德教育的情感哲学研究。对于如何改善不尽如人意的德育，我主要有三个观点。

第一个观点是，道德教育不仅是社会或国家对个体的一种规约和要求，也是用社会性价值规准去要求个人。道德是要求个人，但这种要求应当最终关注个体的生活质量和生活幸福。在社会取向与个人取向的关系上，两者可以有机地整合起来，使个体生命的舒展与社会生活的和谐有序之间达成动态的平衡。在生活中，每个人都应该把握幸福和希望之路。那么，一个人怎样把握自己的幸福和希望之路呢？道德教育是要把人引向幸福，引向希望，但一个人最终是否能够把握幸福和希望之路，靠的是自己的德性。所以个人具有一个积极的态度去对待道德的学习，在道德教育中是至关重要的。当代德育理念的调整体现为更加关注个体生命的成长，更加关注个人基础性道德品质的形成，更加关注人是如何在自己的生活中学习道德的。道德教育的研究

更多地转向对人的道德学习的研究。

第二个观点是，过去我们一说道德教育，强调较多的是国家和社会对个人有什么要求，较少提及这些要求是不是个人生命中与生俱来的要求，是不是体现了个人的生命价值，是不是提升了生活质量。现在我们已经认识到社会对个体的要求其实和个人的生活质量、生命价值及其个人融入社会的能力、热情、兴趣、积极性是一个统一的事情。因此道德教育更加关注个体生命成长过程中为什么需要道德学习，为什么需要接受道德教育。

对于道德教育，一直以来是从教育者的角度去研究教育目的、教育内容和教育方法，有不少的研究和探索，也有不少成果。但是，在一个学习型社会，在一个终身学习的时代，在一个任何学习都以学习者为主体的时代，我们更需要研究的是人究竟是怎样发生道德学习的？人是否有道德学习的潜能？怎样对待、怎样开发、怎样呵护、怎样发掘这种道德潜能呢？

每个人都有道德学习的潜能，这个潜能从生物遗传学上讲是人的大脑。遗传或文化积累使人这一高级物种与生俱来就具有与他人相联结，追求与他人在一起共同生活的本能。但这种本能很脆弱，并不是有了本能就能支持个体变成一个道德的人。教育需要在个体生命成长的不同时期为其提供支持性的环境和引导，支持性的环境很重要。教育其实就是在研究学习的基础上，去寻求支持个体学习的那种条件。

第三个观点是，道德教育不是可以离开其他活动而独立存在的。这是德罗布尼茨基所写的《道德的概念》一书中所阐明的基本观点。他指出，不要把道德从人的活动中分离出来，道德不是区分于社会现象中其他现象的特殊现象；不能限定道德的空间范围，道德渗透在社会生活的一切领域，无时不在、无处不在。道德实际上有着极其复杂的结构，不能简单地归结为是一种现象。从这个意义上说，并没有独立自主的道德活动，道德活动是包含在人类各种活动体系之中的。[①]如果把道德教育从生活的其他活动中抽离出来，那么这个道德教育必将被架空，就不会有很好的效果。道德教育不能从活生生的、完整的生活中抽离，不能从其他诸育中抽离。道德的学习和智力的学习、审美的学习，包括各种学习一样，都是建立在脑神经活动的基础上的。

二、教育的实质就是培养脑

人有道德学习的潜能，但是这种潜能很脆弱，需要在不同的生命成长时期得到一种支持性环境和引导。以德性品格为核心和基础的道德学习与德育，是一个复杂的人脑与社会环境、文化生态之间的多因素、多方式交互作用的过程。为了支持人的道德学习，我们要高度重视人脑的活动机制。脑已被公认为是人类全部思维和情感的掌管者。[②]21世纪是人类脑及脑科学研究的世纪，发达国家以及一些国际组织都已先后制定研究战略，组织重要的国际、学科间的合作研究。日本东北大学医学部川岛隆太教授提出，教育的本质是对人的脑的教育，教育的实质就是培养脑。这样的提法特别强调或者说进一步提出脑和教育之间的关系，认为从某种意义上说教育的过程其实就是培育脑的过程。我们的道德研究需要依赖神经科学的研究。比如，与道德发展有重要关系的人的情感发展有没有脑神经基础呢？我们知道亚里士多德就非常强调人的"情感反应模式"，认为人的情感反应形成什么样的模

---

① 朱小蔓：《教育的问题与挑战——思想的回应》，288页，南京，南京师范大学出版社，2000。
② [英]苏珊·格林菲尔德：《人脑之谜》，杨雄里等译，5页，上海，上海科学技术出版社，1998。

式，与其后来有什么样的道德习惯、态度是密切相关的。另外，休谟也强调，在道德的范畴里，感觉和情感比理性更加重要。他们的上述思想现在已经可以用脑科学知识加以表达：人有产生情感直觉的神经网络。

婴幼儿研究、脑科学研究不断发现，当个体有人际情感信息的沟通，有恰当的情感应答关系时，个体才能够产生诸如联系感、依赖感、安全感、对情绪反应的敏感性、同理心等。这些是德性品质形成的非常重要的情感条件。因为人与人之间是由情绪信息联结的，所以有什么样的情感应答关系，就会决定人能否产生有助于德性形成的一些情感。这样的发现现在已经很多。比如，1998年我在美国夏威夷参加国际会议时，中、美、日三个国家的研究人员不约而同地触及了人的道德教育和情绪的关系。美国伯克利大学加州分校的一个神经心理学家的研究成果是，如果胎儿在两三个月的时候，每个星期听两次父亲的声音，出生以后婴儿与他人的联系、亲和感就发展得比较好。也有研究发现，人的锤骨、镫骨、砧骨这三根骨头发育是最早的。所以胎儿的听觉特别灵敏，通过听觉系统输入信息会对他们的联系感、依恋感发展有影响。当然，安全感、依恋感的发展有赖于一个比较好的情感应答关系。在家庭里，情感应答主要是监护人、养育人、父母。例如，年龄比较小的孩子对母亲的面孔非常熟悉，最容易识别母亲的面孔；在学校里，学生很喜欢面容和善的教师，也比较喜欢听柔和的、友善的声音。

从神经科学来解释，这是因为模式识别、声音识别与人产生了某种匹配关系，从而启动了人的相关神经中枢；并且由人的神经中枢带动了神经元网络进行情感化的活动。有研究发现，高水平的5-羟色胺，又称快乐荷尔蒙，对人体的健康及自我悦感、自尊心、自信心有正向支持作用；相反，低水平的5-羟色胺则使人自卑、怯懦。高水平的5-

羟色胺不仅促进人的心理健康、情感发展和道德形成，还与人的生物学的成长关系密切。有研究发现，人的肤触在传递爱的情感方面是特别有效的。

自尊心被认为是道德的起点。我们常常要求人有道德，但是我们很少去追问这个人有没有获得在人道主义关系基础上的自尊心。没有自尊心，就没有道德的起点。加登纳致力于研究道德智能。他提出道德的基本范畴是尊重和公正。他在《多元智能》一书中研究和界定了人际智能与自我智能。他指出，人的表情识别、体察自身及他人的情感等智能都对应特定的脑区及特定的神经运行方式。这种被加登纳称为人格智能的智慧与道德是直接相关的。当时他并没有明确认为它们就是道德智慧，而现在他开始专门去考察道德的智慧。加登纳认为人格智能有两种：一种是启发自己的能力，另一种是启发他人的能力。这两种人格智能对应不同的神经活动。如果没有这两种人格智能，其他几种智能都难以发挥社会效益。

我们还可以考察人的意欲、愿望、憧憬等与道德动机有什么关系。关于意欲、愿望与憧憬，马斯洛和罗洛·梅的研究都多次指出，愿望、憧憬是人的情感能力。我在《情感教育论纲》一书中把其作为五种情感能力之一。当然，它们并不是道德动机的充分条件，但是必要条件之一。因为当人有积极的对未来有美好向往和愿意去建构关系的愿望，与形成道德动机是密切相关的。人的情绪专注、注意力等意志水平，人对情绪的调控与行为能否做出道德的反应和选择也有关系。情绪专注、情绪注意以及情绪调控会影响人们最后选择什么样的信息、选择什么样的行为去应对。还有人能不能产生有质量的感觉、知觉，人的感受和体验水平，都与道德的鉴赏、趣味、情感乃至情操有关系。再进一步说，如果真要形成道德的品质，我们需要道德的情感和认知的情感，与自己的生活联结的感受、体验，从而进入它的经验体系，这都是非常重要的。新一轮课程改革特别强调情感体验、感受性的发展、感受性和认知共同的整合性的发展。

综上所述，如果上述条件缺失甚至被剥夺，人便无法形成德性品格。而上述条件都与神经元活动及神经突触的定向形成并固定化有联系。神经元之间的吸引使新形成的突触勾连成有一定方向的网络。大脑中有数量惊人的神经元。教师完全可以相信每个学生都有无限发展的可能和无限发展的空间。神经元之间的吸引使新形成的突触勾连成有一定方向的网络，神经元及网络的活动、状态都与支持条件有关系。

三、教育应有助于大脑形成支持德性生长的条件

那么，儿童的神经元之间是如何形成突触的呢？儿童在两三岁的时候就可以长出差不多与成人同样多的突触，但是神经突触的生长像修枝剪叶一样。有些突触需要进一步地强壮起来，而有些突触随着时间的流逝而消逝了，突触和突触形成的神经网络需要有一定方向的勾连。怎样有目的地使神经突触长成教育所希望的那种网络呢？这都和突触的定向形成和固定化有关系。另外，道德的发展还与认知水平有关系。道德的发展需要认知水平的不断发展，需要借助判断和推理等高级思维活动。科尔伯格特别推崇道德认知判断，但对道德的感受却有所忽略。后来人们重新提出道德情感和认知判断同样重要的主张。在此，需要强调的是认知水平依然很重要，并不能因为开始重视道德的感受而低估认知水平的作用。因为最后的高级神经活动是依赖大脑额联合区与其他两个脑区（顶联合区、颞联合区）的反复交互运动的。有研究认为，处于颞联合区的情绪中枢对信息的处理由遗传和条件反射引起，强度大，容易成为行为信号；相反，额联合区对

人的经验、知识、情绪、情操进行高级的认知加工，虽然信息处理过程较缓慢、强度较小，但具有综合性，可以做出有道德性的行为决策。这是我国相似论理论创始人张光鉴先生所提出的观点。这一脑活动规律说明高级的理性活动、情操活动是需要学习、建构的，不可能一蹴而就。这一切都与教育如何定向而有目的地影响、锻炼、培育脑有关。

关于与德性相关的人的社会性特征、关于人的自主选择能力同大脑之间具体细微的关系，有些已经被破译，还有大量处于黑箱状态的知识尚待破译。例如，自弗洛伊德始对人的无意识领域的研究显然与德育有极大的关系。当时他就认为，道德往往是依靠无意识的。波兰尼提出可以意会而不可言传的所谓缄默知识。人们认为可以把道德知识中很大的一部分归类为缄默知识。大田尧先生认为，人的意识是在极为广大的潜意识的黑箱的空间里轻轻飘动着的，在飘动中意识很难找到着落点。如果从黑暗中出现的东西占领了人的意识，人就会做出难以想象的事。

教育工作要依靠脑科学的知识以及脑科学的新发现去关注脑的培育。对于教育工作者而言，我们希望教育尽量去创造有助于大脑支持德性生长的条件，如多到大自然的怀抱中、静默、冥想、艺术审美，专注于有兴趣、有意义的事情，注意额叶皮层生长发育的必要营养。通过读、写、算及推理和判断等高级元认知活动能力，交替使用左脑和右脑，建立和谐、友善、尊重的交往关系、人道主义的关系等，都有助于大脑的保护、刺激、开发、利用和培育。其实，伦理学和道德是建立在基本的人道关系基础上的。有了人道主义的关系才可能有人的情感。人的情感需要得以满足后才可能积极地与他人合作、形成与他人亲善的社会性情感，然后在社会性情感的基础上进一步发展德性。我们还要通过认知性活动产生认知性情感，从而产生道德性情感，以不断形成人的德性。所以，我们必须通过了解脑、培育脑，通过有目的的影响、锻炼，培育不同年龄段、不同生活境遇中的人的脑的活动，实现道德教育的科学性和艺术性。我们现在的道德教育非常需要提倡科学性和艺术性，而这又需要对道德教育在认识和思维方式上做出调整。

第十四章　生命叙事与德育资源的开发[①]

一、叙事：一种古老而又充满活力的道德教育方式

叙事——讲故事，作为道德教育的存在方式，既有久远的历史渊源，又有特定的时代背景。从一定意义上说，人类是伴随着"讲故事"走到现在的。回顾人类古代的道德教育方式，无论是东方还是西方，最早的道德言说方式都是"说故事"。比如，中国的《论语》《庄子》《史记》和古希腊的《荷马史诗》等，都记载着人类的故事，都在讲述着人类的故事。麦金太尔曾直言，每个民族在其古代都以诗性教化——讲故事为主要的道德教育方式。

叙事之所以能够具有道德教育的作用，是因为故事本身所包含的蕴意。故事的特点是时间的—历史的目的论式的：一切都被安排在一个追求某种特定价值的生活历程的大框架之中，一切意义由此得到说明。例如，《荷马史诗》的一阶价值表现为：传达给听众的是与一定的生活形式相联结的生命态度，即生活理想；二阶价值表现为：伦理道德规范及其价值是对一阶价值的某种操作，往往不是靠"宣布"一些一般性的原则，而是具体地写出这些原则在何种事件中被威胁、被破坏，

---

① 本章是作者与沈阳师范大学刘慧博士合写的。

带来何种后果，最后是怎样解决问题的，使人在震惊与感叹中深切明白生活流程中的规矩方圆。史诗中人物之间的鼓励、指责、鞭策、警告，如让我们这么做或这是我们必须做的，也会越出故事的自身进展过程而影响到听众的心灵，从而有教化作用。[①] 可见，叙事在古代的道德教育中占据着重要的地位，叙事本身具有并体现了道德教育的价值。

在近现代的道德教育，尤其是学校道德教育中，叙事的道德教育方式却被"遗忘"了。在近现代物理学机械论宇宙观与思维方式的影响下，可以说，道德教育抛弃了古代叙事的教化方式，转向脱离人的生活世界的教条的、抽象的道德原则与道德规范的灌输与说教；不再将道德判断与道德行为置于具体的生活情境中，而是追求干巴巴的、冰冷冷的基本的和普遍的道德观念，以及思辨的、理性的知识性传授和能力性训练。这样道德教育逐渐地远离了人的生活，也就失去了它自身的魅力与生命力。

而今生态宇宙观与非线性思维方式正在取代物理学机械论宇宙观与线性思维方式，社会正由封闭、一元向开放、多元转型，故事在我们的生存中所具有的独特而又不可替代的价值得以凸显。讲故事是我们生存的一种方式，也可以说就是我们存在本身。叙事将会在新的视界下作为道德教育的主要方式而存在，而生命叙事将可能会作为一种重要的叙事形式而凸显于道德教育之中。[②]

---

① 包利民：《生命与逻各斯——希腊伦理思想史论》，32～37 页，北京，东方出版社，1996。

② 朱小蔓、刘慧、刘京铎：《德性成长与生命中的情感体验》，载《教育参考》，2002（12）。

二、生命叙事：道德教育的一种主要存在方式

所谓生命叙事是指叙事主体表达自己的生命故事。生命故事是指叙事主体在生命成长中所形成的对生活和生命的感受、经验、体验和追求。它包括叙事主体自己的生命经历、生活经验、生命体验和生命追求和自己对他人的生命经历、经验、体验与追求的感悟等。生命叙事既属于叙事范畴，又不同于一般叙事。也就是说，并非任何形式的叙事都属于生命叙事的范畴。它的构成是具有一定条件的，而且它的特征也体现其中。

（一）自我性

生命叙事强调的是叙事主体对自己的生命故事及对他人生命故事的自我感悟的个性化表达。所谓个性化表达是指叙事主体用自己的语言或其他方式，表达自己的经历、经验和体验，而非泛泛地叙事，即说他人所说的话或社会性的话语，讲述、解说他人的事迹。例如，见到一棵枯树根，不同的人会有不同的感受与体验。根雕艺术家以他的生命经历、艺术经验和体验，将其雕塑成一件根雕艺术品；舞蹈家可能把它以舞蹈艺术的方式表现；哲学家可能以此联想生死问题；生物学家可能会研究树枯的原因……可见，因个体生命的经历、经验不同而形成了不同的生命故事。而生命叙事正是这些不同特性的表达，并非他们对这棵枯树根的一种共同性知识的表达。这是生命叙事区别于其他叙事的主要特征。

（二）日常生活性

日常生活是与生命个体的生存息息相关的领域，是生命个体都以某种方式从事的活动，是生命个体成长的根基与主要领域。生命叙事强调日常生活性，并不排斥非日常生活，而是将其融入日常生活，融

入整个生命的成长。例如，郑汉文先生对鲁洁教授进行访谈，讨论有关师道的职业化问题，如"您怎样看培养教育人才?""您是怎样培养重要人才的?""您怎样看教育人才?""对师范大学培养非师范学生及其非师范大学培养师范学生的发展趋势，您怎样看?""您对信息社会有什么看法?"等。鲁洁教授用自述的方式表达了自己的心声，叙说了自己的教育故事。这既给郑汉文先生以极大的感动，又给予了他深刻的启示，使他重新发现叙事方法应用于教育研究以及师范教育的价值，以此为契机研究叙事教学法，并将此运用于师范教育与道德教育之中。他同样也以叙事的方式来研究与报告他的叙事教学法的研究与实践。

(三)生成性

生命叙事不是一种对过去发生的事情的简单再现，而是借助所发生的事情来理解生命，理解自己、他人或社会。这种理解是一个动态生发的过程。可以说，生成性是生命叙事较有意义的一个特征。这一特征主要是由四个因素构成的：语言、时间、反思、想象。语言可分为三类：日常语言、科学语言和诗性语言。由于语言具有诗性的本性，因此无论是日常语言还是科技语言，都在一定程度上超越在场、由此及彼。伽达默尔指出，说出的都在自身中带有未说出的成分，说出的与未说出的具有答复和暗示的关系；语词的有限性与语言整体是紧密联系、相融相通的；人讲话时所处的生动现实性就表明人所讲出的有限话语使附属于其上的意义整体在发生作用。如果说平常生活中的用语往往只盯住个别的在场者，那么科学语言就可以说是只盯住普遍的、永恒的在场者，即概念、理念、同一性之类的东西。面对一株春暖发芽的杨柳，农夫和科学家与诗人所言说的东西就大不相同：农夫会说"杨柳活了，今夏我可以在它下面乘凉"；科学家会说"杨柳发芽是气温回升的结果"。这两种人都是盯住客观的在场的东西，一个是个别的，另一个是普遍永恒的。诗人则会说"忽见陌头杨柳色，悔教夫婿觅封侯"。甚至一个有诗意的小孩也会说："妈妈，杨柳又发芽了，爸爸怎么还不回来?"诗意的语言把隐蔽在杨柳发芽背后的离愁活生生地显现出来了。① 语言是人类个体的知识系统本身。换言之，语言并不是事实的再现工具，而是人对事实的经验所做的呈现自身。其中，生命叙事的语言主要是诗性语言。

从过去事情发生到现在的叙说之间，时间作为一个主要因素介入其中，改变着叙事主体对所发生的事情的感受与认识。在后现代范式中，事物的发展不仅是累加的，而且具有质的转变性;转变随着相互作用的扩展、增长和成熟，随时间的推移而发生。我们需要超越线性的和累加的方式来看待时间，视其为达成质变必要而根本的因素。② 可以说，我们每个人都有这样的体验:受到批评或指责的感受，在当时和一段时间后是不同的。在当时可能是难以接受或气愤不已，或想予以反击，但随着时间的推移，委屈的、激烈的或对抗的情绪逐渐缓和。现实的生活经验告诉人们这样一个道理:时间能够冲淡一切，时间也能够改变一切。不仅如此，在这段时间里所发生的一些事情，所获得的一些经验和体验，也同样影响着叙事。叙事主体的反思随时间的运行而展开。叙事主体在从故事发生到故事呈现之间，会自觉不自觉地对其进行反思。这样至叙事时对故事的当下理解已含有了反思的成分;而且在生命叙事的过程中，叙事主体的反思仍在进行着。而那些不具有反思和自我分析的平铺直叙的论人说事不属于生命叙事，是写给他人的报道。

想象作为一个重要因素加入叙事的过程，影响着、构成着生命故

---

① 张世英:《进入澄明之境——哲学的新方向》，224~225 页，北京，商务印书馆，1999。

② [美]小威廉姆·E. 多尔:《后现代课程观》，王红宇译，52 页，北京，教育科学出版社，2000。

事。在此对想象的理解不是原本——影像式的旧形而上学的观点，而是由康德初步提出的："想象是在直观中表现一个本身并未出场的对象的能力。"这种意义下的想象不是对一物的原本的模仿或影像，而是把不同的东西综合为一个整体的综合能力。[①] 我们在叙述中做梦，通过叙述来记事，表达期望、希望、绝望、相信、怀疑、计划、修改、批判、设计、闲谈、学习、爱与恨。[②]

想象可以把昨天的、已经不在场的人或事，以一种潜在的出现、想象中的出现的方式再现出来，与当前的在场的人或事结合为一个共时性的整体。它使不同的人或事——在场的与不在场的、显现的与隐蔽的、过去的与现今的等——相互沟通、相互融合。

三、生命叙事：挖掘个体生命道德教育资源的重要方式

从上述对生命叙事概念及其特征的理解可以看到，生命叙事直接触及个体生命的生活经历、情绪感受、情感表达、生命经验，并再现生命经验、触发生命体验、展现生命意义，因而具有提升生命质量的价值。生命叙事中蕴含着促进个体生命道德潜能实现的功效。其本身既是挖掘个体生命道德教育资源的过程，也是一种道德教育的过程，体现着道德意识与道德行为。

（一）生命叙事有助于个体生命情绪、情感的调节，有利于其道德感的形成

人的情绪、情感与道德有着密切的关系。人对道德信息的接受是

---

① 张世英：《进入澄明之境——哲学的新方向》，224～225 页，北京，商务印书馆，1999。

② ［美］A. 麦金泰尔：《德性之后》，龚群、戴扬毅等译，226 页，北京，中国社会科学出版社，1995。

以情绪的活动为初始线索的，人对道德价值的学习是以情感—体验为重要的学习方式的，人的道德行为的发生受情感的引发和调节，人以情感为核心的动机系统是个人道德发展的内在保证。一个人良好的道德品质形成与其在生活中积极情感的积淀有着密切的关系。心理学的研究发现，对于个体在其生命成长历程中经历过或体验过的事情，尤其是对其内心世界发生过"震荡"的事，个体就有将其表达出来的愿望，并从事情发生之后就处在各种可能的解释、说明以及观照自己的空间中。如果个体的这种需要得以满足，不仅能够获得积极的情感体验，而且有助于消除消极情绪、情感，形成积极的情绪、情感。而生命叙事恰恰帮助叙事主体将生命经历中所引起的自我内心感受，在叙事中得以宣泄，从而缓冲内心的压力与焦虑，使其内心获得一种平衡。

（二）生命叙事有助于人际道德关系的建立

人与人之间能够进行生命叙事这一事实，首先表明的是人对人的兴趣、吸引及心扉的敞开，体现了叙事主体对他人的信任。生命叙事是讲述自己的生命故事，自己的生命故事并不是能够轻易说出来的。只有判断对方可以信赖时，且自己可以被对方接受时，个体才有可能进行生命叙事。听故事者和讲故事者交互影响形成一个和谐温暖的气氛。在这样的气氛中，个体生命感受到道德的力量、道德的陶冶。可以说，无论怎样的人，只要能够坐在一起，能够讲出自己的生命故事来，能够彼此倾听，本身就体现出彼此的平等、尊重、信任、分享、亲和与教育。不仅如此，生命叙事还使个体感受到人与人之间的联系。在生命叙事中，无论是说者还是听者，都能够有机会分享彼此的生命故事，不仅能意识到彼此的信任、增强自信，而且也能了解到自己并不是孤独的，在他人的故事中可以看到自己的影子。在一个组织中的每一个成员通过分享彼此的生命故事，获得了彼此的了解、信任，以及一系列共同的价值与理想。因而生命叙事也有助于团体、集体的建设。

（三）生命叙事有助于个体生命的自我认识与成长

通过生命叙事，我们能够清晰地意识到与自己的关系。生命故事本身凝结着个体对人生重要的理解或经验，生命叙事的过程恰是将其呈现出来。这样个体不但为他人提供了真实、鲜活的事例，而且在与他人分享时也获得了一种内在的力量。个体讲述自己的生命故事的过程是在厘清自己对事物、对他人、对自己的认识，认识自己是谁，自己现实的状况如何以及自己想要的是什么等，从而引领着自己的成长方向。在个体生命的成长中，经验是非常重要的。个体生命不间断的、持续进行的成长是以过去的经验为底色、为材料的，接纳、吸收或排斥流变的（当下）经历，走向未来。个体由其经历所形成的经验浸满着其情感，促发着其体内化学物质的变化，发生着特殊的体验。这对个体的影响远远大于抽象的说教。所以关注个体生命的经历与经验，扩大其经验范围，是个体生命成长的重要条件，也是道德教育较为重要的一项原则。生命故事是一种经验的故事，生命叙事恰恰是对个体生命经验的直接关注。在叙事的过程中，个体不但对其生命经验进行了呈现、交流，而且对其生命经验进行了反思、深化与扩大。因此，生命叙事不仅有助于个体生命的自我认识，而且有助于个体生命的健康成长。

（四）生命叙事有助于个体生命意义的发现与建构

如果能够认同道德教育是为着每一个人生命的丰满、发展与幸福这样的主张，那么帮助人们发现、追求与建构生命意义就成为道德教育的重要任务。但对生命意义存在于何处的不同理解与回答则会导致不同的道德教育主张与行动。以往存在视生命意义存在于个体生命之外的课本、权威人物的言行等之中，道德教育则不顾个体生命自身的经历、经验与感受，不顾他们所处的具体环境与需要，不顾他们在现实生活中的遭际，而灌输抽象的道德原则与规范的问题。而今透过哲学家、心理学家的研究，我们可以得出的结论是，生命意义存在于每个个体生命之中，它需要个体在他人的参与下通过亲身活动来生成。①这样道德教育要帮助人们发现、追求与建构生命意义，其主张与行动就必须回到个体生命本身，回到个体生命本身的特性、所处的生存环境及当下状态，回到个体生命的经验与体验、具体而现实的生活之中。而人类又根据故事的结构来思考、知觉、想象和做道德的选择。生命故事为我们思考、想象与做道德选择提供了依据，帮助我们界定我们是谁，促进我们的成长和发展；帮助我们想象我们可能的未来，影响着我们生命中每个阶段的意义追求。所以，道德教育要实现这一主张，使用生命叙事是一种非常好的方式。

---

① 狄尔泰把意义看作个体生命内部整体与部分的活的关联和生命与环境的相互作用，而这种意义只有通过个体的体验才显现出来（王一川：《意义的瞬间生成——西方体验美学的超越性结构》，236 页，济南，山东文艺出版社，1988）。凯根指出，意义，就其本源来说，是一种身体的活动、社会的活动、生存的活动。以这种角度来理解意义，意义是根本的人类活动，绝不可少。

第十五章　面对挑战：学校道德教育的调整与革新①

一、中国的巨大进步与道德教育面临的难题

这些年中国社会整体取得了巨大进步。作为一个现代化发展中国家，中国经济的发展和科技的进步已经超前于文化的转型。其实，不光是中国，相当一批发展中国家、赶超型国家在发展过程中也都面临同样的问题。在许多发达国家，经济全球化进程的快速演进导致多元文化背景下价值世界充满矛盾。正是基于对人类社会发展的忧虑，20世纪末至 21 世纪初，全世界各国不约而同地开始重新审视和思考作为整体的人类社会和作为完整存在的人，以及一个民族、一个国家的伦理目标、核心价值的追求和价值观的教育问题。

经过多年的快速发展，中国教育事业无论是在质上还是在量上都取得了长足进步，中国人已经越来越清楚地认识到教育在人的发展和社会发展中起着基础性、全局性和先导性的作用。但教育事业规模的发展以及经济增长、社会进步和人们物质生活水平的提高催生着人们对教育事业数量发展的急迫要求和对与就业相关的各种技能培养的旺

---

① 本章是作者与其东于 2005 年合写的。

盛需求。这种需求的不断增长很容易掩盖甚至消解教育对人的全面发展的本质追求。同时，伴随经济全球化浪潮、信息技术的普及、文化的商业化、媒体的突出影响等，在继续推进改革开放的进程中，中国教育必然会面临一系列难题。

随着市场经济体制全面确立、城镇化的快速发展和大规模人口流动，中国未成年人的生存境遇与生活环境发生了许多新的变化。身处在一种"以消费为目的、以信息为基础、以广告为驱动"的环境中，孩子们在尚未成熟之前就已经看到和经历了太多。他们在一个有限的范围内体验着生活的各种可能性——当然这些可能性对不同的孩子来说有着不一样的意味。① 可以说，现代生活方式的变化使未成年人个体道德成长的社会、家庭和学校环境都面临着一种非传统的重塑，并进而深刻地影响着他们个人生活和精神生命成长的心理环境和文化生态。

道德作为文化现象，是人区别于动物而要求过有秩序、有意义的社会生活的一种人文创造。不同社会发展时期、不同发展水平的地区和特定民族都曾创造、形成并持有某种具体的伦理道德和价值观念，以要求、规约、教化和熏陶一定生活区域内的人们自省、自警、自律地处理与自然、与社会、与他人的关系。判断一个人是否道德，依据的就是个体在处理上述境遇关系时所表现出来的自我认知、社会行为、人际语言、情感态度等。因此，任何一个人类社群其实都有一套伦理规范用来表达他们所共同推崇、敬仰或反对、排斥的价值观念。但是，由于现在的中国社会正处在转型时期，社会观念、对人立身处世的评价以及个体的自我价值选择都在相应地发生变化。在这种情况下，学校尤其需要加强对未成年人的思想道德教育。不仅因为学校对于个体道德的发展和精神世界

---

① ［加拿大］马克斯·范梅南：《教学机智——教育智慧的意蕴》，李树英译，3 页，北京，教育科学出版社，2001。

的形成具有科学和文化意义上的优势，而且学校教育可能持有的那种统一和完整的人道主义的育人价值观将有助于青少年奠定品德基础。当然，目前学校道德教育还存在在观念、内容和方法上跟不上或不能完全适应社会的转型和变化的现象，学校道德教育迫切需要调整与革新。

二、坚守学校道德教育使命的三个命题

这些年来，对于学校德育转型、调整和创新问题的讨论有很多。学校德育的改善需要进行各种理论和实践的尝试，其中应包括对涉及学校道德教育何以可能以及如何有效坚守学校道德教育使命的一些基本命题进行深入追问。

（一）学校教育必须培养完整的人

近代以来的制度化教育始终伴随着培养完整的人的讨论，工业化背景下成批量培养有专业技能劳动者的教育实践与促进人的全面发展的教育理论间的对峙，使这种探索充满艰辛。中国和世界的现代化经验促使我们必须重申：学校教育一定是为着培养完整的人，即把一个人在体力、智力、情绪、伦理各方面的因素综合起来，使他成为一个完善的人。① 这是学校的中心职责。"学校必须是'有教育意义的'，因为它们必须成为我们弄清楚如何实现人道、亲切、优美和共同利益等学校和社会中通常缺乏的价值观的主要基地之一。"②

完整的人是以品德（或德性品格）发展为内核和基础的。如果用球型隐喻人的发展，那么品德就是球心，也是支架，可以统摄整个球的

---

① 联合国教科文组织国际教育发展委员会：《学会生存——教育世界的今天和明天》，华东师范大学比较教育研究所译，194 页，北京，教育科学出版社，1996。

② ［加拿大］克里夫·贝克：《优化学校教育——一种价值的观点》，戚万学、赵文静、唐汉卫等译，41 页，上海，华东师范大学出版社，2003。

内涵和球面，与人的身体、智力、情感和审美发展都有密切关联，对人的整体发展具有支撑性和统摄性作用。过去人们主要将道德教育视作把自然人变成社会人的过程。其实，品德发展不仅为着人的社会性发展，为着社会的需要，而且关乎个体的生命成长。道德教育不仅要把自然的、个体的人变成社会的、文化的人，而且要把人培养成基于他自身条件的、精神发育良好的有个性的独特生命体。从这个意义上说，道德教育具有享用的功能、个体化的功能，具有促进个体情感发育、智力发育的功能。那些品德发展良好的孩子，其身心也能获得和谐发展。因此，道德教育不是可以离开个体生命成长的事情。相反，它必须以促进人的发展为根本目的。

现代人需要在作为公共教育机构的学校度过相当长的时期。在这个时期，孩子将经历身心的急速发展、知识经验的倍加式积累、同辈集体的强大影响、教师群体的行为濡染、公共生活的规则历练，这些经历将提供一种真实的道德成长境遇。学校应当和可能通过专注于做出有意识、系统和长期的努力，在个人身上培养出那些在人文思想与教育目的中长期被颂扬的、增加个人敏感性的素质；这些素质是作为思维的理解、认识各种关系、判断、综合和反思等的特征。[①] 值得注意的是，我们对学校教育的这种独特功能认识不足。尤其在现在这个日趋教育化的社会中，学校固然不应当与社会相脱离而成为"文化孤岛"，但也必须清醒地认识到其与其他具有教育潜能的社会机构的区别，从而坚守培养完整的人的独特使命。

(二)德育需要打好品德基础

我国长期以来指称的"德育"包括思想政治教育、道德教育、法律

---

① ［美］古德莱德：《学校的职能》，沈剑平译，126 页，台北，桂冠图书股份有限公司，1999。

教育、心理健康教育等，是个大德育概念。从根本上说，德育的目的在于促进基于个体社会化经验的价值关系的形成和拓展，要求的是人的精神世界的整体建构，而非各种零碎的相关社会知识的聚合，需要的是一种根基和核心。作为类的存在，人与人之间最早发生的社会关系是生命的价值关系；作为个体的存在，由于人最早介入的社会生活是道德生活，道德关系是其他社会价值关系形成的基础，也是个体建构世界观和人生观的支柱之一。因此，德育需要从培养人的道德品格，尤其是培养基础品德入手。它将有助于增加人对道德关系的敏感性，为完满精神世界奠基，并使人终身受益。

道德品格的培养需要从小打基础。研究表明，人的每个生命阶段道德品格的形式发展和实质发展具有不同的可能性。尤其在生命早期，由于人脑和神经系统发育的时间顺序，由于最初对环境的机体感受和社会适应，人的基础性社会情绪、情感发展有一个敏感期或关键期，容易形成某种社会性认知的固定倾向。进一步说，在生命发展的敏感期，在人最具可塑性的时候，基础品德是比较容易植入和不易移易的，也是比较扎实的，因为它具有一种印刻和固化作用。德育需要十分敏感于不同年龄阶段道德发展的内在可能性，有针对性地展开。

道德品格的培养需要遵循核心价值观。核心价值观是社会整体价值观体系的核心，是为行为提供普遍指导和制定决策，是对信念、行动进行评价的基本参照点，是人据此行动的基本原则、理想、标准和生活态度。[①] 它不仅与个体形成自我同一性和整体性密切相关，而且对整个人类社会来说具有普遍性和相对恒常的价值。在日趋多元的现

---

① ［英］莫尼卡·泰勒：《价值观教育与教育中的价值观》，见朱小蔓：《道德教育丛书》第2卷，353～354页，南京，南京师范大学出版社，2002。

代社会中，强调核心价值观的另外一重意义在于营造更大的价值共享空间，以便为社会发展提供凝聚力和方向。事实上，不同国家和社会有不同的建立核心价值观的标准和立场。1995年，以博耶为主席的卡内基教学促进委员会发表的初等教育报告《基础学校：一个学习化的社区》中提出，"每一所小学都要运用言语和行动的方法来对学生进行诚实、尊重他人、负责、同情、自律、坚忍和奉献等传统美德的教育"[①]，建议把这七种品质作为美国社会应当认同的基本美德。我国专家20世纪90年代的研究发现，道德价值主要包括集体、真实、尊老、律己、报答、责任、利他、平等八个独立内容。[②] 2001年，我国颁布的《公民道德建设实施纲要》将我国公民基本道德规范集中概括为：爱国守法、明礼诚信、团结友善、勤俭自强、敬业奉献。上述价值观如何具体落实到学校教育的层面，尤其对于学生基础品德的形成而言，如何更为明确地提出一些与社会整体价值体系相一致的基础价值观，应当如何在学校教育的不同年段按生命成长的阶段性特点对这些基础价值观进行排序，依然是目前我国道德教育亟需研究的问题。

（三）学校教育要为实现人的道德潜能提供支持性环境和条件

人有道德学习的潜能。现代生物学研究表明，由于生物种系的不断进化，以及相伴随的大脑构造和机能复杂程度的不断提高，人具备对复杂问题做出准确判断和适当反应的能力。[③] 神经科学研究表明，与道德发展有重要关系的人的情感发展有脑神经基础。神经元之间的相互吸引使新形成的突触勾连并固定化为有一定方向的网络。积极的情绪应答启动人的神经中枢，并带动神经元网络进行情感化活动，从

---

① ［美］欧内斯特·L.博耶：《关于美国教育改革的演讲1979—1995》，涂艳国、方彤译，31页，北京，教育科学出版社，2002。
② 邵瑞珍：《教育心理学》修订本，183页，上海，上海教育出版社，1997。
③ 朱小蔓、其东：《关于学校道德教育的思考》，载《中国教育学刊》，2004(10)。

而产生有助于德性形成的亲社会情感。当然，人的高级神经活动（理性活动、情操活动、审美活动）需要学习和建构的过程。脑的情况只是说明了人具有道德学习的生理条件，而且还是十分脆弱的。加登纳把多元智能理论推进到了对道德智慧的研究。他认为，"如果我们把智慧的标准推广至包括对全人类的知识，那么在道德范畴内的智慧是很可能的"①。哲学人类学研究表明，"人类生下来就是'早熟的'。他带着一堆潜能来到这个世界。这些潜能可能半途流产，也可能在一些有利的或不利的生存条件下成熟起来"，"所以从本质上讲，他是能够受教育的"。② 苏霍姆林斯基把人的这种"可教育性"又进一步延伸为人的"可受教育的能力"，即"一个人想成为好人，想竭尽自己整个心灵的全部力量，在集体的眼里把自己树立起来，显示出自己是一个优秀的、完全合格的公民，诚实的劳动者，勤奋好学的思想家，不断探索的研究者，为自己的人格的尊严而感到自豪的人"。③ 这种希望"成为好人""做好孩子"进而获得道德自尊的意愿便是一种道德学习的潜能，是道德教育必须细心准备的土壤。

仅仅有潜能是不够的，人的德性成长还必须由教育经历、社会环境、文化生态为其提供支持性条件和引导。尤其是个体外部存在的对其道德潜能及其运用领域持肯定、赞许和鼓励态度的情感氛围，以及由此而来的个体适应感和成功感，必然促成新的道德成长动机。反之，如果缺失了这种外部和内部情感上的支持，人的道德学习潜能将很可

---

① 朱小蔓、其东：《关于学校道德教育的思考》，载《中国教育学刊》，2004(10)。
② 联合国教科文组织国际教育发展委员会：《学会生存——教育世界的今天和明天》，华东师范大学比较教育研究所译，197 页，北京，教育科学出版社，1996。
③ ［苏联］瓦·阿·苏霍姆林斯基：《给教师的建议》上册，杜殿坤编译，147 页，北京，教育科学出版社，1981。

能被压抑而沦于道德麻木。① 从这个意义上说，人的生存状态决定其道德学习行为和动机出现的可能性。而学校教育的目的就在于从每一个具体的学生个体出发，细心、耐心地保护和支持其道德学习潜能的生长和强大。

三、当前学校道德教育的调整方向

转型时期的学校道德教育需要新的本体理解，需要面向生活现实，需要关注人的生存和体验方式的现代转型，需要为人的终身学习奠基。② 基于这种新的问题背景，学校道德教育调整的重心不在于实现工艺学上的某种技术转型，而是要唤醒道德成长主体的内在自觉。

（一）学校道德教育应当关注、尊重和鼓励学习者的道德生活实践

有效的道德教育必须建立在有意义的道德学习的基础上。传统的道德教育立足于教育者及其经验中所体现的社会道德价值，试图通过改变价值信息提供的数量、质量、途径和呈现方式来提高道德教育的实效性；而较少虑及道德教育的过程也是受教育者学习道德的过程，很少关注学习者已有的道德经验和自主的学习活动，因此难以真正获得预期效果。尤其在大众传媒技术高度发达和普及的当下，承载社会价值的教育信息大量溢出，儿童、青少年从不断扩展的真实或虚拟世界中获得的价值经验，在数量、复杂性、提取速度等方面都已经大大超出了以纸质教材为基础构筑的学校课程经验。有鉴于此，学校道德教育必须转向以学习和学习者为中心。

---

① 朱小蔓：《情感教育论纲》，44 页，南京，南京出版社，1993。
② 朱小蔓、其东：《关于学校道德教育的思考》，载《中国教育学刊》，2004(10)。

首先，儿童、青少年不仅具有道德学习的潜能，而且作为学习者，他们是道德教育的主体，同时也是自我发展的主体，以及为自己的发展提供服务和承担责任的主体。在过去的研究中，我们把道德教育界定为"指向人的德性培养的教育"①。德性的培养需要经历一个外部影响不断内化和内在观念逐渐外显的复杂过程，它要有儿童、青少年作为主体的参与和介入才可能实现。道德学习不同于一般的知识学习，它更强调"回到自身"的反思与体悟，强调学习道德的过程也是学会承担自我发展责任的过程。从这个意义上说，教育工作者需要认真顾及学习者自身的生活经验。

其次，学习者独特的生活经验在道德学习中具有重要作用。"每一个学习者的确是一个非常具体的人。他有他自己的历史，这个历史是不能和任何别人的历史混淆的。他有他自己的个性，这种个性随着年龄的增长而越来越被一个由许多因素组成的复合体所决定。这个复合体是由生物的、生理的、地理的、社会的、经济的、文化的和职业的因素所组成的，而这些方面对于每一个人来说，都是各不相同的。"②学习者正是依据了这种在各自生活境遇中不断积累和生成着的经验，包括意外等特殊经历，吸收、融会和组织新的价值信息。对儿童、青少年来说，他们的生活是一个整体；他们所关心的事物，由于他们的生活所带来的个人兴趣和社会兴趣的统一性，是结合在一起的。所以对于他们来说，有意义的生活是个人的生活，是有兴趣的生活，是能满足其道德发展需要的生活。这种生活不是凝滞的、一成不变的，而是随着个人社会性的发展逐步丰富的。

---

① 朱小蔓、其东：《关于学校道德教育的思考》，载《中国教育学刊》，2004(10)。
② 联合国教科文组织国际教育发展委员会：《学会生存——教育世界的今天和明天》，华东师范大学比较教育研究所译，195~196页，北京，教育科学出版社，1996。

再次，有意义的道德学习要求学校"帮助学生像构造艺术品那样来构造生活"①。正如杜威所明确指出，儿童的生活是琐碎和粗糙的，他们总是在以自己心目中最突出的东西暂时性地构成整个宇宙，但那个宇宙是变化的和流动的，它的内容在以惊人的速度消失和重新组合。② 它是一块璞玉，如果"放任儿童按照他自己的无指导的自发性去发展"，那么，"从粗糙的东西发展出来的只能是粗糙的东西"。③ 学校教育情境中的道德学习正是对儿童日常生活经验的"精雕细刻"，是通过经验的持续性改造形成有意义经验的生动过程。我们必须重视学校作为学习共同体在其中发挥的作用。它通过课程、环境、管理和服务为学生的道德探究提供奠基性素材和统整力量，持续地过滤社会价值信息、优化教育情境，将基于核心价值观的品格教育弥散于学生在校的一切时间之中。

最后，学校道德教育应当推动学习者作为主体的道德实践。根据克拉斯沃尔和布卢姆的研究，人的价值内化水平可以分为五级，依次是接受、反应、评价、组织、性格化。④ 价值内化水平不断提高的过程需要唤起学习者的道德兴趣、愿望和热情，使其投入行动并对行动结果做出评价，从而组织判断不同价值标准间的相互联系，改变经验构成或在实践中形成新的经验，最后达到价值性格化的水平，即形成品德。显然，这个过程不是一次完成的，而是需要反复多次地展开，并以兴趣、愿望以及有意识的外部评价为重要的推动力。有意义的道

---

① ［美］欧内斯特·L. 博耶：《关于美国教育改革的演讲 1979—1995》，涂艳国、方彤译，32 页，北京，教育科学出版社，2002。
② ［美］约翰·杜威：《学校与社会·明日之学校》，赵祥麟、任钟印、吴志宏译，116页，北京，人民教育出版社，1994。
③ ［美］约翰·杜威：《学校与社会·明日之学校》，赵祥麟、任钟印、吴志宏译，125、133 页，北京，人民教育出版社，1994。
④ 邵瑞珍：《教育心理学》修订本，185 页，上海，上海教育出版社，1997。

德学习需要引导学生进入行动情境，不仅可以满足学生认知、活动和情感的需要，而且让学生在行动中容易产生道德认知和情感上新的不协调，从而促进学生积极的、主动的学习行为的发生。从这个意义上说，学校开展综合实践活动、研究性学习、社区志愿者活动等，都可能成为促进学生道德发展的契机。

（二）学校道德教育应重视培育和发展人的情感

人的道德成长需要文化环境和知识基础，其中包括各种学科知识。杜威对"道德知识"和"关于道德的知识"曾做过明确区分。① "道德知识"是道德直觉、道德意识、道德态度、道德行为等的汇总，近似于道德智慧；而"关于道德的知识"则更强调关于道德的理性经验。显然，"关于道德的知识"不能替代"道德知识"，仅仅借助于"关于道德的知识"的学习也不会自然地通达"道德知识"。这其中还需要很多中间环节的支撑。"道德知识"的学习方式不同于学科知识的学习，它更需要情绪敏感性的支持。进一步说，任何道德学习都是人在处理外部与个体间关系的过程中展开的，是在反复体认、感受和践行中展开的。同时，教育的一个特定目的就是要培养情感方面的品质，特别是在人和人的关系中的情感品质。因此，道德教育需要重视情绪、情感机制的运用。从个体生命的角度来说，婴儿和养护人之间积极的情绪应答有助于满足生命的早期需要，包括激情中的定向需要、共同感受的需要和其他特殊价值信息的需要。这些需要的满足可能成为个体道德发展的生命基础。因为当个体有人际情感信息的沟通、有恰当的情感应答关系时，个体才能产生诸如联系感、依赖感、安全感、对情绪反应的敏感性、同理心等。这些是形成德性品质重要的情感条件。再从个体

---

① ［美］约翰·杜威：《学校与社会·明日之学校》，赵祥麟、任钟印、吴志宏译，143页，北京，人民教育出版社，1994。

道德发生的角度来说，一个人从认同价值、产生动机、激励行为到最终形成人格，都需要依助情感的作用。人的高级神经活动依赖额联合区与顶联合区、颞联合区的反复交互运动。对信息进行道德加工，认同价值，激发道德行为，不仅需要理智，而且需要启动情感活动。因为情感有动力作用，有强化作用，同样的信息有了情感色彩就会被放大和渲染。

索洛维约夫发现，羞涩、怜悯和虔敬这些基本情感，把人对低于他、等于他、高于他的生物应有的道德关系包括无遗了。超越物质的情感、对有生之物的同情和自愿服从超越人类本原——这就是人类道德生活的永恒牢固根基。道德生活的一切其他现象、一切所谓美德，都可以被视为这三个根基的变态，或者它们与人的智力相互作用的结果。① 但道德的原始材料的作用范围并不确定，它的种种实际表现只具有局部和偶然的性质，不可能直接演绎出人类的道德秩序。因此，个体的道德成长仅依凭作为类的存在而可能有的道德材料是不够的，还需要一种支撑性情感系统：依恋感、安全感、归属感和自尊感等。人缺少依恋感和安全感，缺少人际交往的美好感觉，缺少爱和被爱的感受，道德的种子就不会苏醒和萌芽。人如果没有自尊，没有起码的尊严，不能获得社会认同，他就不能悦纳自我，不能获得自我的同一感和整体感；相反，内心巨大的撕裂感和冲突感将使他丧失打开心扉、与他人沟通的勇气。简言之，自尊是个体道德成长的起点，关爱和彼此感受到爱是道德发生的条件。这种基础性的社会性情感进一步发展，将衍生出与人的德性形成有关的道德情感。② 在原

---

① ［俄］索洛维约夫：《道德的原始材料》，见王岳川、刘小枫、韩德力：《东西方文化评论》第四辑，348 页，北京，北京大学出版社，1992。

② 郭德俊、马庆霞、陈艳玲：《生物感情类型学》，载《心理科学》，2002(1)。

始的社会性情感基础上发展心理支撑性情感，并进一步发展为道德情感，是一个不断递升的过程。其中较为重要的是形成一种人道主义关系，包括爱、相互信任、尊严。没有这些，道德是很难生长的。遗憾的是，社会转型时期的浮躁吞噬了道德成长所需要的那种心平气和。其实，道德的成长、精神的成长需要一个长期、渐进、不断积蓄的过程。

（三）学校道德教育应当重视双向沟通、对话、伦理和代际交往

学校道德教育强调师生互动和代际交往，并不意味着就可以丢弃传统道德教育的三大主导方式：教导、榜样和规约。有学者提出，"对我国的学校道德教育而言，21 世纪意味着传统的'教会顺从的道德教育'必须转变为'教会选择的道德教育'"①。实际上，道德教育中强调价值选择是有条件、有基础的。这种基础需要通过多种方式和渠道进行经验建构，其中就包括被教导的经验、师从榜样的经验和遵从规则的经验。孩子天生就是敏感的发现者、观察者和模仿者，所以榜样在儿童早期道德生活中是非常重要的。同样，儿童良好道德习惯的养成离不开适切的教导和积极的规约。但是现在的道德教育随着时代条件的变化已经发生了很大转变。其中，关心道德主体的建构成为新的基点，获取对话的经验、体验的经验、活动的经验成为学校道德教育不可或缺的环节。当学校道德教育承担起为未来公民奠基的社会责任时，它就不得不同时承认学生具有价值辩难和选择的权利，不得不重视学生自主的道德学习，不得不更多地兼顾个体对道德的享用。诺丁斯基于现代社会人与人之间彼此作为独立个体的平等关系提出关怀取向的道德教育理论。她认为，对话的前提是一种关怀关系的建立。关怀关系的建

---

① 吴康宁：《教会选择：面向 21 世纪的我国学校道德教育的必由之路——基于社会学的反思》，载《华东师范大学学报（教育科学版）》，1999(3)。

立需要过程，是以一种开放且诚恳的方式在接纳他人，是一种许可他人与自己建立关系的非选择性关怀（平等关怀）。它涉及人与人之间完全的接纳、深刻的反省、审慎的评估、不断的修正和深入的探索，在此之后则是无保留的对话中的相遇以及共同的批判性思考和彼此的理解。这使我们再次看到，教育的过程和信息的碎片化完全是两码事，前者联系着文化思想、美和人类的情感。因此，最好的教育应该是让儿童从一开始就体验到发现的快乐，通过纯粹的人对人的方式获取打动人心的智慧经验。道德教育必须警惕缺乏活力的死板概念，必须警惕未经思考、未经理解而对观念囫囵吞枣地接受。所以，立足于促进人的发展的道德教育是不会停留在理性结论和简单告诫的层面上的。它需要过程的展开，需要相互的对话、相互的辩诘、相互的认同、相互的理解。

现在，我们越来越倾向于接受这样的观念：道德教育需要代际合作，它是几代人共同成长的历程。成年人是促进未成年人道德成长的资源，但这并不意味着道德的真理就掌握在成年人这边。其实，未成年人和成年人都处在同一个统一、连续的文化生态中，只有彼此交往和沟通，只有通过社会情境中行动和言语的相互映射作用而引起"主我"与"客我"的辩证运动，才能真正促成完整道德自我的代际重构。一些调查都支持这样一个事实：一些道德的新思想、新萌芽最初是出现在儿童中间的。比如，关于诚实、环境保护、效率的观念，未成年人往往比成年人的感受更强烈。但人类学家和社会学家的研究表明，未成年人的道德成长需要教导，需要成年人的支持和帮助。米德就主张，"任何文化的延续都至少需要三代人的相互作用来支撑"[①]，人类道德文

---

① ［美］欧内斯特·L. 博耶：《关于美国教育改革的演讲1979—1995》，涂艳国、方彤译，27页，北京，教育科学出版社，2002。

明的延续正是因为有这种代际联系。但是，这种文化传承机制在现在受到严重挑战，技术、制度安排、生活方式正在制造代际隔离。学校应当在这方面做出努力，为未成年人的道德成长提供具有代际联系的、完整的教育生态。儿童、青少年需要听一听老年人的声音，看一看老年人的行动不便，感受老年人的内心孤独，体会老年人的困难以及他们面对生命的勇气和达观。在这个过程中，儿童、青少年的怜悯心、仁爱心、责任感就能真正从生命的深处被唤醒和激起。所以，道德教育需要一种志愿行动：走进福利院、走进困难家庭，需要学校实施"五老（老干部、老战士、老专家、老教师、老模范）教育计划"等。这些行动不是为了满足一种形式上的需要，如果未成年人能够通过这些行动真正跨入他人的生命世界，并在尊重、理解中读懂他人厚重生命中承载的意义，那么这个过程就将营造出一种平衡的未成年人道德成长的文化生态环境。

四、革新学校道德教育的着力点

学校道德教育革新的目的不是抛弃传统，而是把握住传统与现代之间内在的承续性关联，在此基础上能动地适应和促进当代儿童、青少年的发展。我们主张把革新的主要着力点置于学校教育的基本元素：课程、教师和校园文化。

（一）抓住新一轮基础教育课程改革为革新学校道德教育提供的机遇

新一轮基础教育课程改革期望推动学校教育将立足点真正从传递知识调整到促进人的全面发展，在各学科课程标准中都强调实现道德及价值观教育目标，强调培养学生积极情感的态度目标，要求尽可能全面、深入地挖掘、展示不同学科在实现道德教育上的不同价值。此外，这次课程改革用生活德育的理念大大改变了传统专设德育课程的面貌，更重视生命的自然禀赋，适应和支持儿童、青少年的道德学习，强调在真实、开放的生命感受中建构个体的道德成长经验。就此而言，新一轮基础教育课程改革为解决以往学校教育中存在的智德分离、知情分离、道德与生活相分离等二元现象提供了一个实践平台。

杜威曾指出，如果把学科看作儿童认识社会活动情况的一种工具，那么任何一门学科就具有三种不同的价值：知识的价值、训练的价值和文化修养的价值。"知识只有在提出被置于社会生活背景中的材料的明确形象和概念时，才是名符其实的有教育性的。训练只有在它代表把知识反映到个人自己的能力中去、使他将能力服务于社会目的时，才是名符其实的有教育性的。如果文化修养要成为名符其实的有教育性而不是外表光泽或人为的装饰，就要代表知识和训练的生动的联合。它标志着个人的人生观的社会化。"[①]因此，真正有教育意义的学科教学本身就具有道德教育的价值。我们应当在课程改革中把各学科教学变成与学生的道德学习同在的一种活动。首先，不同学科学习的内容蕴藏着丰富的道德教育资源。对学科教学内容和形式中具有道德教育价值的素材的发掘，可以培养和增进师生对其中的人文道德价值的敏感和景仰；可以激发师生教与学的兴趣和情感投入，在培养学生学习能力的过程中实现知情统一；可以对学科素材所负载的道德教育价值加深理解和形成认同（表15-1）。其次，学科学习奠定人的认识论及其方法基础。最后，学科学习的过程无时无处不是学习道德的过程。因为这其中既有个体生命能量的投入、积极情绪的感受、自我尊严的确认，又有群体交往中的合作与分享、奖励与惩罚、信守与承诺、纪律约束与意志磨炼等。

---

① ［美］约翰·杜威：《学校与社会·明日之学校》，赵祥麟、任钟印、吴志宏译，153页，北京，人民教育出版社，1994。

表 15-1　可能的道德教育资源及其表达方式列举

学科			素材形式		蕴含的道德价值	教与学的方式
分类	特征	科目	学科内容	学科方法		
人文学科	伦理、正义、关爱、审美	语文	字词句章、人类文化、人物、情感、伦理	榜样示范、阅读、审美、情感、语词敏感	伦理、正义、同情、人际敏感、人道主义	生命叙事、讨论、交流、分享、案例分析、角色扮演
		历史	典籍、人物、事件、价值观	批判性、独立思考、叙事、历史感、辩证思维	正义、宽容、理解	
		外语	语言、文字、文化、风俗	情境、交流、对话、语感	尊重、倾听、国际理解、宽容	
自然学科	理性、秩序、和谐、有机性、复杂性	数学	公理、公式、原理、计算、数学家、发现	推理、演绎、归纳、计算	严谨、理性、坚韧、审美	
		物理	定律、公式、计算、物理学家、发明	实验、观察、计算、设计	严谨、专注、理性、坚韧、求实	
		自然	物种多样性、环保组织、志愿者、发现	观察、分析、描述、感受	多样性、和谐、敬畏、感恩、审美	
综合实践课程	探索情境、做中学、创造性	研究性学习	现象、原理、方法、研究报告	探索、实验、动手操作、分析、论证、独立思考、辩证思维	严谨、独立性、合作、超越	参与、表达、交流、分享、案例分析
	伦理性、参与、体验	社区服务与社会实践	伦理义务、服务、技能、体验社会	参与、体验、责任承担	热情投入、责任、义务感、感受他人	

就专设德育课程而言，虽然不同年段具体的科目名称不同，但有一以贯之的思想，即让道德教育回归学生的真实生活，以感受体验为基础，以态度养成为表征，以情感和认知相互影响、彼此促进为发展

过程，以形成丰满的道德人格为目标。新的德育课程要求淡化说理性的知识传递功能，通过真实的道德情境引导学生发现和感悟生命成长的道德需要，让学生在体验、践行中反复对话、反复感受、反复共享，使其心理过程、思想矛盾、成长中的快乐和烦恼得以展开，从而建构和重构道德生活经验。小学品德与生活课程以"儿童与自我""儿童与社会""儿童与自然"三条轴线和"健康安全地生活""愉快积极地生活""负责任有爱心地生活""动脑筋有创意地生活"四个维度，交织构成 7~10 岁儿童的有明确价值导向的基本生活面貌。小学品德与社会课程则以儿童社会生活为基础，设计了"我在成长""我与家庭""我与学校""我的家乡（社区）""我是中国人"和"走进世界"六大主题，按儿童逐步扩大的生活领域展开课程内容。[①] 初中思想品德课程寄托了两个想法：一是适应青春期要求，引导学生学会调适情绪、悦纳自我、与人沟通；二是适应未来过公共生活的需要，引导学生学习做小公民。所以，整个课程在内容安排上以品格为核心，以道德、心理、法律、国情为横轴，以成长中的我、我与他人的关系、我与社会和国家的关系为纵轴，形成逻辑网格，将初中学生成长过程中常见的青春期心理问题、公民的基本道德修养、个人维权、遵纪守法和对民族、国家的责任感具体化为与学生身心发展水平相适应的、具有时代特征和生活气息的要目。高中思想政治课程继续凸显生活主题，而且进一步打开了成人世界的生活领域，引入了政治生活、经济生活、文化生活和哲学生活，为学生确立科学的世界观、人生观和价值观提供思想平台。[②] 当然，这些已经被渗透在从小学到高中的专设德育课程标准和教材的构想中，最

---

① 中华人民共和国教育部办公厅：《未成年人思想道德建设大家谈——教育系统开展教育思想大讨论参考资料》，77～81 页，北京，教育科学出版社，2004。

② 朱小蔓：《当前中国中学道德教育课程标准及其创新方式》，载《全球教育展望》，2004（4）。

终还必须借助课堂，借助教师的现场工作才可能得以创造性地实现。

（二）激发教师成为有道德教育意识和能力的人

教育是一项具有道德性的实践活动，教师的工作是在职场中启迪心智、铸就品格、提升境界。

首先，需要激发教师道德教育的意识和自觉性。教师必须对道德是社区生活和个人活动结构中所固有的这一事实获得信心。依此行动的教师将会看到，"每一门学科、每一种教学方法，学校中的每一偶发事件都孕育着培养道德的可能性"①。教师必须对教育中每一个人都持有"做好人""做好孩子"的真诚愿望这一事实获得信心。依此行动的教师将会看到，每一个人都有道德学习的潜能。教师必须对自己作为学生榜样这一事实获得信心。依此行动的教师将会看到，其言谈举止、做人行事的方式所实际表露的德性品质和个人价值观对学生，尤其是未成年的孩子影响深远。就此而言，每一位教师不管其在学校教育中肩负何职，都必须努力奉行在所有教育教学过程中对核心价值观的传递。

其次，需要唤起教师道德教育的热情。这种热情不仅包含着教师对教育工作的理解和热爱，传递着教师对每个学生道德成长的关切，展现着教师在职场中所具有的道德智慧，而且也是教师自主生命成长内在需求的迸发。由于这种热情，教师才会自觉地利用和挖掘不同学科在内容和材料中可能蕴含的道德教育资源，才会从教学设计、结构、策略、方法等方面研究、开发和创造道德教育的各种可能性，并对诸多环节中的自我表现加以反思和调整，才会把课堂真正变成学生过道德生活的基本场所，才会在课堂中自觉地依据道德交往情境呈现多元角色（表 15-2）。

---

① ［美］约翰·杜威：《学校与社会·明日之学校》，赵祥麟、任钟印、吴志宏译，164页，北京，人民教育出版社，1994。

表 15-2　课堂道德交往中教师的多元角色列举

道德价值	教师角色	要点	学生的体验及可能成效
真诚	榜样	将自己真实的一面展示给学生	归属感、同感共受
平等	伙伴	平等对待学生；给学生提供平等的机会	安全、分享、自尊
尊重	聆听者、欣赏者	重视学生当下的感受；不伤害学生的自尊心；给学生以更多的自主权	自由表达意见、敢于质疑、独立见解、责任感
公正	提问者	将评价的原则及依据的理由向学生公示	安全感、正义感
宽容	引导者、导师	将学生的错误看成其成长过程中的正常现象；给学生的成长留有时间	合作意识、创造力
同情	关怀者、照顾者	丰富的情感，为处于困境（学习、心理、交往等方面）中的学生提供帮助	依恋感、关注他人、感恩
关爱	赞助者、激励者	表扬与批评对事不对人；称赞只指向德性本身	感恩、积极改正、不骄傲

最后，需要提升教师道德教育的能力。这种能力的提升需要以有关道德教育的心理学、社会学、脑科学、伦理学等知识基础为支撑，也需要借助教师在职场中形成的道德敏感性和教育机智。一位具有道德影响力的教师是能发现学生生命内在的德性潜质，不断探索这种潜质的丰富性和独特性，并为之创生各种有利的教育情境促进学生成长的教师；是能在开放的社会与学校教育中持续性地思考、探究和辩证解决新的道德难题、与学生共同成长的教师；是既有人文情怀，又能践行人文关怀的教师。

（三）创设育人为本的学校制度和文化精神氛围

如今，基础教育学校面临的升学竞争压力较大，这是不可回避的现实。但是，随着社会的进步，教育理念的不断调整，教学改革、课程改革和考试改革的渐次推进，经济全球化背景下人类的共同进步，清醒的教育领导者依然需要考虑：如何形成校本发展的制度文化，如何形成鲜明的校风，如何构筑温馨的师生关系，如何培育学生精神成长的教育环境。我们的一个基本观点是，大脑存在于人中，人存在于文化中。学校作为公共教育机构，超越了家庭教育所包含的血缘关系，为现代人的成长提供了最初的公共生活领域。一所学校呈现的文化氛围将直接影响学生的道德和精神面貌。学校应当确立育人为本的办学理念，锤炼基于历史积淀和区域地方特色的校本文化风格，要把核心价值观转化为学生应该遵守且与学生发展阶段相符合的行为规范，形成尊重、关爱、公正、有纪律的校风、班风和学风，倡导与人为善、鼓励与欣赏、严明与求实的评价机制及导向，建立有共同价值愿景的教师集体精神生活。过去还存在因为学校精神文化和道德氛围缺少外显指标而难以进行评量的问题。有研究表明，除了可以借助一些表现性指标之外，有教育经验的督学还可以通过参与学校生活，在课堂上，在与学生和教师的交往中，在观察和感受中，体会和鉴别学校的精神环境、道德氛围、师生关系，以及学校是否为学生过有尊严的生活、为学生获得道德行动的锻炼提供积极的评价氛围。用杜威的话说，"只要学校本身在精神上能代表真正的社会生活；只要我们所称的学校纪律、管理、秩序等等是这种固有的社会精神的表现；只要所用的方法对积极的建造能力有吸引力，允许儿童发表，因而允许他服务；只要课程的选择与组织能提供材料使儿童认识他必然在其中起一份作用的世界，认识他必须满足的需要；只要这些目的都达到了，学校就是组织在伦理的基础上"[①]。现在的确需要我们像对待智育、对待学科教学那样用心做德育。尽管不能诉求校长和教师承担起未成年人成长的所

[①]　[美]约翰·杜威：《学校与社会·明日之学校》，赵祥麟、任钟印、吴志宏译，158~159页，北京，人民教育出版社，1994。

有责任，但是只要我们用心做教育，学校一定是可为的。

　　进一步说，只要我们转变道德教育观念，虚心了解、认识和探索未成年人成长的精神状况和生存状态，认真研究未成年人成长中的社会的变迁，积极推进崭新的道德教育实践，中国未成年人的思想道德建设是可以进步的。